交通运输法治丛书

General Transportation Administrative Law

交通行政法
总 论

栾志红◎主编

知识产权出版社
全国百佳图书出版单位
—北 京—

图书在版编目（CIP）数据

交通行政法总论 / 栾志红主编 . —北京：知识产权出版社，2023.6
ISBN 978－7－5130－8762－9

Ⅰ.①交…　Ⅱ.①栾…　Ⅲ.①交通运输管理—行政法—研究—中国
Ⅳ.①D922.144

中国国家版本馆 CIP 数据核字（2023）第 089408 号

责任编辑：薛迎春　　　　　　　　　责任校对：谷　洋

执行编辑：杨　帆　　　　　　　　　责任印制：刘译文

封面设计：瀚品文化

交通行政法总论

栾志红　主编

出版发行：	知识产权出版社 有限责任公司	网　址：	http://www.ipph.cn
社　　址：	北京市海淀区气象路 50 号院	邮　编：	100081
责编电话：	010－82000860 转 8724	责编邮箱：	471451342@qq.com
发行电话：	010－82000860 转 8101/8102	发行传真：	010－82000893/82005070/82000270
印　　刷：	天津嘉恒印务有限公司	经　销：	新华书店、各大网上书店及相关专业书店
开　　本：	720mm×1000mm　1/16	印　张：	16.5
版　　次：	2023 年 6 月第 1 版	印　次：	2023 年 6 月第 1 次印刷
字　　数：	286 千字	定　价：	98.00 元

ISBN 978－7－5130－8762－9

前　言

    2021 年 6 月，在第十三届全国人民代表大会常务委员会第二十九次会议上，国务院关于建设现代综合交通运输体系有关工作情况的报告中指出，现代综合交通运输体系面临的主要问题之一是综合交通法律法规体系有待完善。[1]综合交通法律法规体系的完善虽然涉及多个部门法（如经济法、民法、刑法等），但其中许多问题与行政法有关，如交通行政机关的权限管辖与分配、交通行政许可、交通行政处罚都属于行政法的范畴。因此，从行政法的视角来研究交通问题成为现代综合交通法律法规体系建设中不可或缺的一部分。

    交通行政法是以"交通行政"法律规范为研究对象的部门行政法。中国学者对交通行政法的关注可以追溯至民国时期。日本学者清水澄所著的《行政法各论》被翻译成中文。该著作将行政法划分为财务行政、司法行政、军务行政、内务行政和外务行政五编，其中，内务行政包括递信行政，而递信行政除了邮便、电报、电话以外，还包括铁道和船舶。[2]1936 年出版的管欧的《行政法各论》将行政法划分为内务行政、财务行政、外交行政和军事行政四部分。其中，内务行政又可以分为警察行政和保育行政两类，交通行政属于后者。[3]20世纪50年代，学者刘承汉出版了交通行政法专著——《交通行政法原理》，并于70年代进行了修订。[4]新中国成立后，尤其是20世纪90年代以来至21世

---

[1] 李小鹏：《国务院关于建设现代综合交通运输体系有关工作情况的报告——2021 年 6 月 7 日在第十三届全国人民代表大会常务委员会第二十九次会议上》，http://www.npc.gov.cn/npc/c30834/202106/ef664a59e2d14551a8e7bf0b26263656.shtml，访问日期：2023 年 1 月 10 日。
[2] 参见［日］清水澄：《〈行政法泛论〉与〈行政法各论〉》，金泯澜等译，中国政法大学出版社 2007 年版，第 303-305 页。
[3] 管欧：《行政法各论》，商务印书馆 1936 年版，第 131—138 页。
[4] 刘承汉：《交通行政法原理》，中国台湾地区"交通部"交通研究所 1975 年印行，序言部分"四版修订·赘言"。

纪初，随着国家交通事业的蓬勃发展，出版了多部以"交通行政"命名的教材和著作，如沈开举主编的高等学校法学试用教材《交通行政法》[1]，周河祥、饶锡勇、王界凯主编的《实用交通行政法》[2]和李晓明、邵新怀、崔卓兰著的《交通行政法总论》[3]，等等。

可以看出，交通行政法在中国的发展主要有三个时期，即民国时期、20世纪50～70年代和20世纪90年代至21世纪初。其中，刘承汉的1975年印行的《交通行政法原理》比较详细阐释了交通行政法的基本概念、交通行政的组成、交通经营权的特许、交通事业的特有义务、交通事业的公用负担、利用交通事业的法律关系、交通事业的赔付责任、违反交通法的制裁和交通事件的争讼等，对于我们认识大陆法系行政法总论框架下交通行政法法理有着积极意义。沈开举教授主编的《交通行政法》是司法部教材编辑部于20世纪90年代编审的"中国部门行政法"系列教材之一。[4]

近年来，我国部门行政法在经历了20世纪80～90年代中期的发展、20世纪90年代后期之后逐渐式微两个阶段之后，又被重新拾起，[5]公安行政法、经济行政法、卫生行政法、环境行政法、风险行政法、教育行政法等部门行政法正在蓬勃发展。[6]相比之下，行政法学界虽然不乏对道路交通安全法等涉及交通方面法律问题的深入研究，[7]但总体而言，交通运输领域的行政法问题仍然较少受到关注。理论研究的滞后与交通行政实践的快速发展形成了明显反差。自前述20世纪90年代至21世纪初多部有关交通行政法的著作和教材出版以来的十几年间，中国交通法治实践取得了明显的进步。首先，交通法律法规体系基本形成。截至2016年年底，中国已颁布实施《中华人民共和国铁路法》《中华人民共和国公路法》《中华人民共和国港口法》《中华人民共和国航道法》《中华人民共和国海商法》《中华人民共和国海上交通安全法》《中华人民共和

---

[1] 沈开举主编：《交通行政法》，中国人事出版社1996年版，第2页。
[2] 周河祥、饶锡勇、王界凯主编：《实用交通行政法》，中国政法大学出版社1992年版，第4页。
[3] 李晓明、邵新怀、崔卓兰：《交通行政法总论》，人民交通出版社2003年版。
[4] 沈开举主编：《交通行政法》，中国人事出版社1996年版，序言。
[5] 余凌云：《行政法讲义（第三版）》，清华大学出版社2019年版，第66—70页。
[6] 宋华琳：《中国行政法学分论研究：体系、课题与立场》，《安徽大学学报（哲学社会科学版）》2020年第3期，第93—102页。
[7] 余凌云：《改进道路交通事故纠纷的解决机制》，清华大学出版社2017年版。

国民用航空法》等法律，《铁路安全管理条例》《公路安全保护条例》《中华人民共和国道路运输条例》《中华人民共和国国际海运条例》《中华人民共和国内河交通安全管理条例》《中华人民共和国船员条例》《民用机场管理条例》《中华人民共和国民用航空安全保卫条例》等几十部行政法规，以及几百件部门规章。其次，综合交通运输管理体制初步建立。经过 2008 年、2013 年两轮交通运输大部门制改革，交通行政组织发生了巨大变化，形成了由交通运输部管理国家铁路局、中国民用航空局、国家邮政局的大部门管理体制架构。各地积极推进综合交通运输管理体制改革，加快综合交通运输体系建设。[1]

中国交通行政法治实践的快速发展为交通行政法研究提供了广阔的沃土，同时也凸显出编写一本新的能够反映这一发展进程的交通行政法教材的迫切性，这正是本书的意义所在。本书的特点在于，以交通行政机关的交通行政管理实践为依托，探讨一般行政法原理在交通行政领域的运用、变化与发展。这在学术上将促进交通行政法法理的进步，在应用上将为现代综合交通运输体系的建设提供法治保障。

本书具体分工如下：

栾志红（法学博士，北京交通大学法学院副教授）负责撰写第一章，以及第二章、第四章、第六章和第七章的部分内容，负责全书的审稿、统稿；

裴洪辉（法学博士，北京交通大学法学院副教授）负责撰写第二章的部分内容；

黄琳（法学博士，北京交通大学法学院讲师）负责撰写第三章、第五章，以及第四章的部分内容；

付新华（法学博士，北京交通大学法学院讲师）负责撰写第六章和第七章的部分内容；

尹婷（法学博士，北京交通大学法学院讲师）负责撰写第八章、第九章和第十章。

---

[1] 国务院新闻办公室：《中国交通运输发展》，http：//www. scio. gov. cn/ztk/dtzt/34102/35746/35750/Document/1537404/1537404. htm，访问日期：2022 年 3 月 30 日。

目录

CONTENTS

第三章 交通行政许可 052

第四章 交通行政处罚 089

第六章 其他交通行政活动 **148**

第十章　涉外交通行政法 　　　　　　　　　　　242

第一章

交通行政法概述

第一节　交通行政

　　交通行政法是以"交通行政"法律规范为研究对象的行政法各论。因此，理解交通及交通行政的含义是交通行政法研究的起点。

一、交通

（一）交通含义的分歧

　　《中国大百科全书》中的交通，"包括运输和邮电两个方面。运输的任务是运送旅客和货物，目前主要有五种运输方式：公路运输、铁路运输、水路运输、航空运输和管道运输。邮电是邮政和电信的合称：邮政的任务是传递信件和包裹，电信的任务是传递语言、符号和图像。"[1]

　　目前我国尚无法律对交通做出具体界定，法学界对此有不同的看法，大致可以概括为以下 4 种。

　　一是最广义的交通。持此观点的学者认为，交通法中的交通，既包括与交通运输及安全秩序有关的事项，也包括由交通行政主管部门主管、与交通运输及安全秩序较无直接关系的事项。例如，我国台湾地区学者李震山指出，一般来说，交通法的研究范围大致可以分为两部分：其一与交通安全秩序及运输有关的，包括由交通主管机关或者警察机关所管辖的水、陆、空的交通运输与安

----

〔1〕　中国大百科全书出版社编辑部编：《中国大百科全书·交通》，中国大百科全书出版社 1986 年版，第 1 页。

全秩序，其中还包括交通计划与工程。这里的"水"包括河、海、湖，"陆"包括铁路及各种形式的道路，"空"包括空中、航天太空、卫星等。其二与交通运输及安全秩序无直接关系，但关涉由交通部门所主管的通信、邮电、气象等，[1]范围极为广泛。

二是广义的交通。广义的交通包括运输和邮电两部分。一些行政法学者持此观点。例如，管欧认为，交通行政的内容包括路政（公路、铁路）、航政（包括船舶的管理监督及航线等事项、航空）以及公共通信企业。[2]刘承汉认为，交通行政法中的交通涵盖了铁路、公路、轮船、民航和邮政通信等。[3]

三是狭义的交通。狭义的交通仅指运输，或称交通运输，不包括邮政和电信。例如，李晓明等著的《交通行政法总论》指出，由于种种原因，人们心目中的交通大多是指狭义的交通，也就是交通业或运输业，包括公路运输、铁路运输、水路运输、航空运输和管道运输等多种运输方式，因此，该书从狭义交通的角度对交通行政加以论述。[4]郑国华主编的《交通运输法概论》这样定义交通运输：交通运输是人和物借助交通工具的载运，在一定范围内产生有目的的空间位移。交通运输系统由铁路、公路、水运、航空和管道五种基本运输方式所组成。[5]张晓永、孙林、张长青、郑翔编著的《交通运输法》也主要研究了铁路、公路、海上、航空和水运等运输法律问题。[6]

四是最狭义的交通，又称"小交通"，即把交通理解为专指公路运输和水路运输，而不包括铁路运输、民用航空运输和管道运输，更不包括邮政和电信。例如，沈开举主编的《交通行政法》，[7]周河祥、饶锡勇、王界凯主编的《实用交通行政法》[8]和胡继祥主编的《交通行政执法实务》[9]均采用了此说法。

[1] 李震山：《"道路交通安全行政法制"之建构与问题举隅》，《台湾本土法学杂志》2004年第63期，第107页。
[2] 管欧：《行政法各论》，商务印书馆1936年版，第131—138页。
[3] 刘承汉：《交通行政法原理》，中国台湾地区"交通部"交通研究所1975年印行，序言部分第3页。
[4] 李晓明、邵新怀、崔卓兰：《交通行政法总论》，人民交通出版社2003年版，第14页。
[5] 郑国华主编：《交通运输法概论》，中南大学出版社2011年版，第1页。
[6] 张晓永、孙林、张长青、郑翔编著：《交通运输法》，清华大学出版社、北京交通大学出版社2008年版，第8页。
[7] 沈开举主编：《交通行政法》，中国人事出版社1996年版，第2页。
[8] 周河祥、饶锡勇、王界凯主编：《实用交通行政法》，中国政法大学出版社1992年版，第6—9页。
[9] 胡继祥主编：《交通行政执法实务》，人民交通出版社2005年版，第14页。

可以看出，学界对交通的内涵和外延有不同的理解，产生这种分歧的原因主要与国家或地区的交通运输管理体制有关。有的学者从交通行政组织的角度来分析，认为交通行政主管部门管辖的领域即为交通，而不论事物的性质是否与交通运输及安全秩序有关。有的学者之所以把交通理解为专指公路运输和水路运输，主要是因为，当时我国国家交通行政主管部门——交通部只负责公路运输和水路运输的行政管理，其他几种运输方式分别由原铁道部、中国民用航空局和国家能源局管理。[1]

（二）本书的观点

由此可见，法学领域中"交通"观点的分歧主要体现在内容和范围上，即交通是专指公路和水路运输，还是指交通运输，还是指交通运输＋邮政和电信，或者交通运输＋邮政和电信＋气象等。下面我们结合对不同观点的分析说明本书的观点。

1. 交通是否专指公路运输和水路运输

公路和水路是交通运输的重要方式。如前所述，有的学者之所以把交通理解为专指公路运输和水路运输，与我国当时的交通运输管理体制有关。但是，我们应注意，经过 2008 年、2013 年两轮交通运输大部门制改革，我国现行交通运输管理体制已经形成了由交通运输部管理国家铁路局、中国民用航空局、国家邮政局的大部门管理体制架构，即综合交通运输管理体制。因此，交通的定义应根据现行综合性交通运输管理体制而界定，不应仅限于公路运输和水路运输。

2. 交通的范围是否包括邮政

根据我国现行交通运输管理体制，在国家层级上，交通运输部负责管理国家邮政局。这表明，交通运输和邮政具有一定的共通性和关联性，如二者都含有传递之意，邮政的进步与交通事业的发展密切相关，这在信息需要依附实物载体传送的时代尤为如此。

不过，交通运输和邮政也有着明显的区别。邮政业务多种多样，包括邮政通信、快递业务、邮政储蓄等，但作为国家专营的公共事业，邮政主要以信件传递为其表现形式。[2]因此，邮政的实质意义在于传递信息，重点是信件的信

---

〔1〕 黄达强主编：《交通行政管理》，知识出版社 1991 年版，第 2 页。
〔2〕 吕世珩：《邮政通信含义的探讨》，《现代邮政》1989 年第 3 期，第 35—36 页。《中华人民共和国邮政法》第 5 条规定："国务院规定范围内的信件寄递业务，由邮政企业专营。"

息性和信息传递的保密性。[1]国家邮政立法的目的在于保障邮政普遍服务、加强对邮政市场的监督管理、维护邮政通信与信息安全、保护通信自由和通信秘密、保护用户合法权益以及促进邮政业健康发展。[2]交通运输强调人和物品的流动,交通运输法律的目的包括维护国家主权、保障公民生命财产安全和促进交通事业发展等。此外,尤为值得关注的是,交通运输不仅包括人和物品的运送,还包括使用运输工具、设备和设施进行运送,而交通运输设施的规划、建设施工和扩展往往与土地征收、规划、环境保护等其他行政事务有着极为密切的关联,这些行政事务因而也成为交通行政法规范的重要内容。因此,交通运输与邮政在内容、立法目的、涉及的社会关系等方面明显有别。基于以上原因,我们认为,在行政法上将交通运输和邮政分别进行研究较为妥当。

3. 交通的范围是否包括电信和气象等

有的学者从交通行政组织的角度理解,认为交通行政主管部门管辖的运输、通信、邮电、气象等均属于交通法中的交通。但根据我国目前的行政管理体制,国务院信息产业主管部门依法对全国电信业实施监督管理,[3]国务院气象主管机构负责全国的气象工作。[4]如果将电信、气象等这些由其他行政机关管辖的领域纳入交通的范围,将不利于行政机关之间职权的划分,也会导致交通行政法的研究范围与其他部门行政法的研究范围产生重叠。

综上所述,我们倾向于狭义说。即所谓交通,又称交通运输,是指使用运输工具和设备运送物品或人员从一地到另一地的过程。从运输方式来看,包括公路运输、铁路运输、水路运输、航空运输、管道运输和城市轨道交通运输等。未来随着科学技术的发展,交通运输的范围还将不断扩大,如近几十年来,涉及航天和太空运输的交通问题也被一些学者纳入交通运输或者交通法的范畴。[5]

---

[1] 吕世珩:《邮政通信含义的探讨》,《现代邮政》1989 年第 3 期,第 35 页。

[2] 《中华人民共和国邮政法》第 1 条及第 3 条。

[3] 《中华人民共和国电信条例》第 3 条第 1 款。

[4] 《中华人民共和国气象法》第 5 条第 1 款。

[5] [美] F. J. 斯蒂芬森:《美国的交通运输》,刘秉镰译,人民交通出版社1990 年版,第4—7 页。李震山:《"道路交通安全行政法制"之建构与问题举隅》,《台湾本土法学杂志》2004 年第 63 期,第 107 页。

二、交通行政

（一）交通行政的定义

"交通行政"是一个难以界定的概念。除了因为前述学界对交通含义的认识存在分歧之外，一个很重要的原因是行政本身的复杂性。在行政法上，时至今日，行政并没有一个具有"通说"地位的概念。[1]

根据学者的研究，在行政法学中，我们通常在三种意义上运用行政概念：①组织意义上的行政，即专门设立的承担行政职能的组织。②实质意义上的行政，即所有管理行政事务的活动，其实施主体不限于行政组织，也包括立法或司法机关内部人员或事务的管理。③形式意义上的行政，即行政组织所实施的所有活动。对实质意义上行政的界定，又有消极说和积极说两种方法。消极说采取排除法，即从分权原理出发，着眼于立法、行政与司法的区别，认为所谓行政就是国家职能中扣除立法与司法的部分。积极说，是指用文字来明确行政的具体内容与特殊性。虽有许多学者立足于积极说对行政给出了定义，但是仍未取得令人满意的成果。[2]

对交通行政概念的界定也受到对行政难以定义的影响，如有的学者对交通行政进行了积极界定，但仍失之抽象，难以描绘纷繁复杂的交通行政现象。例如，有的学者认为，交通行政是指交通行政机关依法对交通事业进行组织、管理的活动。[3]但同时又指出，其所指的交通包括公路运输、铁路运输、水路运输、航空运输和管道运输等多种运输方式。[4]可是，问题在于，根据当时有效的《石油天然气管道保护条例》第5条规定，[5]国务院经济贸易管理部门负责全国管道设施保护的监督管理工作，国务院经济贸易管理部门不是交通行政机关，其所实施的管道保护监管工作是否属于交通行政呢？

我们认为，从解决交通运输业问题的角度出发，对交通行政概念的界定，首先可以从组织和形式意义上的行政为出发点，即凡是交通行政组织及其活动，

---

[1]　章剑生：《现代行政法总论（第2版）》，法律出版社2019年版，第1页。

[2]　李洪雷：《行政法释义学：行政法学理的更新》，中国人民大学出版社2014年版，第20—22页。

[3]　李晓明、邵新怀、崔卓兰：《交通行政法总论》，人民交通出版社2003年版，第15页。

[4]　李晓明、邵新怀、崔卓兰：《交通行政法总论》，人民交通出版社2003年版，第14页。

[5]　《石油天然气管道保护条例》（2001），已失效。

均应属于交通行政法研究的交通行政。然后，再将其他行政机关所从事的活动中有关交通行政管理的部分，纳入交通行政法研究的交通行政的范围。[1]另外，行业组织、企业等基于行政授权、委托及组织自治理念等在国家之外进行公共管理、提供公共服务的活动，也应纳入交通行政的研究视野。基于以上认识，我们可以这样来界定交通行政的概念：

首先，交通行政是交通行政机关的活动。为实现交通行政目的，国家依法专门规定由一类机关和人员来行使相应的交通行政职权，赋予相应交通行政职能，组织和管理交通行政事务，这类机关即为交通行政机关，如我国的交通运输部、国家铁路局、中国民用航空局等。应注意的是，交通行政机关基于民事主体身份所实施的行为如采购办公用品，虽然也是交通行政机关的活动，但通常认为不属于行政法规范的对象。[2]至于交通行政是否包括交通行政机关之间、交通行政机关与其公务员之间的关系等内部行政，传统行政法通常不包含之，但现代行政法对此则持肯定态度。

其次，交通行政也包括其他行政机关所从事的活动中有关交通行政管理的部分。例如，根据《中华人民共和国道路交通安全法》第5条第1款、《中华人民共和国铁路法》第43条、《中华人民共和国民用航空安全保卫条例》第3条第2款的规定，公安机关负责管理与道路安全、铁路治安秩序、民用航空安全保卫有关的事项；根据《中华人民共和国石油天然气管道保护法》第4条前段，国务院能源主管部门主管全国管道保护工作，负责组织编制并实施全国管道发展规划，统筹协调全国管道发展规划与其他专项规划的衔接，协调跨省、自治区、直辖市管道保护的重大问题。这里的公安机关、国务院能源主管部门从事的活动便属于交通行政的范围。

最后，交通行政还应包括社会团体、企业等所进行的交通行政活动。传统的行政法学通常只研究国家行政（国家行政机关的行政）。国家行政属于公共行政，但公共行政并不等于国家行政。公共行政除了国家行政以外，还包括工会等社会团体、律师协会等行业组织、村民委员会等基层群众性自治组织等其他非政府公共组织的行政。这些社会公权力组织通过法律、法规、规章授权、

---

[1] 这一观点借鉴了李洪雷教授对行政的见解。李洪雷：《行政法释义学：行政法学理的更新》，中国人民大学出版社2014年版，第22—23页。

[2] 章剑生：《现代行政法总论（第2版）》，法律出版社2019年版，第2—3页。

行政机关委托，以及基于自身的性质等途径，行使行政权或社会公权力，从而涉及外部相对人的合法权益。[1]20 世纪中期以后，各国行政法学开始将国家行政以外的公共行政也纳入研究的范围。[2]

在交通运输领域，我们可以看到行业组织、企业等基于法定授权、行政委托及组织自治理念而行使交通行政权的法律规范和司法案例。例如，在国际海运领域，船旗国政府或其海事主管机关通常将海事公约中规定的一些技术性职责如船舶的检验发证、确定船舶吨位和勘划载重线授权给某些非政府机构，如船级社，这些机构依据授权代表海事主管机关行使职权。[3]"在船级社法定检验法律关系中，我国通常认为船级社与被服务者之间是行政法律关系。船级社接受交通运输部海事局行政委托从事法定检验，交通运输部海事局是委托行政机关，船级社是行政受委托方。"[4]在铁路领域，《中华人民共和国铁路法》第3 条第 2 款规定："国家铁路运输企业行使法律、行政法规授予的行政管理职能。"

在杨某哲诉中国铁路济南局集团有限公司、中国国家铁路集团有限公司案中，法院指出："中国铁路济南局集团有限公司以上诉人携带5 个打火机进站违反《铁路进站乘车禁止和限制携带物品的公告》相关规定为由而禁止其进站的行为属于法律、法规授权的组织做出的行政行为范畴，中国铁路济南局集团有限公司在本案中属于适格的行政诉讼主体。"[5]

(二) 交通行政的特点

交通行政作为行政的一种，也具有行政的一般特征，如行政是社会塑造活动，行政的出发点是公共利益，行政主要是积极的、针对将来的塑造活动，行政是为处理事件而采取具体措施或者执行特定计划的活动。[6]根据行政的一般特征，结合交通行政管理的内容，这里有必要强调以下三点：

---

[1] 姜明安主编：《行政法与行政诉讼法（第七版）》，北京大学出版社、高等教育出版社 2019 年版，第2—3 页。

[2] 姜明安主编：《行政法与行政诉讼法（第七版）》，北京大学出版社、高等教育出版社 2019 年版，第2 页。

[3] 郝勇主编：《海事管理学》，武汉理工大学出版社 2007 年版，第 12 页。

[4] 张丽：《航运公法专论》，法律出版社 2021 年版，第 197 页。

[5] 山东省济南市中级人民法院行政裁定书（2020）鲁 01 行终 7 号。

[6] [德] 哈特穆特·毛雷尔：《行政法学总论》，高家伟译，法律出版社 2000 年版，第6—7 页。

1. 交通行政的公益性

交通行政的目的是实现公共利益。这里的公共利益包括维护国家主权、促进交通运输事业发展、维护交通运输安全秩序、保护公民生命财产安全以及保护生态环境等其他合法权益。例如，2017年修订的《中华人民共和国海洋环境保护法》第5条第3款规定："国家海事行政主管部门负责所辖港区水域内非军事船舶和港区水域外非渔业、非军事船舶污染海洋环境的监督管理，并负责污染事故的调查处理；对在中华人民共和国管辖海域航行、停泊和作业的外国籍船舶造成的污染事故登轮检查处理。船舶污染事故给渔业造成损害的，应当吸收渔业行政主管部门参与调查处理。"由此可见，保护生态环境利益也是海上交通行政的目的之一。

2. 交通行政的社会塑造性与积极主动性

交通行政不同于立法机关制定交通立法的活动，也不同于司法机关解决交通法律纠纷的活动。例如，《中华人民共和国铁路法》《中华人民共和国公路法》虽然规定了铁路规划、公路规划、土地征收等内容，但并未规定建设铁路和公路的具体地点和时间。交通运输行政主管部门应自行预估未来交通发展需求和国家财政能力，制定修建高速铁路、高速公路或者普速铁路、一般公路的计划，决定通过路线和设立车站的地点等，编制预算、征收土地和建设施工。这些内容体现了交通行政积极主动的特性，与司法消极被动的特性有别。[1]

3. 交通行政的手段的多样性

现代交通行政不再仅仅是消极地执行立法机关制定的法律，还兼及了行政立法和通过具体的行政决定解决当事人之间纠纷的功能。据悉，截至2016年年底，我国交通运输领域共有300余件部门规章。[2]在纠纷解决方面，行政调解、裁定是重要的方式。如"对船舶、设施发生海上交通事故引起的民事侵权赔偿纠纷，当事人可以申请港务监督调解。"[3]在道路旅客运输中，客运经营者在发车时间安排上发生纠纷，客运站经营者协调无效时，由当地交通运输主管部门

---

[1] 陈敏：《行政法总论》，新学林出版有限公司2009年版，第9页。

[2] 国务院新闻办公室：《中国交通运输发展》，http://www.scio.gov.cn/ztk/dtzt/34102/35746/35750/Document/1537404/1537404.htm，访问日期：2022年5月2日。

[3] 《中华人民共和国海上交通事故调查处理条例》第20条第1款。

裁定。[1]此外，随着"公法私法化"趋势的发展，交通行政的手段不仅包括行政机关为了维护交通安全秩序而依法采取行政命令、行政处罚和行政强制等权力性形式，而且包括行政机关为了促进交通运输事业发展而采用奖励、补贴等非权力性形式，甚至私法方式。

第二节　交通行政法

一、交通行政法的概念

"关于行政法概念的内涵，与行政概念一样，也是众说纷纭。"[2]就交通行政法的定义而言，学者们一般均强调它是行政法的一个部门或分支，此外，与对行政法概念的理解一样，学者们从不同角度和基于不同理论进行了定义。例如，有的学者着眼于交通行政法所调整的社会关系，认为交通行政法是"调整交通行政机关在行使行政职能过程中发生的行政关系的法律规范的总称"。[3]有的学者聚焦于交通行政法所包含的主要内容，认为交通行政法是"在实现国家交通行政职能过程中，通过对交通行政权的授予、行使与控制和对相对一方权利的保障与约束来调整交通行政主体与相对方之间的各种交通行政关系及监督交通行政关系的法律规范的总称"。[4]

综合学者们的见解，结合交通行政法现象的纷繁复杂性，我们尝试这样来描述交通行政法：交通行政法是行政法的一个分支，是规范和控制交通行政权的法律规范的总称。这个概念可以从以下两个方面来理解：

（一）交通行政法属于行政法分论

行政法包括行政法总论和行政法分论。行政法分论，也称部门行政法、行政法各论或者特别行政法，[5]它与行政法总论的关系表现为，分论通过解决行

---

[1]《道路旅客运输及客运站管理规定》第74条。
[2] 李洪雷：《行政法释义学：行政法学理的更新》，中国人民大学出版社2014年版，第33页。
[3] 沈开举主编：《交通行政法》，中国人事出版社1996年版，第2页。
[4] 李晓明、邵新怀、崔卓兰：《交通行政法总论》，人民交通出版社2003年版，第4页。
[5] 余凌云：《警察行政强制的理论与实践（第二版）》，中国人民公安大学出版社2007年版，序言第4—5页。

政领域具体问题来丰富和推动行政法总论的发展，行政法总论为分论提供行政法学理论支撑。

依照行政法所涉的行政领域不同，交通行政法是与公安行政法、环境行政法、教育行政法、工商行政法等并列的部门行政法，其特点在于，以交通行政机关的交通行政管理实践为依托，探讨一般行政法原理在交通行政领域的运用、变化与发展。需要注意的是，交通行政的内容与范围十分广泛，包括公路行政、铁路行政、水路行政、民用航空行政、管道行政和城市轨道交通行政等诸多领域。作为行政法分论的交通行政法，着眼于交通行政法的一般理论，与这些个别交通行政领域的法律制度设计有所区别，在这一意义上，交通行政法也可以称为"交通行政法总论"。

（二）交通行政法是规范和控制交通行政权的法

交通行政权作为行政权的一种，其作用也具有行政权的两重性。一方面，它能够促进交通经济发展，维护交通安全秩序，还可以提高人们物质文化生活水平；另一方面，交通行政权也可能被滥用，会给人民的生命财产安全、环境保护等带来威胁。此外，随着现代交通运输事业的发展，交通行政权也呈现出膨胀和扩张的趋势，其内容不仅包括交通行政执法，还包含了准立法权和准司法权，其职权范围从个别交通运输领域扩展到所有交通运输活动。基于以上原因，笔者认为，当今时代有必要对交通行政权进行规范和控制。

二、交通行政法的特点

学者刘承汉从交通的定义包括运输和邮电的角度出发，认为交通行政法具有国内法与国际法混合、公法与私法混合、实体法与程序法混合的特点。具体而言，国内法与国际法混合，表现为国内法在国际法上予以适用、条约法与国内法被视为具有同一效力、因国际法先例而形成国际法的适用以及国际法中一般公认的原则适用于交通行政领域。公法与私法混合，表现为交通行政法被视为公私法的中间区域，二者的区分应视其作用的性质进行判断区别。虽然其整体而言不应属于公法关系，但法律有特别明文规定的，属于公法范围。实体法与程序法混合，表现为交通行政法是行政实体法与多种程序法的综合体。其本身多为行政实体法外，不仅涉及行政程序法，还涉及民事诉讼法与刑事诉讼法，由于航海与航空方面存在多种国际条约，因此在国际私法问题上也存在很多特殊的规定。[1]我们认为，尽管交通行政法规范常常表现为实体法与程序法混合，但这也是行政法的特点。行政法的特点之一是"实体性规范与程序性规范的一体性"，即实体性行政法规范与程序性行政法规范通常交织在一起，共存于同一个法律文件之中。[2]我们倾向于认为，国际性、公法与私法混合性是交通行政法的重要特征。

（一）国际性

交通行政法，尤其是其中涉及的海上运输和海事执法、民用航空运输和民用航空执法，具有很强的国际性、涉外性。例如，在海事行政法、民用航空行政法所调整的社会关系中，有相当一部分是具备涉外因素的关系，如海事行政相对人包括外国人或者是悬挂外国船旗的船舶或外国航运公司，民用航空行政相对人包括外国人或者外国公共航空运输承运人。

交通行政法的国际性还体现在其法律效力范围方面。在海事领域，有海事行政违法行为的中国籍船舶和船员在境外已经受到处罚的，不得重复给予海事行政处罚。[3]在民用航空领域，民用航空器的登记国对在域外的本国民用航空器享有管理权，"主要包括适航管理以及航行管理"[4]。例如，《中华人民共和国民用航空器适航管理条例》第2条规定："在中华人民共和国境内从事民用航空器（含航空发动机和螺旋桨，下同）的设计、生产、使用和维修的单位或者个人，向中华人民共和国出口民用航空器的单位或者个人，以及在中华人民共和国境外维修在中华人民共和国注册登记的民用航空器的单位或者个人，均须遵守本条例。"

另外，一些有关交通的国际公约、协定，对国内交通行政法也有着重要影响。例如，近年来，我国先后加入多部有关海上交通安全的国际条约，这些条约对我国海上交通安全管理制度提出了诸多新要求。如为履行《国际海事劳工公约》，2021年修订的《中华人民共和国海上交通安全法》第14条新设海事劳工证书核发许可。2019年中华人民共和国海事局印发了《推进国内航行海船和

---

[1] 刘承汉：《交通行政法原理》，中国台湾地区"交通部"交通研究所1975年印行，第12—19页。
[2] 杨建顺：《日本行政法通论》，中国法制出版社1998年版，第149—150页。
[3] 《中华人民共和国海上海事行政处罚规定》第7条第5款。
[4] 董杜骄、顾琳华主编：《航空法教程（第2版）》，对外经济贸易大学出版社2016年版，第26页。

500 总吨以下国际航行船舶履行〈2006 年海事劳工公约〉实施方案》,[1]该方案规定了海事劳工条件检查，包括公司自查和海事管理机构实施检查。"在国内航空立法中，对航空器的分类也都坚持二元论的观点，并且基本上都是参照1919 年《巴黎空中航行管理公约》和 1944 年《国际民用航空公约》的规定制定的，将航空器分为民用/公用航空器、民用/军用航空器和民用/国家航空器等。我国《民用航空法》对航空器的分类也采用二元论，即将航空器分为民用航空器和国家航空器，其第 5 条规定：'本法所称民用航空器，是指除用于执行军事、海关、警察飞行任务外的航空器。'"[2]

（二）公法与私法混合性

"在大陆法系国家，公法与私法的二元区分奠定了实证法律秩序的基础结构，也构成了行政法的预设前提。"[3]尽管对于公私法的界限及其相互关系尚待深入探讨，但我国行政法总体而言也建立在公私法区分的基础上。[4]行政法是公法，这是学理上公认的命题。[5]

交通行政法作为行政法分论，属于公法。《中华人民共和国海上交通安全法》《铁路安全管理条例》《公路安全保护条例》等交通法律法规调整的法律关系主体之间为上下行政管理关系，是交通行政的内容。

不过，与公安行政法等其他部门行政法相比，交通行政法也表现出公法与私法混合的特征。第一，从立法来看，《中华人民共和国民用航空法》《中华人民共和国铁路法》《中华人民共和国公路法》等交通运输法律，不同于公私法分立框架下的传统部门法体系，这些法律以行为或社会关系发生的行业领域作为划界标准，表现为"一个行业领域一个立法"的模式。一部法律往往由不同性质的法律规范汇集而成，普遍呈现出公法与私法、实体法与程序法交叉混合的样态。[6]这些法律中只有调整上下主体之间法律关系的规范属于交通行政法

---

[1] 中华人民共和国海事局关于印发《推进国内航行海船和 500 总吨以下国际航行船舶履行〈2006年海事劳工公约〉实施方案》的通知，(海船员〔2019〕368 号)。

[2] 董杜骄、顾琳华主编：《航空法教程（第 2 版）》，对外经济贸易大学出版社 2016 年版，第 16 页。

[3] 李洪雷：《面向新时代的行政法基本原理》，《安徽大学学报（哲学社会科学版）》2020 年第 3期，第 86 页。

[4] 李洪雷：《行政法释义学：行政法学理的更新》，中国人民大学出版社 2014 年版，第 9—11 页。

[5] 章剑生主编：《行政法与行政诉讼法》，北京大学出版社 2014 年版，第 15 页。

[6] 宋亚辉：《风险立法的公私法融合与体系化构造》，《法商研究》2021 年第 3 期，第 53—54 页。

的范畴，而诸如运输合同、承运人责任以及对第三人损害的赔偿责任等法律问题则不属于交通行政法的范围。第二，从行政组织来看，在市场经济体制下，随着国家鼓励和引导民间资本投资交通运输领域的政策的实施，私法主体越来越多地参与完成国家交通运输任务。此时，运输服务的提供者与使用者是私法关系，交通行政机关则负有监管的职责，如市场准入资格的设立与审查等。第三，从手段来看，私法行为在交通行政领域具有一定的地位。例如，船舶污染清除协议是《防治船舶污染海洋环境管理条例》第 33 条和《中华人民共和国船舶污染海洋环境应急防备和应急处置管理规定》第四章设定的一项海事管理制度。这种清除协议是船舶的经营人与船舶污染清除单位平等民事主体之间签订的合同，但对于未按照规定签订污染清除作业协议的船舶经营人，立法规定了行政处罚的法律责任。[1] 有时，交通行政机关也利用私法方式来执行交通行政任务，如海事部门与航运公司签署行政协议以实现航运安全管理目标，[2] 我们认为，这类行为受公法调整，若引起法律纠纷，应属于行政争议，纳入行政诉讼范围。

第三节　交通行政法的渊源

一、交通行政法成文法源

交通行政法的渊源是指交通行政法规范的外在表达形式，亦即交通行政法规范的载体。交通行政法的渊源可以分为交通行政法成文法源和交通行政法不成文法源。交通行政法成文法源有宪法、法律、行政法规、地方性法规、自治条例与单行条例、行政规章、法律解释、国际条约与协定、其他规范性文件。具体如下：

（一）宪法

宪法是所有部门法的根本渊源，也是交通行政法的根本渊源。宪法作为交

---

〔1〕《中华人民共和国船舶污染海洋环境应急防备和应急处置管理规定》第 34 条第 1 项。
〔2〕 吴桐：《芜湖海事与 16 家航运公司签署行政合同》，《中国水运报》2010 年 3 月 1 日第 2 版。

通行政法的渊源，涉及交通立法权的归属、交通行政的权限划分、交通事业发展等。例如，《德意志联邦共和国基本法》第 73 条第 1 款第 6 项和第 73 条第 6 项之一规定，联邦对航空运输、全部或大部分属于联邦所有财产的铁路（联邦铁路）交通，联邦铁路的铺设、养护或经营，以及使用联邦铁路费用的征收，有专属立法权。第 74 条第 1 款第 22 项和第 74 条第 1 款第 23 项规定，陆路交通、汽车运输事项、长途运输道路的修建和养护、汽车用路使用规费的征收与分配、非属联邦铁路的轨道，但不包括山岳铁路，属于联邦和邦的共同立法范围。第 87 条之五第 1 款前段规定，联邦铁路的铁路运输行政属联邦直接行政。第 87 条之五第 3 款前段规定，联邦铁路以私法形式的经济企业营运。第 89 条第 2 款前段规定，联邦应由其自设的机关管理联邦水路。第 90 条第 2 款规定，各邦或依各邦法律有管辖权的自治团体，应代联邦管理联邦高速汽车道路及其他长途运输的联邦公路。[1]

1982 年颁布的《中华人民共和国宪法》第 8 条第 2 款规定："城镇中的手工业、工业、建筑业、运输业、商业、服务业等行业的各种形式的合作经济，都是社会主义劳动群众集体所有制经济。"宪法中的其他内容虽然鲜有关于交通的直接规定，但有关公民基本权利的条款，国有企业自主经营权的条款，国家行政机关的职权及活动原则，有关公民申诉权、控告权、检举权的规范等，对于理解我国交通行政法律制度的建立和发展都有重要意义。此外，其他交通行政立法均是以宪法为依据，是宪法原则和宪法精神的具体实现。交通法律、法规、规章及其他规范性文件应贯彻宪法原则和宪法精神，不得与宪法相抵触。

（二）法律

法律是由全国人民代表大会及其常务委员会制定的规范性法律文件，是我国行政法的基本法源。在交通领域，法律构建了交通的基本制度框架，其效力仅次于宪法。我国目前交通法律主要有《中华人民共和国公路法》《中华人民共和国铁路法》《中华人民共和国港口法》《中华人民共和国航道法》《中华人民共和国海商法》《中华人民共和国海上交通安全法》《中华人民共和国民用航空法》《中华人民共和国石油天然气管道保护法》等。除了这些交通法律之外，

---

[1] 《德意志联邦共和国基本法》（2012 年修订）。

《中华人民共和国安全生产法》《中华人民共和国治安管理处罚法》等也是交通行政法的重要法源，是交通行政机关或者公安机关对于交通运输企业进行安全监管或维护交通安全秩序的重要法律依据。

需要提及的是，如前所述，交通运输法律往往由不同性质的法律规范汇集而成，以《中华人民共和国公路法》为例，这部法律规范了与公路事业有关的各项活动，为公路的规划、建设、养护、经营、使用和路政管理等各个方面确立了必须遵守的行为准则。其中，关于公路的规划、路政管理、监督检查等内容属于行政法规范，而有关对公路造成损害应当依法承担民事责任的规定属于民法规范。

此外，主要作为其他法律部门渊源的法律也可能包含交通行政法规范的内容，是交通行政机关的执法依据。例如，《中华人民共和国反恐怖主义法》第85条规定："铁路、公路、水上、航空的货运和邮政、快递等物流运营单位有下列情形之一的，由主管部门处十万元以上五十万元以下罚款，并对其直接负责的主管人员和其他直接责任人员处十万元以下罚款：（一）未实行安全查验制度，对客户身份进行查验，或者未依照规定对运输、寄递物品进行安全检查或者开封验视的；（二）对禁止运输、寄递，存在重大安全隐患，或者客户拒绝安全查验的物品予以运输、寄递的；（三）未实行运输、寄递客户身份、物品信息登记制度的。"2017年修订的《中华人民共和国海洋环境保护法》第5条第3款规定："国家海事行政主管部门负责所辖港区水域内非军事船舶和港区水域外非渔业、非军事船舶污染海洋环境的监督管理，并负责污染事故的调查处理；对在中华人民共和国管辖海域航行、停泊和作业的外国籍船舶造成的污染事故登轮检查处理。船舶污染事故给渔业造成损害的，应当吸收渔业行政主管部门参与调查处理。"《中华人民共和国水污染防治法》第9条第2款授权交通主管部门的海事管理机构对船舶污染水域的防治实施监督管理。以上这些内容就属于交通行政法规范。

（三）行政法规

行政法规是国务院依据法定程序制定的具有国家强制力的普遍性行为规则，是交通行政法最重要的法源之一。根据《中华人民共和国立法法》第72条第2款的规定，行政法规可以就下列事项做出规定：①为执行法律的规定需要制定行政法规的事项；②《中华人民共和国宪法》第89条规定的国务院行政管理职权的事项。根据《行政法规制定程序条例》第 5 条第 1 款的规定，行政法规的名称一般称"条例"，也可以称"规定""办法"等。国务院根据全国人民代表大会及其常务委员会的授权决定制定的行政法规，称"暂行条例"或者"暂行规定"。

前面我们分析了交通行政的内容与范围十分广泛，包括公路行政、铁路行政、水路行政、民用航空行政、管道行政和城市轨道交通行政等诸多领域。分布在这些领域的交通行政法规数量多，内容丰富。例如，公路行政领域有《中华人民共和国道路运输条例》《公路安全保护条例》《收费公路管理条例》等；铁路行政领域有《铁路安全管理条例》《铁路交通事故应急救援和调查处理条例》等；水路行政领域有《国内水路运输管理条例》《中华人民共和国船舶和海上设施检验条例》《中华人民共和国航道管理条例》《中华人民共和国船舶登记条例》《中华人民共和国船员条例》《中华人民共和国国际海运条例》《关于外商参与打捞中国沿海水域沉船沉物管理办法》；民用航空行政领域有《中华人民共和国民用航空器国籍登记条例》《外国民用航空器飞行管理规则》《中华人民共和国民用航空器权利登记条例》《民用航空运输不定期飞行管理暂行规定》《中华人民共和国民用航空器适航管理条例》《民用机场管理条例》《中华人民共和国民用航空安全保卫条例》《通用航空飞行管制条例》，等等。

如同法律一样，主要作为其他法律部门渊源的行政法规也可能包含交通行政法规范。例如，根据《危险化学品安全管理条例》第 6 条第 5 项规定，交通运输主管部门负责危险化学品道路运输、水路运输的许可以及运输工具的安全管理，对危险化学品水路运输安全实施监督，负责危险化学品道路运输企业、水路运输企业驾驶人员、船员、装卸管理人员、押运人员、申报人员、集装箱装箱现场检查员的资格认定。铁路监管部门负责危险化学品铁路运输及其运输工具的安全管理。民用航空主管部门负责危险化学品航空运输以及航空运输企业及其运输工具的安全管理。

除了行政法规外，国务院也颁布实施了一些其他行政规范性文件，它们未按照行政法规制定程序发布，严格说来不具有行政法规的效力。但实践中常常会有不同的做法。"从法院在个案中所表现出来的态度可以看出，这些'规范

性文件'效力与行政法规相当。"〔1〕

（四）地方性法规、自治条例与单行条例

地方性法规是交通行政法的重要法源之一。《中华人民共和国立法法》第80条规定，省、自治区、直辖市的人民代表大会及其常务委员会根据本行政区域的具体情况和实际需要，在不同宪法、法律、行政法规相抵触的前提下，可以制定地方性法规。第81条第1款前段规定，设区的市的人民代表大会及其常务委员会根据本市的具体情况和实际需要，在不同宪法、法律、行政法规和本省、自治区的地方性法规相抵触的前提下，可以对城乡建设与管理、生态文明建设、历史文化保护、基层治理等方面的事项制定地方性法规，法律对设区的市制定地方性法规的事项另有规定的，从其规定。例如，为加强铁路安全管理，保障铁路运输安全和畅通，预防铁路交通事故发生，保护人民群众人身和财产安全，一些省制定了铁路安全管理方面的地方性法规，如《吉林省铁路安全管理条例》《山东省铁路安全管理条例》《湖南省铁路安全管理条例》。

自治条例、单行条例作为交通行政法法源，仅适用于民族自治地方。《中华人民共和国宪法》第116条前段规定："民族自治地方的人民代表大会有权依照当地民族的政治、经济和文化的特点，制定自治条例和单行条例。""自治条例是规定民族自治地方自治机关的组织和活动原则、民族自治权等内容的综合性的规范性文件，"〔2〕通常涉及有关本地区实行的区域自治的基本组织原则、机构设置、自治机关的职权、工作制度及其他重大问题。"单行条例是在民族自治权范围内规定某一方面问题的规范性文件。"〔3〕例如，《云南省文山壮族苗族自治州自治条例》第32条第1款规定："自治州的自治机关积极发展交通事业，改善交通基础设施条件，加快公路、铁路、水运和民用航空建设，加强交通运输安全的管理。"同条第2款规定："自治州在上级国家机关的扶持下，制定优惠政策，鼓励多渠道筹措资金，加速县、乡、村和边远贫困山区的公路建设，发展民间运输业。"

---

〔1〕　章剑生：《现代行政法总论（第2版）》，法律出版社2019年版，第60—61页。
〔2〕　周叶中主编：《宪法（第三版）》，高等教育出版社2011年版，第230页。
〔3〕　周叶中主编：《宪法（第三版）》，高等教育出版社2011年版，第230页。

应注意的问题是，根据《中华人民共和国立法法》，[1]自治区、自治州可依法同时行使自治区、自治州的自治立法权和一般的地方立法权。《宁夏回族自治区公路路政管理条例》《广西壮族自治区铁路安全管理条例》等立法属于一般的地方立法。

（五）行政规章

行政规章也是交通行政法的重要法源之一。依据制定主体的不同，行政规章可以分为部门规章和地方政府规章两类。部门规章是国务院各部、委员会、中国人民银行、审计署和具有行政管理职能的直属机构根据法律和国务院的行政法规、决定、命令，在本部门权限内，按照法定程序制定的规范性文件的总称。交通部门规章是就国家有关交通的法律、法规的具体问题制定的，其目的是保证法律、法规的正常实施，涉及全国交通工作的管理，数量多、内容广。例如，中国民用航空局根据《中华人民共和国行政处罚法》和《中华人民共和国民用航空法》发布了《民用航空行政处罚实施办法》，细化了民用航空行政处罚的实施和执行。交通运输部、公安部、自然资源部、生态环境部、住房和城乡建设部、水利部、应急管理部联合发布了《高速铁路安全防护管理办法》，该行政规章的目的在于加强高速铁路安全防护，防范铁路外部风险，保障高速铁路安全和畅通，维护人民生命财产安全。

地方政府规章是指省、自治区、直辖市和设区的市、自治州的人民政府，根据法律、行政法规和地方性法规所制定的，在本地区普遍适用的规范性文件。地方政府交通规章只在本行政区域内有效。例如，随着我国高速铁路的快速发展，一些地方政府结合本地运行环境和执法实践，根据《中华人民共和国铁路法》《铁路安全管理条例》等法律、行政法规制定了专门的高速铁路安全管理地方政府规章。2017 年，云南省颁布实施《云南省高速铁路安全管理规定》，

---

[1] 《中华人民共和国立法法》第 80 条规定："省、自治区、直辖市的人民代表大会及其常务委员会根据本行政区域的具体情况和实际需要，在不同宪法、法律、行政法规相抵触的前提下，可以制定地方性法规。"第 81 条第 4 款前段规定："自治州的人民代表大会及其常务委员会可以依照本条第一款规定行使设区的市制定地方性法规的职权。"第 93 条第 1 款规定："省、自治区、直辖市和设区的市、自治州的人民政府，可以根据法律、行政法规和本省、自治区、直辖市的地方性法规，制定规章。"根据上述规定，自治区、自治州除了具有制定自治条例和单行条例的自治立法权，还具有制定地方性法规和地方政府规章的一般地方立法权。参见郑毅：《〈立法法〉修改后自治州一般地方立法权与自治立法权关系研究》，《法学评论》2018 年第 4 期，第 126 页。

进一步明确了高速铁路安全监管主体、不同行政主体的执法职责、执法监管范围和法律责任，完善了高速铁路安全防控体系。

（六）法律解释

作为行政法渊源的法律解释，是指有权国家机关做出的规范性解释，包括最高国家权力机关的解释、最高司法机关的解释、中央国家行政机关的解释、地方国家权力机关和行政机关的解释等。[1]

在交通行政领域，国务院及其主管部门对一些法律、法令如何具体应用的问题进行解释。例如，《国务院关于决定〈统一国际航空运输某些规则的公约〉适用于香港特别行政区的批复》（国函〔2006〕92号）、国务院法制办公室对2003年颁布施行的《通用航空飞行管制条例》第31条第2款、第3款中的"大于""均应当含本数在内"的复函、[2]交通运输部对《船舶和海上设施检验条例》第27条中"有关行政主管机关"是指"港监机构""不包括船舶检验机构在内"的解释。[3]《最高人民法院关于对人民法院审理公路交通行政案件如何适用法律问题的答复》（〔1999〕行他字第29号）指出，人民法院审理公路交通行政案件涉及地方性法规对交通部门暂扣运输车辆的规定与《中华人民共和国公路法》有关规定不一致的，应当适用《中华人民共和国公路法》的有关规定。以上内容均属于对交通法规范的法律解释，是交通行政法的表现形式。

（七）国际条约与协定

在交通领域，一些国际条约、协定涉及国内交通行政管理，交通行政相对人有遵守这些条约、协定的义务，国家交通行政机关实施行政管理亦必须受其拘束。例如，在民用航空领域，《外国公共航空运输承运人运行规范》的持有人在中华人民共和国境内实施公共航空运输飞行应当遵守《国际民用航空公约》及其附件一《人员执照的颁发》、附件六《航空器运行》、附件八《航空

---

[1]　李洪雷：《行政法释义学：行政法学理的更新》，中国人民大学出版社2014年版，第44—45页。

[2]　国务院法制办公室对中国气象局《关于商请释义〈通用航空飞行管制条例〉有关用语的函》的复函（国法函〔2003〕217号）。

[3]　交通部《关于解释〈中华人民共和国船舶和海上设施检验条例〉有关条款的函》（交通部交函体法〔1998〕209号）。

器适航性》的标准条款。[1]违反者，除了取得相应豁免或者偏离批准的，由民用航空地区管理局责令改正，处警告或者 30 000 元以下的罚款。[2]

在海事领域，《交通运输行政执法程序规定》第 20 条第 2 款规定，海事执法部门根据履行国际公约要求的有关规定开展行政检查的，从其规定。中国已加入并对中国已正式生效的《2006 年海事劳工公约》规定了有关行政审批、许可、行政检查等行政监管的准则。例如，公约"要求成员国主管当局对在其领土内运营的海员招募和安置机构进行严格监管，采取经营许可或类似管理措施，并定期实施审核。"[3]公约"从船旗国、港口国、海员提供国三个方面确定了各成员国充分实施和执行《公约》的义务。船旗国应建立一个有效的海事劳工条件检查和发证系统，并对 500 总吨及以上国际航行或在外国港口之间航行的船舶签发海事劳工证书和海事劳工符合声明，还应要求悬挂其旗帜的船舶建立公平有效的船上投诉程序。港口国应在有效的港口国检查和监督机制的基础上对挂靠本国港口的船舶进行检查，以核查该船符合公约有关海员工作和生活条件、海员权利要求，应建立海员投诉的岸上处理程序，以确保对在本国港口挂靠船舶上的投诉采取迅速而实际的解决方式。海员提供国应对本国设立的海员招募安置服务机构进行有效的监督检查，同时对本国海员提供社会保障的责任。"[4]2019 年 10 月，中华人民共和国海事局印发了《推进国内航行海船和 500 总吨以下国际航行船舶履行〈2006 年海事劳工公约〉实施方案》，方案指出，由各直属海事局就海事管理机构负责检查的海事劳工条件项目，对适用船舶实施海事劳工条件检查。海事管理机构对海事劳工条件检查发现的缺陷，应依据《海事劳工条件检查业务流程》，要求船长或航运公司（船东）制定纠正措施并按规定时限进行纠正。对于违反法律、法规和规章的，按规定予以处理。各直属海事局做好海事劳工条件检查人员的培训管理工作，确保辖区海事劳工

---

[1] 《外国公共航空运输承运人运行合格审定规则》（交通运输部令 2017 年第 35 号）第 129.7 条（b）款第（2）项。

[2] 《外国公共航空运输承运人运行合格审定规则》（交通运输部令 2017 年第 35 号）第 129.75 条（b）款第（1）项。

[3] 《珠江水运》编辑部：《〈2006 年海事劳工公约〉解读——交通运输部海事局副局长郑和平解读公约》，《珠江水运》2016 年第 4 期，第 43 页。

[4] 《珠江水运》编辑部：《〈2006 年海事劳工公约〉解读——交通运输部海事局副局长郑和平解读公约》，《珠江水运》2016 年第 4 期，第 44 页。

条件检查员数量，保证检查工作顺利开展。海事劳工条件检查员应经交通运输部海事局统一组织培训，或经批准由直属海事局自行组织培训。[1]这些内容是对《2006年海事劳工公约》关于行政管理准则的落实。

（八）其他规范性文件

在德国，内部法的法规范性已经得到承认，但在我国，根据《中华人民共和国立法法》的规定和学界通说，行政机关制定的行政规定不属于立法，也不是行政法的渊源。[2]不过一些学者主张将其列入成文法源。我们倾向于将其他规范性文件列入交通行政法的成文法源。在交通领域，其他规范性文件数量大、类型多，它们不仅为交通行政机关提供了执法依据，也是交通行政自我拘束的一种手段。从司法实务来看，人民法院经审查认为被诉具体行政行为依据的其他规范性文件合法、有效并合理、适当的，在认定被诉具体行政行为合法性时应承认其效力。[3]

二、交通行政法不成文法源

从域外来看，行政法的不成文法源包括判例、行政惯例、习惯、行政学理等。例如，"判例不仅在英美法系国家普遍是行政法的法源，在部分大陆法系国家"如法国等，亦是重要的行政法法源。[4]在英国，"行政惯例在行政法渊源中占据较重要的地位"。[5]

在我国行政法实务中，尽管不成文法的法源地位并未得到承认，但不成文法源在理论和实践中都日益受到重视。例如，"经最高人民法院审判委员会讨论决定，在《最高人民法院公报》和《人民法院报》上公开发布的指导性案例或典型案例

---

[1] 中华人民共和国海事局关于印发《推进国内航行海船和500总吨以下国际航行船舶履行〈2006年海事劳工公约〉实施方案》的通知（海船员〔2019〕368号）。
[2] 李洪雷：《行政法释义学：行政法学理的更新》，中国人民大学出版社2014年版，第39—40页。
[3] 姜明安主编：《行政法与行政诉讼法（第七版）》，北京大学出版社、高等教育出版社2019年版，第175页。
[4] 姜明安主编：《行政法与行政诉讼法（第七版）》，北京大学出版社、高等教育出版社2019年版，第64页。
[5] 姜明安主编：《行政法与行政诉讼法（第七版）》，北京大学出版社、高等教育出版社2019年版，第65页。

对审判实践有重要的指导作用，各级法院在审判类似案件时应予参照。"[1]在司法实践中，法院裁判行政案件也开始运用一般行政法原则，如程序正当原则[2]、比例原则[3]。

具体到交通行政领域，为了适应国际交通运输的需要，我国有的法律明确规定了国际惯例作为法的渊源。例如，《中华人民共和国民用航空法》第184条第2款规定，我国法律和我国缔结或者参加的国际条约没有规定的，可以适用国际惯例；第190条规定，依照本章规定适用外国法律或国际惯例，不得违背中华人民共和国的社会公共利益。此外，最高人民法院发布的指导性案例也对交通行政审判实践发挥着重要的指导作用。

在最高人民法院第26号指导案例李某雄诉广东省交通运输厅政府信息公开案[4]中，原告诉称：广东省交通运输厅未在法定期限内答复及提供所申请的政府信息，请求法院判决确认被告未在法定期限内答复的行为违法。法院生效裁判支持了原告的主张，其裁判要点是：公民、法人或者其他组织通过政府公众网络系统向行政机关提交政府信息公开申请的，如该网络系统未作例外说明，则系统确认申请提交成功的日期应当视为行政机关收到政府信息公开申请之日。行政机关对于该申请的内部处理流程，不能成为行政机关延期处理的理由，逾期做出答复的，应当确认为违法。

前述案例中的"裁判要点"内容对于法院今后审判类似案例具有参照功能。对于交通行政机关来说，由于这种参照功能本质上对下级法院审理类似案件时产生了"事实上的拘束力"，该"事实上的拘束力"也会折射到行政程序之中，规范行政机关的行为。[5]

---

〔1〕 姜明安主编：《行政法与行政诉讼法（第七版）》，北京大学出版社、高等教育出版社2019年版，第64页。

〔2〕 在田永诉北京科技大学拒绝颁发毕业证、学位证案中，法院认为："退学处理的决定涉及原告的受教育权利，从充分保障当事人权益原则出发，被告应将此决定直接向本人送达、宣布，允许当事人提出申辩意见。而被告既未依此原则处理，尊重当事人的权利，也未实际给原告办理注销学籍、迁移户籍、档案等手续。"北京市海淀区人民法院行政判决书（1998）海行初字第142号。

〔3〕 在黑龙江省哈尔滨市规划局与黑龙江汇丰实业发展有限公司行政处罚纠纷上诉案中，最高人民法院认为："上诉人所作的处罚决定中，拆除的面积明显大于遮挡的面积，不必要地增加了被上诉人的损失，给被上诉人造成了过度的不利影响。原审判决认定该处罚决定显失公正是正确的。"最高人民法院驳回上诉，维持原判。最高人民法院行政判决书（1999）行终字第20号。

〔4〕 广东省广州市越秀区人民法院行政判决书（2011）穗越法行初字第252号。

〔5〕 章剑生：《现代行政法总论（第2版）》，法律出版社2019年版，第70页。

第四节　交通行政法的历史发展

国家对交通的干预有着悠久的历史。史料记载，我国唐代已于水路设水驿，驿有驿田，设驿长，管车、船、马，并派当役驿夫。管理交通的官吏称为转运使，初称水陆转运使，管理洛阳与长安之间的粮食运输事务。后设江淮转运使，掌管东南各道的水陆转运。以后历代也都设有专门官署并有一定的章程专管运输。[1]

中国现代交通行政法最早可以追溯至民国初年。1914 年，北洋政府公布施行《民业铁路条例》，后增订修正更名为《民业铁路法》。该法明确了民业铁路的概念以及对民业铁路的监督管理。[2]1918 年，北洋政府交通部颁布了《长途汽车公司条例》和《长途汽车营业规则》。1933 年，江苏省、浙江省、安徽省、南京市、上海市联合颁布了《五省市汽车载货通则》和《五省市汽车载客通则》，并于同年专颁全国施行。[3]

国民党政府统治时期出台了一系列交通法律，包括：1927 年的《交通部组织法》、1930 年的《船舶法》和《船舶登记法》、1931 年的《船舶载重线法》、1931 年的《交通部航政局组织法》、1930 年的《邮运航空器乘客取缔规则》、1932 年的《铁道法》，等等。例如，《交通部组织法》第 1 条规定，交通部管理经营除法律另有规定的全国电政、邮政、航政事项，监督民营交通事业。第 4 条规定，交通部设置总务司、电政司、邮政司和航政司。《邮运航空器乘客取缔规则》共有 10 款[4]内容。第 2 款规定，乘客不得携带违禁物危险物或照相机。第 3 款规定，乘客不得在航行中测绘或者速写地图。第 4 款规定，乘客不得在航行中抛掷物品。第 5 款规定，乘客不得于航行中吸烟酗酒或喧哗围殴。第 6 款规定，乘客不得拒绝官厅或邮运航空机关合法的检查。第 7 款规定，乘客违反第 2 款或第 3 款规定的，扣留其物品送交该管官厅处分；违反第 4 款

---

[1]　黄达强主编：《交通行政管理》，知识出版社 1991 年版，第 3 页。
[2]　张长青、郑翔：《铁路法研究》，北京交通大学出版社 2012 年版，第 15 页。
[3]　沈开举主编：《交通行政法》，中国人事出版社 1996 年版，第 5 页。
[4]　《邮运航空器乘客取缔规则》使用了"款"，故这里也使用"款"。

或第 5 款规定的，强令其在次站离机；违反第 6 款规定的，拒绝其乘坐。《船舶登记法》第 3 条规定，船舶关于所有权、抵押权、租赁权的保存、设定、移转、变更、限制、处分或消灭均应登记。[1]《铁道法》规定了铁道的分类，国营、民营、公营铁路的地位，铁路的轨距、铁道主权及主管单位等内容。[2]

中华人民共和国成立后，中国的交通立法大致可以分为三个阶段，即初创时期、发展时期和完善时期。在此期间，虽然经历了挫折时期，但总的趋势是，新中国的交通行政法律制度建设日益受到国家的重视并逐步发展和完善。

一、交通立法的初创时期

从新中国成立到 1965 年是中国交通运输事业兴起和中国交通行政法的初创时期。新中国成立初期，中国面临着迅速发展交通运输的任务，这一时期的交通立法任务也比较重。例如，在公路行政方面，"1950 年，交通部公布了《养护公路暂行办法》，使公路管理工作基本走上了有法可依的轨道。"[3] 在水路行政方面，"1955 年交通部正式发布我国第一部《内河航标规范》，印发了《内河航标工作人员职掌及工作制度（草案）》。1957 年 10 月 11 日交通部发布《中华人民共和国打捞沉船管理办法》。1962 年 8 月交通部发布《内河航标管理暂行办法》。"[4] "1964 年 8 月 6 日，交通部、财政部发布《内河航道养护费征收和使用试行办法》，对航道养护费的征收作出具体规定。"[5] 在民用航空方面，"1950 年 11 月 1 日，中央人民政府人民革命军事委员会颁布了《中华人民共和国飞行基本规则》，民用航空局公布《外国民用航空器飞行管理规则》。"[6] 1958 年 6 月 5 日，全国人民代表大会常务委员会根据国务院提出的议案，决定加入 1929 年 10 月 12 日在华沙签订的《统一国际航空运输某些规则的公约》。[7]

---

[1] 交通部法规委员会编辑：《交通法规汇编》，交通部法规委员会［南京］1931 年 4 月版，目录部分、第 1 页、第 691 页、第 707 页。

[2] 张长青、郑翔：《铁路法研究》，北京交通大学出版社 2012 年版，第 16 页。

[3] 沈开举主编：《交通行政法》，中国人事出版社 1996 年版，第 5 页。

[4] 交通部教育司：《航道行政管理》，人民交通出版社 1997 年版，第 99 页。

[5] 交通部教育司：《航道行政管理》，人民交通出版社 1997 年版，第 100 页。

[6] 刘伟民主编：《航空法教程》，法律出版社 1996 年版，第 53 页。

[7] 董杜骄、顾琳华主编：《航空法教程（第 2 版）》，对外经济贸易大学出版社 2016 年版，第 9 页。

由此可以看出，这一时期的交通立法主要表现为行政立法和其他规范性文件，内容涉及公路路政、航道管理、民用航空运输等多个交通行政领域。这些行政立法和其他规范性文件的发布和实施奠定了新中国交通行政法制的基础。但从总体上看，这一时期的交通立法具有分散性、初创性和过渡性的特点，还没有形成完整的交通行政法律规范体系。

在 1966 年以后至 1976 年，中国交通立法工作受挫，仅出台或者加入了少量法规[1]或国际公约、协定。例如，我国于 1974 年 2 月 15 日通知国际民用航空组织承认 1944 年《国际民用航空公约》，并决定参加该组织活动。[2]

二、交通立法的发展时期

自 1978 年中国共产党第十一届中央委员会第三次全体会议以来，中国的政治、经济形势发生了重大变化，国家的交通运输事业和法制建设也进入了一个蓬勃发展的时期并逐步建立了完整的交通行政法律体系。主要内容如下：

1983 年颁布的《中华人民共和国海上交通安全法》是新中国在交通领域的第一部法律，它规定了船舶检验和登记，船舶、设施上的人员管理，航行、停泊和作业管理，安全保障，危险货物运输管理，海难救助，打捞清除管理和交通事故的调查处理等，使我国海上交通安全执法无法可依的局面有了较大改观。

1986 年颁布的《中华人民共和国内河交通安全管理条例》规定了内河交通安全监督管理的主管机关，船舶、排筏、设施和人员必须具备的条件，所有人或者经营人对其所有的或者所经营的船舶、排筏、设施的安全责任，船舶进出内河港口、航行、停泊和作业的要求，危险货物管理，渡口管理，安全保障，救助，交通事故的调查处理，以及奖励与处罚等。

1987 年颁布的《中华人民共和国水路运输管理条例》规定了在我国沿海、江河、湖泊及其他通航水域内从事运输活动的营运管理及其罚则。

1987 年颁布的《中华人民共和国航道管理条例》规定了航道的规划和建设、航道的保护、航道养护经费、罚则（警告、罚款等行政处罚和行政强制执行等），适用于中华人民共和国沿海和内河的航道、航道设施以及与通航有关的设施。

---

[1] 陈煜儒：《中国交通法制建设 60 年：从填空白到求质量》，《法制日报》2009 年 9 月 29 日第 4 版。
[2] 徐振翼：《航空法知识》，法律出版社 1985 年版，第 14 页。

1989 年颁布的《石油、天然气管道保护条例》规定了石油、天然气管道及其附属设施的保护原则、主管部门，以及单位和个人、管道建设企业和管道运营企业的管道保护义务、管道与其他建设工程相遇的关系处理等。

1989 年颁布的《铁路运输安全保护条例》规定了铁路运输的安全保护、铁路设施的安全保护、行政奖励与行政惩罚等。

1990 年颁布的《中华人民共和国铁路法》是新中国铁路事业的第一部法律，其中有关调整铁路行政法律关系的内容包括：全国铁路工作的主管部门，国家重点发展国家铁路，大力扶持地方铁路的发展，国务院铁路主管部门制定国家铁路的技术管理规程、铁路行政奖励机制、铁路发展规划、铁路建设用地的征收与使用、铁路安全与保护及其罚则等。

1992 年颁布的《中华人民共和国海商法》第 9 条第 1 款规定：船舶所有权的取得、转让和消灭，应当向船舶登记机关登记；未经登记的，不得对抗第三人。第 13 条第 1 款规定，设定船舶抵押权，由抵押权人和抵押人共同向船舶登记机关办理抵押权登记；未经登记的，不得对抗第三人。第 32 条规定，船长、驾驶员、轮机长、轮机员、电机员、报务员，必须由持有相应适任证书的人担任，等等。

1994 年颁布的《中华人民共和国船舶登记条例》规定了船舶所有权登记、船舶国籍登记、船舶抵押权登记、光船租赁登记、变更登记和注销登记等，加强了国家对船舶的监督管理，保障了船舶登记有关各方的合法权益。

1995 年颁布的《中华人民共和国航标条例》规定了航标的管理和保护。

1995 年颁布的《中华人民共和国民用航空法》是新中国第一部全面规范民用航空活动的法律，是中国民用航空主管部门对民用航空实施管理的基本法律依据，内容涉及民用航空器的管理、民用航空器适航管理、航空人员管理、民用机场管理、空中航行管理、公共航空运输企业管理、通用航空管理、搜寻援救和事故调查、对外国民用航空器的管理、行政处分和行政处罚等。

1996 年颁布的《中华人民共和国民用航空安全保卫条例》规定了民用航空公安机关负责对民用航空安全保卫工作实施统一管理、检查和监督，主要内容包括：民用机场的安全保卫、民用航空营运的安全保卫、安全检查等。

1997 年颁布的《中华人民共和国民用航空器权利登记条例》和《中华人民共和国民用航空器国籍登记条例》对办理民用航空器权利登记、民用航空器国籍登记做了较为详细的规定。

1997 年颁布的《中华人民共和国公路法》是新中国第一部规范公路建设和管理的法律，它总结吸收了 1987 年颁布的《中华人民共和国公路管理条例》实施的经验，借鉴了一些国外公路立法的先进做法，对公路建设、规划养护、经营、使用和管理等做了较为全面的规定。该法于 1998 年实施后，1999 年进行了第一次修改，解决"费改税"的问题。2004 年进行了第二次修改，解决超限车辆运输的多头审批问题。

2001 年颁布的《中华人民共和国国际海运条例》是新中国第一部国际海运管理行政法规，内容包括：经营国际船舶运输业务及其辅助性业务许可制度，国际海上运输及其辅助性业务经营活动的登记、备案制度，外商投资经营国际海上运输及其辅助性业务的批准制度，调查与处理等。

2003 年颁布的《中华人民共和国道路交通安全法》是新中国第一部关于道路交通安全管理方面的基本法律，内容涉及车辆和驾驶人、道路通行、交通事故处理、执法监督等方面，该法的颁布和实施对于改进和加强道路交通安全、预防和减少道路交通事故、保护人民生命财产安全等具有十分重要的意义。

2003 年颁布的《中华人民共和国港口法》是新中国第一部对港口事业进行全面、系统规范的法律。它总结了几十年来我国港口管理的实践经验，借鉴吸收了国际上港口管理和立法的有益做法，在港口的规划、建设、维护、经营、管理等方面确立了一系列重要的法律制度，如港口规划、岸线管理等合理利用港口资源制度，港口业务经营人准入制度，港口基础设施的保护和安全管理制度等。

2003 年颁布的《通用航空飞行管制条例》规定了飞行空域的划设与使用、飞行活动的管理、飞行保障、升放和系留气球的管理等。

2004 年颁布的《收费公路管理条例》对车辆通行费、收费公路建设和收费站的设置、收费公路权益的转让、收费公路的经营管理等做了规定，以加强对收费公路的管理、规范公路收费行为、维护收费公路的经营管理者和使用者的合法权益以及促进公路事业的发展。

此外，在这一时期，我国还加入了一些国际公约，如我国于 1980 年 1 月 7 日加入《国际海上避碰规则公约》、2000 年 4 月 28 日加入《国际承认航空器权利公约》、2005 年 5 月 28 日加入《统一国际航空运输某些规则的公约》等。

综上所述，在这一时期，中国交通行政法律得到了空前的发展，交通行政活动已实现了有法可依，为交通行政法制建设奠定了坚实的基础。

三、交通立法的完善时期

2006 年以后，中国交通立法工作取得了突破性进展，长期困扰交通行业的"立法滞后"问题得到了初步解决。交通立法的工作重点从原来主要填补空白逐步转变到进一步提高立法质量、提升立法层次上来。[1]

公路行政方面，《中华人民共和国公路法》于 2009 年、2016 年、2017 年进行了三次修正，强化了对公路的保护，如一律禁止铁轮车、履带车和其他可能损害公路路面的机具在公路上行驶；规定了政府还贷公路收费权转让的行政审批问题的改革。此外，这一时期国务院还颁布了《公路安全保护条例》、修订了《中华人民共和国道路运输条例》等。

水路行政方面，2007 年国务院颁布了《中华人民共和国船员条例》，并于 2013 年、2014 年、2017 年、2019 年和 2020 年进行了修订，对船员注册、任职、培训、职业保障以及提供船员服务等活动进行了规范，以加强船员管理、维护船员的合法权益和保障水上交通安全。2014 年，在总结 1987 年颁布施行的《中华人民共和国航道管理条例》的实践经验的基础上，全国人民代表大会常务委员会通过了《中华人民共和国航道法》。这部法律确立了航道行政管理体制，赋予各级航道管理机构执法主体资格；明确了政府对航道建设和养护投入资金的义务；明确了航道规划的编制主体和具体要求；强化了政府部门在航道养护方面的责任；确立了航道保护范围划定制度；设立了拦河建筑物的航道影响评价审核制度；规定了行政处罚和行政强制措施等。2021 年，自 1983 年颁布以来的《中华人民共和国海上交通安全法》首次进行了全面修订，从事前制度防范、事中事后加强监管、强化应急处置等多方面完善制度设计。主要修订内容包括：规范海上执法行为、严控行政许可事项、完善海上搜救制度，并强化了行政处罚等法律责任追究等。

铁路行政方面，《中华人民共和国铁路法》于 2009 年进行了修改，又于

---

[1] 陈煜儒：《中国交通法制建设 60 年：从填空白到求质量》，《法制日报》2009 年 9 月 29 日第 4 版。

2015 年进行了修正。2013 年国务院颁布了《铁路安全管理条例》，与此同时，2004 年颁布的《铁路运输安全保护条例》被废止。与《铁路运输安全保护条例》相比，《铁路安全管理条例》对铁路运输企业保障运输安全问题进行了补充和完善，其内容更加全面，更加注重从设备质量与铁路线路安全保护区等领域实行风险源头控制。

民用航空行政方面，《中华人民共和国民用航空法》于 2016 年、2017 年、2018 年和 2021 年进行了修正。《中华人民共和国民用航空安全保卫条例》和《中华人民共和国民用航空器国籍登记条例》分别于 2011 年和 2020 年进行了修订。

管道运输方面，2010 年，全国人民代表大会常务委员会颁布实施《中华人民共和国石油天然气管道保护法》。该法解决了经济建设，城市发展与管道保护之间日益尖锐的矛盾，管道安全运行的外部环境问题，管道与铁路、公路、河道等工程的相互关系以及缺乏专门对国际原油管道保护的法规范等问题。

城市轨道交通方面，2018 年颁布的《国务院办公厅关于保障城市轨道交通安全运行的意见》（国办发〔2018〕13 号）提出了保障城市轨道交通安全运行的总体要求、基本原则、构建综合治理体系、有序统筹规划建设运营、加强运营安全管理、强化公共安全防范、提升应急处置能力等。同年，交通运输部颁布实施《城市轨道交通运营管理规定》，规定了城市轨道交通运营监督管理的主体、内容与法律责任。

交通行政司法方面，2016 年最高人民法院出台了《最高人民法院关于海事法院受理案件范围的规定》（法释〔2016〕4 号），将海事行政案件划归海事法院受理范围，自 2016 年 3 月 1 日起施行。

自此，中国的交通法律法规体系基本形成，交通法治建设进入全面发展时期。

第二章

交通行政机关及其他行政主体

"行政主体，是指依法享有国家权力，以自己的名义实施行政管理活动，并独立承担由此产生的责任的组织。"[1]在这一定义的基础上，学界将我国行政主体分为职权性行政主体和授权性行政主体两类。职权性行政主体，是指行政职权随组织的成立而同时具有的管理主体，其法律地位直接来自宪法与行政组织法的规定。职权性行政主体主要是各级国家行政机关。"授权性行政主体，也被称为'法律、法规授权的组织'或'被授权组织'，是指拥有行政职权，但其行政职权并不随组织的成立而同时具有，而是来自于单行法授权的组织。"[2]下面分别介绍交通行政机关、交通行政被授权组织、交通行政受委托组织。

第一节　交通行政机关

交通行政机关是职权性交通行政主体，是指依宪法或行政组织法的规定而设置的行使国家交通运输行政职能的行政机关。它具有以下特点：

第一，交通行政机关具有独立的法律地位。交通行政机关是依据宪法或行政组织法的规定而设立的。它是能够以自己名义进行管理的组织。交通行政事务是由交通行政机关的内部机构完成的，但因内部机构不是交通行政组织中的

---

[1] 王连昌主编：《行政法学（修订版）》，中国政法大学出版社1997年版，第35页。

[2] 胡建淼：《行政法学》，法律出版社1998年版，第148页。转引自李洪雷：《行政法释义学：行政法学理的更新》，中国人民大学出版社2014年版，第173页。

基本组织体，不能独立地对外开展活动，所以只能以交通行政机关的名义活动。只有交通行政机关才能代表中央政府或者地方政府独立进行管理。

第二，交通行政机关是行使国家交通运输行政职能的行政机关。这一点明确了交通行政机关的法定管辖权，使它与行使其他行政职能的行政机关区别开来。交通行政机关是承担一定的交通行政事务、享有一定交通行政职权的组织。承担交通行政事务、享有交通行政职权是交通行政机关的最本质特征。

第三，交通行政机关属于国家，其行为结果也归属于国家。交通行政机关不是独立的权利义务主体，没有自己独立的利益，其交通行政管理行为只能代表国家进行，所以其行为后果也应该归属于国家。这种结果归属关系的一个重要表现就是，当交通行政机关或其公务员的交通行政管理行为违法侵害行政相对人的合法权益时，由国家给予交通行政赔偿。

第四，交通行政机关是两个人以上的组织体，不是指某一具体职位。例如，交通运输部部长虽然是国家交通行政机关的法定代表人，但他是个体本身，不是交通行政机关。

一、中央交通行政机关

根据管辖的地域范围，我们可以把交通行政机关划分为中央交通行政机关和地方交通行政机关两类。中央交通行政机关主要包括交通运输部和交通运输部管理的国家局。

（一）交通运输部

1. 交通运输部的历史沿革

根据黄文平等学者的研究，交通运输系统实施大部门制的历史可以追溯到清朝末年，时间延续长达百余年。除管道运输方式外，在不同的历史条件下，主管公路、铁路、水运、航空、邮政的部门曾经几度合并又分开。[1]1906 年，清政府批准成立邮传部，专管公路、航运、邮政、电报业务。[2]中国近代以来

---

〔1〕 黄文平主编：《大部门制改革理论与实践问题研究》，中国人民大学出版社 2014 年版，第 124—125 页。
〔2〕 "铁路由于涉及与西方列强的纠葛，一直单设部门管理。"参见黄文平主编：《大部门制改革理论与实践问题研究》，中国人民大学出版社 2014 年版，第 125 页。

首次设立总管交通行政的中央机构。1912 年 1 月，中华民国南京临时政府接管清政府邮传部，并改名为交通部，管理多种运输方式和邮电业务，这是中国近代首次成立主管交通的综合运输部门。1928—1938 年，中华民国南京国民政府设立过铁道部专门管理铁路事务，但在抗日战争期间因行政机构精简而撤销。1949 年 1 月，中国人民革命军事委员会成立军委铁道部，统一全国各解放区铁路的修建、管理和运输，标志着新中国铁道部的成立。1949 年 10 月，新中国成立后，军委铁道部归属于政务院，同时在原华北人民政府交通部的基础上组建了交通部，负责公路、水路、邮政业务，标志着新中国交通部的成立。1949 年 11 月，中央军委设立了民用航空局，标志着新中国民用航空局的成立。1949 年 12 月，根据中央人民政府委员会颁布的《政务院及其所属各机关组织通则》，分别组建铁道部、邮电部、交通部，标志着铁道部、交通部、邮电部结束筹建工作，走向正轨。1958 年 3 月，国务院下发《中国民用航空局划归交通部领导的通知》，将中国民用航空局划归交通部领导，成为部属一级管理全国民用航空事业的综合性总局。这是民用航空局第一次被并入交通部。1962 年 4 月，全国人民代表大会常务委员会批准国务院将交通部所属中国民用航空局改为国务院直属局，并改名为中国民用航空总局，民用航空局再次独立。1970 年 9 月，铁道部、交通部和邮电部的邮政版块合并组成新的"交通部"。1975 年 1 月，第四届全国人民代表大会第一次会议决定将交通部和铁道部分开设置，交通部、铁道部各自恢复建制。1980 年 3 月，民用航空总局脱离军队管理，恢复为国务院的直属机构，统一管理全国民用航空的机构、人员和业务。之后，从 20 世纪 80 年代中期到"十一五"规划纲要的提出，交通运输部大部门制改革进入积极探索阶段。2007 年 10 月，结合行政体制改革的需要，中国共产党第十七次全国代表大会正式提出了探索实行职能有机统一的大部门体制的战略要求。[1]

2008 年，国务院批准了《交通运输部主要职责内设机构和人员编制规定》，[2] 该规定指出，根据第十一届全国人民代表大会第一次会议批准的国务

---

[1] 黄文平主编：《大部门制改革理论与实践问题研究》，中国人民大学出版社 2014 年版，第 125—131 页。

[2] 《国务院办公厅关于印发〈交通运输部主要职责内设机构和人员编制规定〉的通知》（国办发〔2009〕18 号）。

院机构改革方案和《国务院关于机构设置的通知》（国发〔2008〕11 号），设立交通运输部为国务院组成部门。新设立的交通运输部整合了原交通部的职责、原中国民用航空总局的拟订民航行业规划、政策和标准职责、原建设部的指导城市客运职责，具体表现为：中国民用航空局、国家邮政局划归交通运输部管理；交通运输部指导城市地铁、轨道交通的运营；住房和城乡建设部指导城市地铁、轨道交通的规划和建设。两部门要加强协调配合，确保城市地铁、轨道交通规划与城市公共交通整体规划的有效衔接。交通运输部的主要职责包括：综合运输体系的规划协调；组织拟订并监督实施公路、水路、民用航空等行业规划、政策和标准；承担道路、水路运输市场、水上交通安全以及公路、水路建设市场监管责任；提出公路、水路固定资产投资规模和方向等；指导公路、水路行业安全生产和应急管理工作，等等。

在 2008 年组建的交通运输部的基础上，2013 年国家进一步深化交通运输大部制改革。根据第十二届全国人民代表大会第一次会议审议的《国务院关于提请审议国务院机构改革和职能转变方案》的议案，铁道部实行铁路政企分开。国务院将铁道部拟定铁路发展规划和政策的行政职责划入交通运输部；组建国家铁路局，由交通运输部管理，承担铁道部的其他行政职责[1]。至此交通运输部下辖三个部管国家局：国家铁路局、国家邮政局和中国民用航空局。"大部制"使得交通运输部的行政职能更为复杂多样，其职责和职权更为系统化，统筹铁路、公路、水路、民航、邮政等管理，逐步形成"大交通"管理体制和工作机制。

2. 交通运输部的主要职责[2]

根据有关法规范，交通运输部的具体职责主要可以归纳为以下几类：

（1）维护国家主权。港口引航是国家主权的象征，为确保港口、船舶和设施的安全，多数国家实行强制引航。交通运输部的引航管理职责包括：负责制定国家引航政策和规章，并监督实施；负责划定、调整并对外公布引航区；负责批准引航机构的设置；会同有关部门制定引航收费标准和管理规定，并监督实施；负责引航业务管理和指导；负责引航员培训、考试和发证的管理

---

〔1〕　参见《第十二届全国人民代表大会第一次会议关于国务院机构改革和职能转变方案的决定》。

〔2〕　交通运输部：《主要职责》，https://www.mot.gov.cn/jiaotonggaikuang/201510/t20151015_1902308.html，访问日期：2022 年 3 月 25 日。

工作。[1]

（2）保障和促进交通运输业发展。保障和促进交通运输业发展是交通运输部的主要职责，具体表现为：规划协调综合运输体系，推进综合交通运输体系建设，统筹规划铁路、公路、水路、民用航空以及邮政行业发展，建立与综合交通运输体系相适应的制度体制机制，优化交通运输主要通道和重要枢纽节点布局，促进各种交通运输方式融合，组织拟订综合交通运输发展战略和政策，组织编制综合交通运输体系规划，拟订铁路、公路、水路发展战略、政策和规划，统筹衔接平衡铁路、公路、水路、民用航空等规划，指导综合交通运输枢纽规划和管理，承担道路、水路运输市场监管责任，指导公路、水路行业有关体制改革工作，提出铁路、公路、水路固定资产投资规模和方向、国家财政性资金安排意见，按国务院规定权限审批、核准国家规划内和年度计划规模内固定资产投资项目，参与铁路投融资体制改革和有关政策拟订工作，等等。

（3）保障交通运输安全。为了实现保障交通运输安全的目标，交通运输部的主要职责包括：组织拟订并监督实施公路、水路、民用航空等行业规划、政策和标准，组织起草法律法规草案，制定部门规章。统筹铁路、公路、水路、民用航空、邮政相关法律法规草案的起草工作，承担水上交通安全监管责任，指导公路、水路行业安全生产和应急管理工作，牵头组织编制国家重大海上溢油应急处置预案并组织实施，承担组织、协调、指挥重大海上溢油应急处置等有关工作，负责船员管理和防抗海盗有关工作，负责国家公路网运行监测和应急处置协调工作，拟订经营性机动车营运安全标准，指导营运车辆综合性能检测管理，参与机动车报废政策、标准制定工作，负责渔船检验和监督管理工作，等等。

（4）其他职责。其他职责包括指导交通运输信息化建设、监测分析运行情况、开展相关统计工作、发布有关信息；指导公路、水路行业环境保护和节能减排工作；负责公路、水路国际合作与外事工作，开展与港澳台地区的交流与合作等。

当然，有些职责的目的既在于促进交通运输事业发展，也在于保障交通运输安全，如负责指导交通运输综合执法和队伍建设有关工作。

---

[1]《船舶引航管理规定》第5条。

（二）部属行政机构

交通运输部因交通运输行政管理需要，设立了三个部属行政机构，行使交通运输部的一部分行政职权。这三个部属行政机构是中华人民共和国海事局（交通运输部海事局）、交通运输部长江航务管理局和交通运输部珠江航务管理局。

1. 中华人民共和国海事局（交通运输部海事局）

中华人民共和国海事局（交通运输部海事局）是在中华人民共和国原港务监督局（交通安全监督局）和中华人民共和国原船舶检验局（交通部船舶检验局）的基础上合并组建而成的，实行垂直管理体制。

交通运输部海事局的主要职责包括：拟订和组织实施国家水上交通安全监督管理、船舶及相关水上设施检验和登记、防治船舶污染和航海保障的方针、政策、法规和技术规范、标准；统一管理水上交通安全和防治船舶污染；负责船舶、海上设施检验行业管理以及船舶适航和船舶技术管理等；负责船员、引航员等的管理；管理通航秩序、通航环境；负责航海保障工作；组织实施国际海事条约；组织编制全国海事系统中长期发展规划和有关计划，等等。自2018年4月20日起，交通运输部海事局还承担拟订渔业船舶检验政策法规及标准，监督管理、行业指导等行政职能。[1]

2. 交通运输部长江航务管理局

交通运输部长江航务管理局，简称长航局，是交通运输部的派出机构，承担长江水系航运行政管理职责。从历史发展来看，长航局最早是遵照国务院文件[2]精神，根据政企分开、港航分管的原则，在原长江航运管理局的基础上于1984年组建的。"2002年，中编办《关于交通部长江航务管理局主要职责和人员编制的批复》（中编办复字〔2002〕7号）明确长航局为交通运输部派出机构，"受交通运输部委托或法规授权行使长江干线航运发展规划、运输市场监管、水上安全监督、航道整治维护、三峡枢纽通航等政府行业管理职能。2009

---

[1] 其根据是《深化党和国家机构改革方案》和《交通运输部关于履行渔业船舶检验和监督管理职责的公告》。海事局：《中华人民共和国海事局（交通运输部海事局）主要职责》，https：//www.msa.gov.cn/page/article.do?articleId＝86183E24－A5E6－4476－9DB6－B954A3E287DE，访问日期：2022年3月24日。

[2] 《国务院批转交通部关于〈长江航运体制改革方案〉的通知》（国发〔1983〕50号）。

年，随国家大部制改革，经国务院批准定名为交通运输部长江航务管理局。2016年，交通运输部领导实施深化长江航运管理体制改革，长江干线海事、航道实现了集中统一管理。目前，长航局下辖长江海事局（含江苏海事局）、长江航道局（含长江口航道管理局）、长江三峡通航管理局等单位，主要职责包括：贯彻国家水路交通行业发展战略、方针政策和法规；负责长江干线航运行政管理；负责长江干线客货运输质量、航运基础设施工程项目和水运工程质量的监督管理；负责长江干线航道、枢纽通航、通信、引航等管理工作；管理长江干线水上安全监督工作；协调长江水系各省（市）交通运输厅（局、委）及其航务管理机构、港口管理机构的相关业务工作；协调长江水系水资源综合开发中的有关航运工作；指导长江干线水运行业体制改革、法治建设和结构调整，等等。[1]

3. 交通运输部珠江航务管理局

交通运输部珠江航务管理局，简称珠航局，是交通运输部的派出机构，承担珠江水系航运行政管理职责。主要职责包括：贯彻国家水路交通行业发展战略、方针政策和法律法规；开展珠江水系水运发展重大问题和体制改革研究；参与部珠江水系有关航运规章草案的拟定工作，按法定程序批准后监督实施；组织拟定珠江水系水运发展战略、中长期规划，提出珠江水系水运建设五年规划和年度计划建议；受部委托，对珠江水系报部审查审批的规划、计划及建设项目前期工作提出初步意见，参与有关审查工作和工程竣工验收工作；受部委托，负责珠江水系航运市场宏观调控和秩序监督管理；组织开展珠江水系水运建设市场监督管理；负责协调珠江水系各省（自治区）交通运输主管部门及其航务、港口、通航建筑物等管理机构相关业务工作；指导珠江水系水路交通战备有关工作，协调珠江水系国家重点物资、应急物资水路运输，协助军事物资运输，等等。[2]

（三）部管国家局

"国务院所设立的一些主管各项专门业务的机构，其业务与一些部、委的

---

〔1〕 交通运输部长江航务管理局：《交通运输部长江航务管理局》，https://cjhy.mot.gov.cn/xxgk/xxgkzl/jgzn/jbxx/201712/t20171215_73553.shtml，访问日期2022年3月25日。

〔2〕 《交通运输部珠江航务管理局职责》，https://zjhy.mot.gov.cn/zhuhanggk/zhuhangzz/201910/t20191021_3286722.html，访问日期：2022年3月25日。

职能有关，因此由相应的部、委实施管理，被称为部委归口管理的国家局。"〔1〕根据《国务院关于部委管理的国家局与主管部委关系问题的通知》（国发〔1998〕12 号）规定，国家局具有相对独立性，可以根据法律和国务院的行政法规、决定、命令，在权限内拟定部门规章、指示、命令，经主管部委审议通过后，由主管部委或主管部委授权国家局对外发布。需要注意的是，对部委管理的国家局所作的具体行政行为不服提起行政复议的，应由国家局自己而非归口部委管辖。〔2〕目前交通运输部管理的国家局包括国家铁路局、中国民用航空局和国家邮政局。这里只阐述国家铁路局和中国民用航空局。

1. 国家铁路局

根据第十二届全国人民代表大会第一次会议批准的《国务院机构改革和职能转变方案》和《国务院关于部委管理的国家局设置的通知》（国发〔2018〕7 号），设立国家铁路局作为交通运输部管理的国家局。

2013 年 3 月 21 日，国务院办公厅印发《国家铁路局主要职责内设机构和人员编制规定》〔3〕。根据该规定，国家铁路局设七个内设机构，包括综合司（外事司）、科技与法制司、安全监察司、运输监督管理司、工程监督管理司、设备监督管理司和人事司。此外，国家铁路局设立沈阳、上海、广州、成都、武汉、西安、兰州七个地区铁路监督管理局及北京铁路督察室，负责辖区内铁路监督管理工作。

国家铁路局的具体职责包括：起草铁路监督管理的法律法规、规章草案，参与研究铁路发展规划、政策和体制改革工作，组织拟订铁路技术标准并监督实施；负责铁路安全生产监督管理，制定铁路运输安全、工程质量安全和设备质量安全监督管理办法并组织实施，组织实施依法设定的行政许可。组织或参与铁路生产安全事故调查处理；负责拟订规范铁路运输和工程建设市场秩序政策措施并组织实施，监督铁路运输服务质量和铁路企业承担国家规定的公益性运输任务情况，等等。

2. 中国民用航空局

根据《国务院关于部委管理的国家局设置的通知》（国发〔2008〕12 号），

---

〔1〕 李洪雷：《行政法释义学：行政法学理的更新》，中国人民大学出版社 2014 年版，第 192 页。
〔2〕 李洪雷：《行政法释义学：行政法学理的更新》，中国人民大学出版社 2014 年版，第 192 页。
〔3〕 《国务院办公厅关于印发〈国家铁路局主要职责内设机构和人员编制规定〉的通知》（国办发〔2013〕21 号）。

2008 年设立中国民用航空局,划入交通运输部,为交通运输部管理的国家局。经过历次改革,民用航空领域建立起中国民用航空局、民用航空地区管理局、民用航空安全监督管理局的三级政府监管体制。目前,中国民用航空局下设华北地区管理局、东北地区管理局、华东地区管理局、中南地区管理局、西南地区管理局、西北地区管理局和新疆管理局七个中国民用航空地区管理局,负责对辖区内民用航空事务实施行业管理和监督。七个民用航空地区管理局根据安全管理和民用航空不同业务量的需要,共派出三十三个中国民用航空安全监督管理局,负责辖区内民用航空安全监督和市场管理。[1]

中国民用航空局的主要职责包括:①提出民用航空行业发展战略和中长期规划、与综合运输体系相关的专项规划建议,按规定拟订民用航空有关规划和年度计划并组织实施和监督检查。起草相关法律法规草案、规章草案、政策和标准,推进民用航空行业体制改革工作。②承担民用航空飞行安全和地面安全监管责任。③负责民用航空空中交通管理工作。④承担民用航空空防安全监管责任。⑤拟订民用航空器事故及事故征候标准,按规定调查处理民用航空器事故。组织协调民用航空突发事件应急处置,组织协调重大航空运输和通用航空任务,承担国防动员有关工作。⑥负责民用航空机场建设和安全运行的监督管理。⑦承担航空运输和通用航空市场监管责任。⑧拟订民用航空行业价格、收费政策并监督实施,提出民用航空行业相关的政策建议等。[2]

(四)直属单位

交通运输部的直属单位,如上海海事局、海南海事局、南海航海保障中心等,是交通运输部直属行政机构或事业单位,在行政上隶属于中华人民共和国海事局或者长江航务管理局。例如,海南海事局是交通运输部直属行政机构,依据《中华人民共和国海上交通安全法》《中华人民共和国海洋环境保护法》等国内法律法规、规章以及有关国际公约,履行保障水上交通安全、保护海洋

---

[1] 《国务院办公厅关于印发〈中国民用航空局主要职责内设机构和人员编制规定〉的通知》(国办发〔2009〕20 号)。截至 2022 年 8 月 23 日,7 个民航地区管理局的派出机构已增加到 40 个。其中,华北地区管理局 5 个、东北地区管理局 5 个、华东地区管理局 10 个、中南地区管理局 9 个、西南地区管理局 5 个、西北地区管理局 4 个、新疆管理局 2 个。参见各个地区管理局网站。
[2] 《中国民用航空局组织机构主要职责》,http://www.caac.gov.cn/GYMH/,访问日期:2022 年 3 月 26 日。

环境、保障船员整体权益、维护国家海洋主权职能等。[1] 南海航海保障中心是
交通运输部直属事业单位，纳入交通运输部海事局管理范围，其主要职责包括：
贯彻落实国家水路交通行业发展战略、方针政策和法律法规，履行相关国际公
约、技术标准和规范；拟定本单位中长期发展规划、年度计划和各项规章制度，
并组织实施；受部委托，参与拟定航标、港口航道测绘、水上安全通信等与航
海保障有关的发展战略、法律法规、中长期规划，以及有关技术标准和规范工
作；受部委托，参与海事行政管理和执法监督相关的信息化等技术支持和服务
保障工作；承担航海保障行政管理和执法监督相关的技术审查等事务性工作；
参与海事事故调查、违章查处等相关技术支持和服务保障工作，等等。[2]

二、地方交通行政机关

2008 年，交通运输部发布了《交通运输部办公厅关于印发〈地方交通运输
大部门体制改革研究〉和〈深化中心城市交通运输行政管理体制改革研究〉的
通知》（厅函体法〔2008〕172 号），提出努力促进交通运输综合而统一的行政
管理，组建新的交通运输主管部门。根据大部门体制改革要求，一级地方政府
只设一个交通运输主管部门；应将同级政府内原有与交通主管部门平行设置的
其他交通运输管理机构并入新组建的交通运输主管部门；将原交通主管部门负
责公路、水路交通的职责，以及地方政府其他部门负责地方铁路（包括城际轻
轨）、民用航空机场、城市客运及地铁和轨道交通运营、综合运输协调等职责，
整合后划入新的交通运输主管部门，同时由其负责协调中央垂直管理的海事、
民用航空、邮政、铁路等管理机构的涉地相关工作。据悉，截至 2016 年，有一
半以上省（市、区）基本建立起或正在建立综合交通运输协调机制。[3]

根据地方交通运输大部门体制改革情况，中国地方交通行政机关通常分为
三级，即省级、市（指下设区、县的市）和县、县级市及市（指下设区、县的
市）辖区。

---

〔1〕　中华人民共和国海事局：《海南海事局》，https：//www.msa.gov.cn/html/xxgk/jgzn/zsdw/
　　　20200220/C996C9BF－03B0－46C1－8D28－01AAA68A357C.html，访问日期：2022 年 7 月 13 日。
〔2〕　中华人民共和国海事局：《南海航海保障中心》，https：//www.msa.gov.cn/html/xxgk/jgzn/zsdw/
　　　20200220/D56F5F3D－8684－4DC3－BC19－AD1266C5D7FE.html，访问日期 2022 年 7 月 13 日。
〔3〕　国务院：《交通运输部：省级综合交通运输大部门制改革蹄疾步稳》，http：//www.gov.cn/
　　　xinwen/2016－11/04/content_5128456.htm，访问日期：2022 年 6 月 30 日。

（一）省级交通行政机关

省级交通行政机关是主管省或自治区、直辖市交通运输工作的政府组成部门，其名称大多为"交通运输厅"或"交通委员会"，如湖南省交通运输厅、北京市交通委员会。从机构设置来看，一般包括内部机构（如公路管理处）、派出机构（如北京市交通委员会西城运输管理分局）、直属单位（如湖南省道路运输管理局）等。

省级交通行政机关对域内交通运输实行统筹管理，与大部门体制改革前相比，除了原有的公路、水路交通职责外，增加了协调道路、水路、铁路和民用航空等多种交通运输方式、管理轨道交通和地方铁路等新的职责。例如，天津市交通运输委员会负责组织协调铁路、公路、水路、民用航空和公共客运、轨道交通等多种运输方式和基础设施的配套衔接，协调铁路、民用航空、邮政等涉地管理工作，组织协调多式联运等综合运输工作。[1]

（二）市（指下设区、县的市）交通行政机关

市级交通行政机关是本级人民政府工作部门，也是省级和本级政府决策的执行者，一般名为"交通运输局"，如苏州市交通运输局、深圳市交通运输局（深圳市港务管理局）。从机构设置来看，各地的做法不尽一致。例如，苏州市交通运输局包括内设机构和直属单位，前者如港航管理处，后者如市交通运输综合行政执法支队。深圳市交通运输局的机构设置除了内设机构、直属机构，如深圳市交通运输行政执法支队之外，还包括派出机构，如深圳市交通运输局福田管理局、事业单位，如深圳市交通公用设施管理处等。

市级交通行政机关的主要职责一般包括：负责道路、枢纽、场站、港口、航道、空港、道路交通、道路运输、水路运输、城市公共汽电车、城市轨道交通、出租小汽车等交通运输管理工作，协调铁路、民用航空、邮政、海事等涉地管理事务，等等。[2]

（三）县、县级市及市（指下设区、县的市）辖区交通行政机关

有的县级交通行政机关是本级人民政府工作部门，如山东省青岛市即墨区

---

[1] 国务院：《交通运输部：省级综合交通运输大部门制改革踏疾步稳》，http://www.gov.cn/xinwen/2016-11/04/content_5128456.htm，访问日期：2022年6月30日。

[2] 《深圳市交通运输局主要职能》，http://jtys.sz.gov.cn/zwgk/xxgkml/jgsz/jggk/，访问日期：2022年7月1日。

交通运输局是即墨区人民政府工作部门,[1]有的县级交通行政机构在性质上属于上级交通运输行政机关的派出机构,如北京市交通委员会西城运输管理分局是北京市交通委员会的派出机构,承担本辖区交通运输行业管理和水上安全监督管理工作。[2]

三、涉及交通运输职能的其他行政机关

在交通运输领域,除了交通行政机关外,其他行政机关也可能行使与交通有关的行政职能。例如,公安机关行使道路交通安全管理、铁路治安管理、民用航空安全保卫等职能,生态环境行政机关对机场噪声进行监管等。公安机关在某些方面与交通行政机关存在一定的职权交叉。例如,在道路交通领域,中华人民共和国成立后公安机关和交通行政机关在道路交通管理的职权划分问题上进行了长期的调整和拉锯。最终根据《中华人民共和国道路交通安全法》第5条第1款规定"国务院公安部门负责全国道路交通安全管理工作。县级以上地方各级人民政府公安机关交通管理部门负责本行政区域内的道路交通安全管理工作",我国在道路交通领域形成了以公安部门负责"道路交通安全"为支撑,主导整个道路交通管理的体制。在民用航空和铁路领域,作为社会主义计划经济体制的产物,20世纪80年代,我国在民用航空系统、铁路系统内部设立了专门公安机关,从而形成了专门公安机关、地方公安机关均享有行政执法权的局面。后来,随着铁路、民用航空领域体制改革的推进,专门公安机关开展了属地化改革。以民用航空公安机关为例,2003年原民用航空局和公安部联合下文实施《民用机场公安机构改革方案》,开始将民用航空机场公安机构随机场移交地方政府管理。目前,大部分民用航空机场公安机关已逐渐完成了属地化移交,但仍有个别机场(如首都机场和西藏机场)保留民用航空公安机关。[3]

在实务中,交通行政机关与涉及交通运输职能的其他行政机关之间的职权划分常常成为争议的焦点。

---

[1] 参见青岛市即墨区人民政府网站之法定主动公开内容, http://www.jimo.gov.cn/zwgk/fdzwgk/jgzn/, 访问日期:2022年8月3日。

[2] 北京市交通委员会:《北京市交通委员会西城运输管理分局》, http://jtw.beijing.gov.cn/xxgk/jgzn/jgsz/pcjg2/bjsjtwyhccysglfj/, 访问日期:2022年8月3日。

[3] 尤春媛:《民用航空行政法律规制研究》, 法律出版社2018年版, 第155—156页。

在刘某与中国民用航空华北地区管理局案[1]中，原告刘某提出的投诉事项主要包括以下三个方面：八达岭机场存在安全隐患问题、八达岭机场训练飞行的直升机飞行高度是否违规问题、八达岭机场存在夜航飞行及航空器噪声问题。其中，针对环境噪声污染问题，法院指出："依据《环境噪声污染防治法》的规定，环境保护行政主管部门是辖区内环境噪声污染防治的统一监督管理主体。综合考察该法的规定，无论环境噪声污染违法行为的检查手段的实施还是行政处罚、处理职权的赋予，均主要规定由政府的环境保护部门承担，该法及民用航空管理领域的法律、法规中并未直接赋予民用航空部门对环境噪声污染违法行为实施具体监管职责。在此情况下，被告中国民用航空华北地区管理局告知八达岭机场和相关驻场单位要严格控制运行时间，尽量减少因飞行给居民生活造成不便并确保飞行安全的做法亦无不当，本院予以认可。"

第二节　交通行政被授权组织

在交通运输领域，许多行政机关以外的其他组织经由法律、法规、规章的授权而获得了行使交通行政职权的权力。关于被授权组织的类型与范围，在实践中是相当广泛的。

一、概念与特征

交通行政授权，是指交通行政权的授予，是行政授权的一种。"在我国，行政授权有特定的内涵，指法律法规直接将某些行政职能及行政权授予行政机关以外的组织行使的法律制度。"[2]在现代社会，法律、法规、规章授权交通行政机关以外的组织行使职能有其必然性和重要意义：首先，根据民主发展的趋势，国家职能将不断向社会转移。其次，社会进入"行政国家"阶段以后，交通行政职能大量增加，这些职能如果都由交通行政机关集中行使，势必助长官

---

[1] 北京市朝阳区人民法院行政判决书（2018）京0105行初628号。
[2] 薛刚凌：《行政授权与行政委托之探讨》，《法学杂志》2002年第3期，第18页。

僚主义、腐败和权力的滥用。因此，国家应尽可能将一部分可能社会化的交通行政职能进行社会化。最后，有些行政职能由社会组织行使比行政机关行使更合适。特别是交通行政领域，社会组织更接近行政相对人，对相应领域行政相对人的情况更熟悉，其交通管理行为更易于为相对人所接受。[1]

具体而言，交通行政授权具有如下特征：

①交通行政授权必须有法律、法规、规章的明文规定为依据。交通行政授权意味着使原来没有交通行政主体资格的组织取得交通行政主体资格，或者使原有的交通行政主体的职权范围扩大、职权内容增加，只有法律、法规、规章才能授予他人行政职权。其他规范性文件则不具有赋予交通行政职权的能力，其"授权"可以视为行政委托。

例如，为规范民用无人机驾驶人员的管理，促进民用无人机产业的健康发展，中国民用航空局于 2015 年 4 月 23 日发布了《关于民用无人驾驶航空器系统驾驶员资质管理有关问题的通知》（民航发〔2015〕34 号），规定自 2015 年 4 月 30 日起，由中国航空器拥有者及驾驶员协会继续按照相关法律、法规及规范性文件负责在视距内运行的空机重量大于 7 千克以及在隔离空域超视距运行的无人机驾驶员的资质管理。民用航空局飞行标准司负责对中国航空器拥有者及驾驶员协会的管理工作进行监督和检查。这里虽然使用了"授权"一语，但由于该通知属于其他规范性文件，这里的"授权"可以视为行政委托。

在大连新盛消防工程有限公司与中国民用航空东北地区管理局建设行政监察纠纷上诉案[2]中，民用航空东北局依照民用航空东北局发〔2004〕52 号《关于调整民航东北地区专业建设工程招投标领导小组和招投标管理办公室成员的通知》以及民用航空东北局函〔2004〕87 号《关于启用民航东北地区专业建设工程招投标管理办公室印章的通知》的规定，授权民用航空东北地区专业建设工程招投标管理办公室行使民用航空东北地区专业建设工程招投标监督管理职能，法院认为："此应视为委托。民用航空东北地区专业建设工程招投标管理办公室作为民用航空东北局内设部门，未经法律、法规或规章授权行使民用航空东北地区专业建设工程招投标监

---

〔1〕 姜明安主编：《行政法与行政诉讼法（第七版）》，北京大学出版社、高等教育出版社 2019 年版，第 108—109 页。
〔2〕 辽宁省沈阳市中级人民法院行政判决书（2005）沈行终字第 311 号。

督管理职能，不具备以自己的名义直接做出投诉处理决定的主体资格。""故本案被诉的投诉处理决定上加盖民用航空东北地区专业建设工程招投标管理办公室的公章，违反了法定程序，依法应判决撤销。"

②交通行政授权主要是指对交通行政机关以外的组织进行授权。对于交通行政机关而言，其职权依照宪法或行政组织法在其成立时就已经存在。交通行政机关之外的、能够被授予职权的组织，既包括交通行政机关的派出机构、内设机构、临时机构，也包括企事业单位、个人等。

③交通行政授权具有单方面的强制性。只要交通行政授权合法做出就发生法律效力，而不以被授权组织的同意为前提条件。

④被授权组织在被授权范围内以自己的名义行使交通行政职权，而不是以授权人的名义实施交通行政行为。被授权组织与交通行政机关同属行政主体，在行使被授职权时，它和交通行政机关一样具有独立的交通行政职能，且能够以自己的名义行使法律、法规、规章授予的交通行政职权。因行使被授予的交通行政职权所产生的法律责任，如交通行政赔偿等，应由国家来承担。

⑤交通行政授权的内容通常比较具体，表现为办理某一具体行政事务，而非行政职权的全面授予，且被授权的组织只有在行使被授予的职权时才具有行政主体的身份和地位。

二、被授权组织的类型

（一）内设机构、派出机构或直属单位

根据行政组织法的一般原理，国家各级交通行政机关因交通行政管理的需要而设置的，具体处理和承办各项交通行政事务的内部组织、派出机构并不具有交通行政主体资格，不能以自己的名义独立对外实施交通行政行为和承担法律责任。但是，经法律、法规或规章的授权，交通行政机关的内设机构、派出机构可以成为授权性交通行政主体。

例如，北京市交通委员会丰台运输管理分局是北京市交通委员会的派出机构，一般而言，它只能是交通行政机关的工作机构，不具有独立的法律地位，不能以自己的名义对外进行交通行政活动。但是，在法律、法规、规章授权的情况下，它可以获得交通行政主体资格，作为独立的行政主体对外实施交通行政职权并承担相应的法律责任。

在北京鑫盛昊通汽车租赁有限公司与北京市交通委员会丰台运输管理分局案[1]中，法院指出："依据《道路旅客运输及客运站管理规定》第六条第三款、《北京市道路运输条例》第八条第二款及第十二条第一款及第二款、国发〔2019〕6号《国务院关于取消和下放一批行政许可事项的决定》及京交客运发〔2019〕8号《北京市交通委员会关于修订北京市省际客运和旅游客运经营许可程序性规定的通知》的规定，丰台运管分局具有负责北京市丰台区省际客运、旅游客运等行业的日常监管和行业安全监管工作，具有审批旅游客运经营者经营许可的法定职权。"

另外，交通行政机关还设立了一些直属单位，它们经法律、法规或规章的授权，也可以具有行政主体资格。例如，广东海事局是交通运输部驻粤的直属机构，是广东水上交通安全监督管理主管机关。依据《中华人民共和国海上交通安全法》《中华人民共和国内河交通安全管理条例》《中华人民共和国船舶和海上设施检验条例》《中华人民共和国航标条例》等法律法规赋予的职权，负责广东省水上安全监督、防止船舶污染、船舶和水上设施检验管理、航海保障行政管理等工作。

（二）事业和企业组织

在我国，事业单位是从事教育、科技、文化、卫生等专业性活动，但不以营利为目的、其经费实行预算拨款制的单位。事业单位本不具有交通行政主体资格，但经过法律、法规、规章授权，可以行使某种特定的交通行政职权。例如，《中华人民共和国公路法》第8条第4款规定："县级以上地方人民政府交通主管部门可以决定由公路管理机构依照本法规定行使公路行政管理职责。"这里的公路管理机构指从属于同级交通行政机关的、具有管理公共事务职能的事业单位，在法定的授权范围内对辖区内的公路行使行政管理职权。[2]

再比如，2004年颁布实施的《中华人民共和国道路运输条例》第7条规定："国务院交通主管部门主管全国道路运输管理工作。县级以上地方人民政府交通主管部门负责组织领导本行政区域的道路运输管理工作。县级以上道路运输管理机构负责具体实施道路运输管理工作。"道路运输管理机构成为法规

---

[1] 北京市第二中级人民法院行政判决书（2021）京02行终229号。
[2] 章剑生：《现代行政法总论（第2版）》，法律出版社2019年版，第116页。

授权的事业组织。

在陈超诉济南市城市公共客运管理服务中心客运管理行政处罚案[1]中，一审法院指出："根据济南市人民政府办公厅济政办发（2004）42号《关于印发济南市市政公用事业局主要职责、内设机构和人员编制暂行规定的通知》，被告济南客运管理中心为自收自支事业单位，负责城市公共客运行业营运指导和技术服务，协助有关部门制定公共交通、客运出租服务标准，并承担监督检查职责。根据济政办发（2010）22号《济南市交通运输局主要职责内设机构和人员编制规定》，2010年济南市机构职能调整时，济南客运管理中心随行政职能调整从济南市市政公用事业局整建制划归济南市交通运输局，现为济南市交通运输局下属具有独立法人资格的事业单位。"被告济南客运管理中心根据《山东省道路运输条例》行使职权，并在行政诉讼中做被告。二审法院维持了原判。

需要指出的是，2022年修订的《中华人民共和国道路运输条例》去掉了"道路运输管理机构"的表述。该条例第7条规定："国务院交通运输主管部门主管全国道路运输管理工作。县级以上地方人民政府交通运输主管部门负责本行政区域的道路运输管理工作。"另外，该条例第51条规定："在口岸设立的国际道路运输管理机构应当加强对出入口岸的国际道路运输的监督管理。"根据该规定，在口岸设立的"国际道路运输管理机构"成为法规授权的组织。

"企业是民商事法上的法律主体，经工商登记后依法成立，独立承担民事责任。"[2]在交通运输领域，企业经过法律、法规、规章的授权可以成为授权性交通行政主体。例如，《中华人民共和国铁路法》第3条第2款规定，国家铁路运输企业行使法律、行政法规授予的行政管理职能。

在杨某哲诉中国铁路济南局集团有限公司、中国国家铁路集团有限公司案[3]中，法院指出："中国铁路济南局集团有限公司以上诉人携带五个打火机进站违反《铁路进站乘车禁止和限制携带物品的公告》相关规定为由禁止其进站的行为属于法律、法规授权的组织做出的行政行为范畴，中国铁路济南局集团有限公司在本案中属于适格的行政诉讼主体。"

---

〔1〕 佚名：陈超诉济南市城市公共客运管理服务中心客运管理行政处罚案，《最高人民法院公报》2018年第2期，第45—48页。

〔2〕 章剑生：《现代行政法总论（第2版）》，法律出版社2019年版，第117页。

〔3〕 山东省济南市中级人民法院行政裁定书（2020）鲁01行终7号。

（三）个人

关于个人是否可以作为被授权人，我国行政法学界对此存在争论与分歧。
"目前多数学者认为，只有组织才可以作为被授权人，但也有学者认为，不仅
组织可以作为被授权人，公民个人也可以作为被授权人。"[1]例如，"在特别情
况下，机长、船长等职位在法律、法规、规章授权下也可以行使行政职权。"[2]

个人被授予行使交通行政权是一种比较特殊的情况。当面临突发情况时，
由经授权的个人根据具体情况进行及时处置，可以维持交通载体封闭空间内的
秩序。例如，《关于在航空器内犯罪和其他某些行为的公约》（也称为 1963 年
《东京公约》）第 6 条第 1 款授权机长 "采取合理和必要的管束权力：'机长在
有理由认为某人在航空器上已犯或行将犯第一条第一款所指的罪行或行为时，
可对此人采取合理的措施，包括必要的管束措施……'；第 8 条规定了机长的驱
逐权。"[3]《香港航空保安条例》规定得比较详细：机长可采取合理措施，包括
束缚人身。[4]我国 "民用航空法律、法规规定的机长权力包括：拒绝起飞权、
管束措施或强制离机、要求机组人员采取必要的制止和制服措施、改变飞行计
划或适当处置航空器。"[5]例如，《中华人民共和国民用航空安全保卫条例》第
22 条第 1、第 2 款规定，航空器在飞行中的安全保卫工作由机长统一负责。航
空安全员在机长领导下，承担安全保卫的具体工作。该条例第 23 条第 2 项规
定，在航空器飞行中，对扰乱航空器内秩序，干扰机组人员正常工作而不听劝
阻的人，机长可以采取必要的管束措施。在海事领域，《中华人民共和国海商
法》第 36 条规定："为保障在船人员和船舶的安全，船长有权对在船上进行违
法、犯罪活动的人采取禁闭或者其他必要措施，并防止其隐匿、毁灭、伪造证
据。船长采取前款措施，应当制作案情报告书，由船长和两名以上在船人员签
字，连同人犯送交有关当局处理。"在以上规定中，机长、船长在立法规定的
范围内就取得了行使行政职权的权力。

---

[1]　李洪雷：《行政法释义学：行政法学理的更新》，中国人民大学出版社 2014 年版，第 176 页。

[2]　章剑生：《现代行政法总论（第 2 版）》，法律出版社 2019 年版，第 118 页。

[3]　尤春媛：《民用航空行政法律规制研究》，法律出版社 2018 年版，第 158 页。

[4]　尤春媛：《民用航空行政法律规制研究》，法律出版社 2018 年版，第 158 页。

[5]　尤春媛：《民用航空行政法律规制研究》，法律出版社 2018 年版，第 157 页。

第三节 交通行政受委托组织

行政委托是指行政机关将自己行使的部分或全部行政职权委托给行政机关以外的社会组织行使的现象。在交通行政领域，随着交通运输事业的发展所带来的行政事务的增加和行政职能的扩张，交通行政机关由于受人员编制等条件的限制，依靠自身的力量有时难以完成既定交通运输行政任务，从而使行政委托成为必要。

一、概念与特征

从理论上讲，交通行政委托可以发生在交通行政机关之间、交通行政机关与企业、事业单位等"第三部门"之间以及交通行政机关与公民个人之间。本书中的交通行政委托专指交通行政机关委托非行政机关的社会组织办理行政事务。例如，在民用航空器事件技术调查中，"事发地的地区管理局可以委托其他地区管理局组织调查，事发地的地区管理局和事发相关单位所属地的地区管理局应当给予协助。"[1]工业和信息化部委托国家铁路局以工业和信息化部名义实施"无线电频率使用许可"事项、"无线电台（站）设置、使用许可"事项，[2]公路路政管理中下放、委托路政许可事项等，这些情形属于行政机关之间的委托，不属于本书中的交通行政委托。本书中的交通行政委托具有以下3个特征：[3]

第一，受委托组织不是交通行政机关，也不是其他国家机关，而是非行政机关的社会组织。例如，中国公路学会是由全国公路交通及相关科学领域的科技工作者和单位自愿结成并依法登记成立的全国性、学术性、非营利性社会组织，"受政府委托承办或根据市场和行业发展需要，举办科技展览，展示科技成果，推广先进技术，促进成果转化，促进产学研用相结合，促进行业进步及

---

[1] 《民用航空器事件技术调查规定》第13条第2款。
[2] 中华人民共和国工业和信息化部公告（2021年第27号）。
[3] 以下观点借鉴了姜明安主编：《行政法与行政诉讼法（第七版）》，北京大学出版社、高等教育出版社2019年版，第115—116页。

产业发展"[1]。

第二，受委托的组织仅能根据委托行使一定的交通行政职能，而不能行使一般的交通行政职能。有些交通行政职能，依据法理只能由交通行政机关自己行使而不得委托他人行使，如交通行政立法权、对行政相对人实施涉及其人身自由的行政处罚或行政强制措施权、颁发交通运输许可证等。

第三，受委托组织不是交通行政主体，其必须以委托行政机关的名义行使一定的职能，且由委托行政机关对其行为向外部承担法律责任。受委托的组织行使一定的交通行政职能是基于交通行政机关的委托，而非基于法律、法规、规章的授权。因此，其行使职能是以委托行政机关的名义，而不是以受委托组织自己的名义。其行为对外的法律责任也不是由其本身承担，而是由委托行政机关承担。例如，《民用航空器事件技术调查规定》第 2 条规定："本规定适用于中国民用航空局（以下简称民航局）、中国民用航空地区管理局（以下简称地区管理局）负责组织的，在我国境内发生的民用航空器事件的技术调查，包括委托事发民航生产经营单位开展的调查。"《北京市民用运输机场管理办法》第 22 条规定，有关行政部门可以委托机场管理机构对在机场公共区域发生的扰乱公共秩序、破坏机场环境的违法行为实施行政处罚。在以上规定中，委托的行政机关对事发民用航空生产经营单位接受委托开展的技术调查或相关工作、对机场管理机构接受委托实施的行政处罚承担法律责任。

二、受委托组织的条件

在现行法律、法规中，2021 年修订的《中华人民共和国行政处罚法》明确规定了受委托行使行政处罚职权的组织须具备下述 3 个条件：[2]

第一，受委托组织必须是依法成立并具有管理公共事务职能的组织，删去了 1996 年《中华人民共和国行政处罚法》中的"依法成立的管理公共事务的事业组织"。这一变化意味着：其一，扩大了受委托组织的范围。受委托组织

---

[1] 《中国公路学会章程》第 2 章第 8 条第 6 项，《中国公路学会章程》第 2 章第 8 条第 6 项，http：//www.chts.cn/gyxh/XHZC/art/2021/art_a99fb95bd7bc445eaa37d26c40115c25.html，访问日期：2022 年 12 月 13 日。

[2] 以下观点借鉴了姜明安主编：《行政法与行政诉讼法（第七版）》，北京大学出版社、高等教育出版社 2019 年版，第 116—117 页。

可以是企业组织和其他社会组织，而非仅是事业组织。其二，受委托组织需具备管理公共事务这一属性。其三，受委托组织只能是依法成立的组织，而不能是行政机关临时决定成立的组织。

第二，受委托组织须具备熟悉有关法律、法规、规章和业务并取得行政执法资格的工作人员。这一条件意味着：其一，受委托组织必须有了解和掌握与受托行使的行政职能有关的法律知识和业务知识且取得行政执法资格的工作人员。其二，"有关"是指与相应的行政职能有关，而不是指与委托机关所在的整个管理领域职能有关，更不是指与整个行政职能有关。其三，受委托组织内应具有熟悉相应法律知识和业务知识的人员。

第三，受委托组织履行受委托职能需要进行检查或者技术鉴定的，它应有条件组织进行相应的技术检查或者技术鉴定。这一条件是关于"物"的要求，包括技术、设备和其他有关物质条件。

在交通行政领域，接受交通行政机关的委托行使行政处罚权的情况不在少数。例如，《民用航空行政处罚实施办法》对民用航空处罚的行政委托做出了较为详细的规定第 11 条规定，委托行使民用航空行政处罚权应当符合下列条件：委托的民用航空行政机关（以下简称委托机关）依法具有该项行政处罚权；受委托组织符合本办法第 12 条规定的条件；委托机关直接实施行政处罚在人员、装备、技术、空间方面确有困难；或者委托的行政处罚事项在时间、空间和管理对象方面具有广泛性、普遍性和经常性。第 12 条规定，受委托组织应当符合下列条件：①依法成立并具有管理民用航空公共事务职能；②与被委托的行政处罚事项无利害关系；③有熟悉《中华人民共和国民用航空法》和相应民用航空行政法规、涉及民用航空管理的规章以及其他法律、法规，熟悉相关民用航空业务、技术并取得中国民用航空监察员证的工作人员；④需要进行技术检查或者技术鉴定的，应当有条件进行相应的技术检查或者技术鉴定。第 13 条第 1 款规定，民用航空行政机关委托实施行政处罚的，应当出具书面委托书。第 14 条规定，委托机关和受委托组织应当将委托书向社会公布。委托机关发现受委托组织丧失委托条件、违法实施行政处罚或者有其他不适宜接受委托的情况的，可以解除委托，收回委托书。受委托组织应当以委托机关的名义实施行政处罚。第 15 条规定，受委托组织应当依照法律、行政法规、涉及民用航空管理的规章所规定的行政处罚的条件、方式和程序实施行政处罚。受委托组织实施行政处罚不得超越委托权限。受委托组织不得将委托事项再委托他人。第16条规定，委托机关对受委托组织实施的行政处罚行为实施监督，并对该行为的后果承担法律责任。所谓监督，应当包括受委托组织所实施的行政处罚行为是否合法、合理，是否超越委托范围，是否应当处罚而不处罚或者不应当处罚而擅自处罚，是否符合法定程序，等等。

　　上述条件是法律、法规、规章对受委托行使行政处罚权的组织的要求。对于受委托行使其他行政职能及其职权的组织，法律尚未规定统一的条件，个别交通行政立法对此做出规定。例如，《民用航空器事件技术调查规定》第8条规定，接受委托开展事件调查工作的民用航空生产经营单位应当具备相应的事件调查能力，明确调查部门和职责，编写调查程序，配备调查员以及现场勘查、调查防护和摄影摄像等调查设备。

第三章

交通行政许可

第一节　交通行政许可概论

一、交通行政许可的概念

交通运输行政许可，是指"交通运输行政主体根据公民、法人或者其他组织的申请，准予其从事某种特定的交通运输活动的行为"。[1]交通行政许可具有如下 3 项法律特征：

（1）交通行政许可是交通行政主体依法对交通行政相对人的申请进行审查，准予或者不准予交通相对人从事特定活动的职权行为。这里的"交通行政主体"包括交通运输部、国家铁路局、中国民用航空局等交通行政机关以及国家能源局、公安机关等其他行政主管部门，以及法律、法规、规章授权的具有管理公共事务职能的组织。换言之，交通行政许可是交通行政主体的职权行为，不包括交通行政主体的民事行为。

（2）交通行政许可是有限设禁和解禁的行政行为。在交通行政领域，"禁止"是指国家为维护运输市场秩序或者交通安全的需要所规定的不作为的义务。禁止分为一般禁止和绝对禁止。这里的"禁止"指一般禁止，即不经过交通行政主体的个别准予便不能从事的交通活动。解禁即一般禁止的解除，是指符合特定条件，经交通相对人申请和交通行政主体审查认定其并不妨碍运输市场秩序或交通安全而解除禁止，如铁路机车车辆驾驶人员资格许可、从事通用

----

〔1〕　交通运输部政策法规司编：《交通运输行政执法基础知识》，人民交通出版社 2012 年版，第184 页。

航空经营等。[1]

（3）交通行政许可的内容是准予或不准予从事某种特定交通活动。这里的"交通活动"，涉及铁路运输、公路运输、水路运输、航空运输、管道运输等多个不同领域。结合我国现行交通运输法律规范（如《中华人民共和国铁路法》《中华人民共和国民用航空法》《中华人民共和国公路法》《中华人民共和国海上交通安全法》《中华人民共和国石油天然气管道保护法》等）可知，交通行政许可的领域主要涉及 3 个方面，即运输市场、交通安全、交通基础设施。

二、交通行政许可的功能

交通行政许可作为一项重要的交通行政活动方式，对保护交通运输人身财产安全、加强交通安全管理都具有重要作用。然而，交通行政许可不是万能的。要有效发挥交通行政许可的作用，必须正确认识、把握交通行政许可的功能。交通行政许可主要有 2 类功能：

（1）控制危险。这是交通行政许可最主要、最基本的功能。交通监督管理方式通常分为事前监督管理和事后监督管理。交通行政许可属于事前监督管理方式。由于事前监督管理方式对可能发生的问题及解决问题的条件的确定一般都是推定的，其具有很强的主观性。因此，事前监督管理方式对交通运输安全管理的有效性，往往受到人们的认识水平等诸多因素的制约，成本很高，还易滋生腐败。比如，船舶载运危险货物申报签证是为了控制危险，但签证本身并不能一定控制危险，而是通过对船舶适装、装载等条件的严格审查确认，对船舶装卸危险货物的现场监控等措施来实现。可以说，是因为需要对船舶载运危险货物运输加强监督，才有必要监督关口前移，才需要审批。因此，事前监督管理方式主要是对可能发生的系统性问题提前设防，以从源头上控制某种危险性的发生。[2]

（2）证明或者提供某种信誉、信息。与交通管理相关的社会活动往往伴随着高风险，为了提供某种预期，需要交通管理机构以许可的方式确立相对人的特定主体资格或者特定身份，使相对人获得从事这种活动涉及的某种能力，以

〔1〕　交通运输部政策法规司编：《交通运输行政执法基础知识》，人民交通出版社 2012 年版，第185 页。
〔2〕　郑中义编著：《海事行政法》，人民交通出版社 2013 年版，第 94 页。

此向社会证明或者提供信誉、信息。交通行政许可作为一种事前控制手段，其本质主要表现为交通管理机构对交通管理相对人是否符合法律、法规规定的权利资格和行使权利的条件的审查核实。交通管理机构有责任为许可申请人实现其权利提供相关服务。比如，交通行政管理相对人提出许可申请，管理机构依法必须受理并在法定时间内做出批准或者不批准的答复；对已经批准并发给许可证的，交通管理机构应保护被许可人的合法权益并履行对被许可人应承担的义务和进行监督的责任；不履行或不积极履行这些职责的，就是失职。[1]

第二节　交通行政许可的种类

交通运输部曾于 2004 年颁布《交通行政许可实施程序规定》。其中第 2 条第 2 款规定："本规定所称交通行政许可，是指依据法律、法规、国务院决定、省级地方人民政府规章的设定，由本规定第三条规定的实施机关实施的行政许可。"在该规定中，交通行政许可主要包括公路领域的交通行政许可与水路领域的交通行政许可。[2]事实上，交通行政许可内容繁多，各类交通行政许可项目的申请内容与审查标准都不尽相同。除公路领域和水路领域的交通行政许可之外，实践中还涉及铁路领域、民用航空领域、管道领域和城市轨道交通领域等交通运输领域的行政许可。[3]本节将主要分析上述交通运输领域中若干常见的交通行政许可。[4]

---

〔1〕 郑中义编著：《海事行政法》，人民交通出版社 2013 年版，第 95 页。

〔2〕《交通行政许可实施程序规定》第 3 条规定："交通行政许可由下列机关实施：（一）交通部、地方人民政府交通主管部门、地方人民政府港口行政管理部门依据法定职权实施交通行政许可；（二）海事管理机构、航标管理机关、县级以上道路运输管理机构在法律、法规授权范围内实施交通行政许可；（三）交通部、地方人民政府交通主管部门、地方人民政府港口行政管理部门在其法定职权范围内，可以依据本规定，委托其他行政机关实施行政许可。"

〔3〕 将我国交通运输领域划分为这 6 类主要是考虑到我国交通运输领域的法律制度框架和各部门的业务分工，以便于更好地描述和统计我国交通运输领域各部门的行政许可实施状况，并不完全等同于行政法学理上的分类。

〔4〕 综观我国的交通行政许可实践情况，除国家层面的交通行政许可项目外，各地也基于当地社会发展状况规定了诸多行政许可项目。各地规定不同，囿于篇幅限制，本节内容将重点围绕我国交通运输领域中全国性交通行政许可项目展开讨论，对各地的交通行政许可项目不再一一赘述。

一、公路领域的交通行政许可

结合我国现行有效的公路管理法律制度来看，我国公路领域的交通行政许可根据不同的许可申请事项可以分为不同的执法门类，如公路路政管理中的交通行政许可与道路运政管理中的交通行政许可。

（一）公路路政管理中的交通行政许可

公路路政管理的主要依据是《中华人民共和国公路法》《公路安全保护条例》《收费公路管理条例》《超限运输车辆行驶公路管理规定》等法律、法规、规章的有关规定。[1]

1. 在公路用地范围内设置公路标志以外的其他标志的行政许可

该项许可也称为"设置非公路标志审批"，由县级以上地方人民政府交通主管部门实施。设定依据为《中华人民共和国公路法》第54条："任何单位和个人未经县级以上地方人民政府交通主管部门批准，不得在公路用地范围内设置公路标志以外的其他标志。"

实践中容易引起争议的"公路标志以外的其他标志"通常是未经批准在公路两旁设立广告牌。对于这类违法行为，通常由主管机关予以强制拆除。

例如，在广西南宁金杰龙广告有限公司与广西壮族自治区南宁江南公路养护中心交通运输行政管理纠纷案[2]中，原告广西南宁金杰龙广告有限公司与被告广西壮族自治区南宁江南公路养护中心针对县道旁的广告牌发生争议。被告工作人员在巡查时发现位于被告管养范围内的县道001线5K+000右侧处设立有一个高杆广告牌，该广告牌距离县道001线路肩0.6米，广告投放内容为"中国电信10000号"。经现场勘查和调查取证，被告先后做出行政处罚决定书行政强制执行催告书行政强制执行决定书，并对该高杆广告牌实施了强制拆除。

一审法院认为：

"关于涉案广告牌的设置行为是否合法的问题。《公路法》第五十四条规定，任何单位和个人未经县级以上地方人民政府交通主管部门批准，不

---

〔1〕 1990年颁布的《公路路政管理规定（试行）》、1987年颁布的《中华人民共和国公路管理条例》、1988年颁布的《中华人民共和国公路管理条例实施细则》均已失效。

〔2〕 广西壮族自治区南宁市中级人民法院行政判决书（2019）桂01行终292号。

得在公路用地范围内设置公路标志以外的其他标志。本案中，原告金杰龙公司未经公路主管部门审批设置户外广告，已违反了上述法律规定，涉案广告牌的设置行为违法。"

二审法院认为：

"至于上诉人以其取得南宁市城市管理局颁发的《户外广告设置证》为由主张案涉处罚决定实体违法的问题，因案涉高杆广告位于公路用地范围，依照《公路法》第五十四条之规定，任何单位和个人未经县级以上地方人民政府交通主管部门批准，不得在公路用地范围内设置公路标志以外的其他标志。因上诉人未提供证据证明其架设广告牌获得相关主管部门同意，上诉人架设案涉广告牌明显属于违法行为，被上诉人因此依据《公路法》第七十九条规定认定其违法并无不妥，故该《户外广告设置证》可能因职权交叉衔接不畅等原因而不当然能作为其在公路用地范围内架设高杆广告牌的合法依据，本院对上诉人的上述主张不予采纳。"

又如，在兰州百盛广告传媒有限公司与甘肃省兰州公路路政执法管理处行政强制案[1]中，原告兰州百盛广告传媒有限公司与被告甘肃省兰州公路路政执法管理处就高速公路道路旁建筑控制区内修建的广告牌发生纠纷。2007年9月，原告兰州百盛广告传媒有限公司在位于兰州至中川机场高速公路道路旁建筑控制区内修建广告牌。2016年5月25日，被告甘肃省兰州公路路政执法管理处、兰州市城市管理委员会在《甘肃日报》第13、第14、第15版发布《关于对兰州至中川机场高速公路沿线公告牌进行清理整顿的公告》，要求原告对上述公告牌自行拆除或由被告强制拆除。原告对该公告不服，遂向兰州市中级人民法院提起行政诉讼，要求撤销该公告。兰州市中级人民法院以公告对原告的合法权益未产生实质影响，不具有可诉性，驳回了原告的诉讼请求。随后，被告认为原告没有履行公告和催告的义务，依法做出行政强制执行催告书、行政强制拆除执行决定书、代履行决定书，并依法强制拆除涉案广告牌。

一审法院认为：

"依照《公路法》《公路安全保护条例》的有关规定，同时根据《甘肃省公路路政执法管理机构设置方案》，路政管理处作为被授权的公路路

---

[1] 甘肃省高级人民法院行政判决书（2018）甘行终240号。

政管理机构，负有公路路政执法管理的职责。《公路法》第五十四条规定：
'任何单位和个人未经县级以上地方人民政府交通主管部门批准，不得在
公路用地范围内设置公路标志以外的其他标志。'……本案中，路政管理
处对于未经批准在所管辖区域公路建筑控制区内修建、扩建建筑物、地面
构筑物的违法行为，具有责令限期拆除的法定职权。路政管理处根据上级
机关安排部署，对兰州至中川机场高速公路沿线广告牌开展治理工作。经
过勘验确认百盛公司未经批准在公路建设控制区域内设立广告牌的事实，
并在报纸上进行催告要求百盛公司自行拆除。并进行重大案件集体讨论后，
决定依法予以拆除，之后做出的行政强制拆除执行决定书上载明了违法事
实和执行依据等事项，也告知百盛公司有陈述申辩等救济权利。行政强制
拆除执行决定书由具有相应执法资格的人员做出，已依法送达。路政管理
处做出行政强制决定符合《中华人民共和国行政强制法》的法定程序。综
上所述，路政管理处做出行政强制拆除执行决定书的具体行政行为，证据
确凿，适用法律、法规正确，符合法定程序。原告请求确认被告强拆行为
违法，不予支持。"

二审法院认为：

"根据《公路法》第八条第二款、第五十四条、第七十九条以及《甘
肃省公路路政管理条例》第三条、第五十一条的规定，本案被上诉人路政
管理处有权对其管辖公路范围内，公路两侧建筑控制区内未经审批设置广
告牌的违法行为进行行政处罚、行政强制的职权。上诉人路政管理处在其
职权范围内，根据上级行政机关的工作部署，对兰州至中川机场高速公路
沿线广告牌进行治理规范，其在工作过程中对涉诉广告牌进行了必要的勘
验、调查和询问，在调查了解的基础上经过集体讨论认定涉诉广告牌未经
合法审批，属于违法设置，应予拆除。在向广告牌所有人百盛公司送达了
违法行为通知书、行政强制执行催告书后，在百盛公司逾期仍不自行拆除
的情况下，又做出行政强制拆除执行决定书、代履行决定书，继而强制拆
除了涉诉广告牌，其行为是依法履行路政管理职责，并无违法之处。"

2. 抢险、防汛需要修筑堤坝、压缩或者拓宽河床的行政许可

该项许可也称为"在公路周边一定范围内因抢险、防汛需要修筑堤坝、压
缩或者拓宽河床许可"，由省、自治区、直辖市人民政府交通主管部门会同水

行政主管部门批准。其设定依据包括以下 2 项条款。《中华人民共和国公路法》第 47 条规定："在大中型公路桥梁和渡口周围二百米、公路隧道上方和洞口外一百米范围内，以及在公路两侧一定距离内……因抢险、防汛需要修筑堤坝、压缩或者拓宽河床的，应当事先报经省、自治区、直辖市人民政府交通主管部门会同水行政主管部门批准，并采取有效的保护有关的公路、公路桥梁、公路隧道、公路渡口安全的措施。"《公路安全保护条例》第 17 条第 2 款规定："……因抢险、防汛需要修筑堤坝、压缩或者拓宽河床的，应当经省、自治区、直辖市人民政府交通运输主管部门会同水行政主管部门或者流域管理机构批准，并采取安全防护措施方可进行。"

3. 公路超限运输的行政许可

该项许可也可称为"超过公路或者公路桥梁限载标准行驶的许可"，由县级以上地方人民政府交通主管部门批准。其设定依据包括以下 2 项条款。《中华人民共和国公路法》第 50 条第 1 款后段规定："超过公路或者公路桥梁限载标准确需行驶的，必须经县级以上地方人民政府交通主管部门批准，并按要求采取有效的防护措施；运载不可解体的超限物品的，应当按照指定的时间、路线、时速行驶，并悬挂明显标志。"《公路安全保护条例》第 35 条规定："车辆载运不可解体物品，车货总体的外廓尺寸或者总质量超过公路、公路桥梁、公路隧道的限载、限高、限宽、限长标准，确需在公路、公路桥梁、公路隧道行驶的，从事运输的单位和个人应当向公路管理机构申请公路超限运输许可。"

4. 涉路施工活动的行政许可

涉路施工是指在公路用地范围内构筑结构物或公共设施的工程建设活动。[1]涉路施工活动的行政许可可由县级以上地方人民政府交通主管部门或公路管理机构审批，并且建设单位在提交该项许可申请的同时还须提交设计图。[2]涉路施工活动种类繁多，较为常见的涉路施工活动主要包括以下内容。

（1）在公路增设或改造平面交叉道口审批。该项许可由公路管理机构审批，设定依据包括以下 2 项条款。《中华人民共和国公路法》第 55 条规定：

---

[1] 宋学文：《公路涉路施工许可的实践与思考》，《黄河科技学院学报》2020 年第 8 期，第 19 页。

[2] 《路政管理规定》第 10 条第 1 款规定："跨越、穿越公路，修建桥梁、渡槽或者架设、埋设管线等设施，以及在公路用地范围内架设、埋设管（杆）线、电缆等设施，应当按照《公路法》第四十五条的规定，事先向交通主管部门或者其设置的公路管理机构提交申请书和设计图。"

"在公路上增设平面交叉道口，必须按照国家有关规定经过批准，并按照国家规定的技术标准建设。"《公路安全保护条例》第 27 条第 6 项规定："进行下列涉路施工活动，建设单位应当向公路管理机构提出申请：……（六）在公路上增设或者改造平面交叉道口……"

（2）跨越、穿越公路及在公路用地范围内架设、埋设管线、电缆等设施，或者利用公路桥梁、公路隧道、涵洞铺设电缆等设施许可。该项许可由交通主管部门或公路管理机构审批，设定依据包括以下 2 项条款。《中华人民共和国公路法》第 45 条前段规定："跨越、穿越公路修建桥梁、渡槽或者架设、埋设管线等设施的，以及在公路用地范围内架设、埋设管线、电缆等设施的，应当事先经有关交通主管部门同意，影响交通安全的，还须征得有关公安机关的同意。"《公路安全保护条例》第 27 条第 2、第 3、第 4 项规定："进行下列涉路施工活动，建设单位应当向公路管理机构提出申请：……（二）跨越、穿越公路修建桥梁、渡槽或者架设、埋设管道、电缆等设施；（三）在公路用地范围内架设、埋设管道、电缆等设施；（四）利用公路桥梁、公路隧道、涵洞铺设电缆等设施……"

（3）公路建筑控制区内埋设管线、电缆等设施许可。该项许可由县级以上地方人民政府交通主管部门或公路管理机构审批，设定依据包括以下 2 项条款。《中华人民共和国公路法》第 56 条第 1 款后段规定："需要在建筑控制区内埋设管线、电缆等设施的，应当事先经县级以上地方人民政府交通主管部门批准。"《公路安全保护条例》第 27 条第 7 项规定："进行下列涉路施工活动，建设单位应当向公路管理机构提出申请：……（七）在公路建筑控制区内埋设管道、电缆等设施。"

（4）占用、挖掘公路、公路用地或者使公路改线审批。该项许可由交通主管部门或公路管理机构审批，有时还须征得有关公安机关的同意。其设定依据包括以下 2 项条款。《中华人民共和国公路法》第 44 条第 2 款前段规定："因修建铁路、机场、电站、通信设施、水利工程和进行其他建设工程需要占用、挖掘公路或者使公路改线的，建设单位应当事先征得有关交通主管部门的同意；影响交通安全的，还须征得有关公安机关的同意。"《公路安全保护条例》第 27 条第 1 项规定："进行下列涉路施工活动，建设单位应当向公路管理机构提出申请：（一）因修建铁路、机场、供电、水利、通信等建设工程需要占用、挖掘公路、公路用地或者使公路改线……"

（5）利用跨越公路的设施悬挂非公路标志的许可。该项许可由公路管理机构审批，设定依据为《公路安全保护条例》第27条第5项："进行下列涉路施工活动，建设单位应当向公路管理机构提出申请：……（五）利用跨越公路的设施悬挂非公路标志……"

（6）公路建设项目施工许可。该项许可由县级以上地方人民政府交通主管部门审批，设定依据为《中华人民共和国公路法》第25条："公路建设项目的施工，须按国务院交通主管部门的规定报请县级以上地方人民政府交通主管部门批准。"

从现有判决来看，实务中公路建设项目施工如果已按规定向当地县级以上地方人民政府交通主管部门申请施工许可，且所提交的许可申请材料符合法定要求，则应允许其开展公路建设项目施工。例如，在肖某产等与中华人民共和国交通运输部行政纠纷案[1]中，原告肖某产等5人因不满交通运输部对河南高速公路驻信段改扩建工程有限公司做出的施工行政许可（交公路施工许可〔2014〕1号）而向法院起诉。二审法院审理后认为：

> "本案中，根据审理查明的事实，河南高速公路驻信段改扩建工程有限公司提交的施工许可申请材料符合法定要求，交通运输部依据上述行政许可法及《公路建设市场管理办法》的相关规定，在法定期限内做出被诉施工许可，实体内容及许可程序均并无不当。"

（7）公路建设项目竣工验收。该项许可由公路管理机构实施，影响交通安全的，还应当经公安机关交通管理部门验收。其设定依据包括以下2项条款。《中华人民共和国公路法》第33条第1款规定："公路建设项目和公路修复项目竣工后，应当按照国家有关规定进行验收；未经验收或者验收不合格的，不得交付使用。"《公路安全保护条例》第29条第2款规定："涉路施工完毕，公路管理机构应当对公路、公路附属设施是否达到规定的技术标准以及施工是否符合保障公路、公路附属设施质量和安全的要求进行验收；影响交通安全的，还应当经公安机关交通管理部门验收。"

（8）公路水运工程建设项目设计文件审批。该项许可由公路管理机构实

---

[1] 北京市高级人民法院行政判决书（2019）京行终414号。

施，特殊情况下还应当征得公安机关交通管理部门或公路经营企业同意。其设定依据为《公路安全保护条例》第 28 条："申请进行涉路施工活动的建设单位应当向公路管理机构提交下列材料……公路管理机构应当自受理申请之日起二十日内做出许可或者不予许可的决定；影响交通安全的，应当征得公安机关交通管理部门的同意；涉及经营性公路的，应当征求公路经营企业的意见；不予许可的，公路管理机构应当书面通知申请人并说明理由。"

5. 更新采伐护路林或公路用地上的树木的行政许可

该项许可也称为"更新采伐护路林审批"，由县级以上地方人民政府交通主管部门或公路管理机构审批。其设定依据包括以下 2 项条款。《中华人民共和国公路法》第 42 条第 2 款规定："公路用地上的树木，不得任意砍伐；需要更新砍伐的，应当经县级以上地方人民政府交通主管部门同意后，依照《中华人民共和国森林法》的规定办理审批手续，并完成更新补种任务。"《公路安全保护条例》第 26 条前段规定："禁止破坏公路、公路用地范围内的绿化物。需要更新采伐护路林的，应当向公路管理机构提出申请，经批准方可更新采伐，并及时补种……"

6. 在中型以上公路桥梁跨越的河道上下游各 1000 米范围内抽取地下水、架设浮桥等活动的许可

该项许可由水行政主管部门、流域管理机构等有关单位会同公路管理机构联合审批。其设定依据为《公路安全保护条例》第 19 条："禁止擅自在中型以上公路桥梁跨越的河道上下游各 1000 米范围内抽取地下水、架设浮桥以及修建其他危及公路桥梁安全的设施。在前款规定的范围内，确需进行抽取地下水、架设浮桥等活动的，应当经水行政主管部门、流域管理机构等有关单位会同公路管理机构批准，并采取安全防护措施方可进行。"

7. 养护作业单位施工资质许可

该项许可也称为"公路养护作业单位资质审批"，由公路管理机构审批。其设定依据为《公路安全保护条例》第 70 条："违反本条例的规定，公路养护作业单位未按照国务院交通运输主管部门规定的技术规范和操作规程进行公路养护作业的，由公路管理机构责令改正，处 1 万元以上 5 万元以下的罚款……"

8. 与收费公路有关的行政许可

（1）设立收费公路审批。该项许可由省、自治区、直辖市人民政府审批。其设定依据包括以下2项条款。《中华人民共和国公路法》第59条规定："符合国务院交通主管部门规定的技术等级和规模的下列公路，可以依法收取车辆通行费：（一）由县级以上地方人民政府交通主管部门利用贷款或者向企业、个人集资建成的公路；（二）由国内外经济组织依法受让前项收费公路收费权的公路；（三）由国内外经济组织依法投资建成的公路。"《收费公路管理条例》第10条规定："县级以上地方人民政府交通主管部门利用贷款或者向企业、个人有偿集资建设的公路（以下简称政府还贷公路），国内外经济组织投资建设或者依照公路法的规定受让政府还贷公路收费权的公路（以下简称经营性公路），经依法批准后，方可收取车辆通行费。"

在实务中，对于各地在《中华人民共和国公路法》第59条规定的"车辆通行费"之外另行设定的其他收费名目的，若没有法律规定，法院通常不予支持。例如，在茂名市化州公路车辆通行费征收所申请行政执行案[1]中，因化州市食品企业集团东山食品公司没有按照规定缴纳公路车辆通行年票费，化州征收所遂向法院申请强制执行。一审法院审理后认为：

"根据《公路法》第五十九条规定：'符合国务院交通主管部门规定的技术等级和规模的下列公路，可以依法收取车辆通行费：（一）由县级以上地方人民政府交通主管部门利用贷款或者向企业、个人集资建成的公路；（二）由国内外经济组织依法受让前项收费公路收费权的公路；（三）由国内外经济组织依法投资建成的公路。'该规定明确'收取车辆通行费'的公路需符合上述三项规定。否则，就属于不合法。而化州征收所申请强制执行的是'公路车辆通行年票费'。该'公路车辆通行年票费'是依据《广东省公路条例》第三十四条第二款'经省人民政府批准，可在一定区域内实行车辆通行费年票制。'以及《茂名市公路车辆通行费年票征收管理暂行办法》第三条'凡在本市登记注册的机动车辆（不含摩托车和折腰式手扶拖拉机，下同），其车辆通行费均实行年票制'的规定来制定的，但上述规章没有法律支持。为此，化州征收所申请执行的'公路车辆通行年票费'，不符合最高人民法院《关于执行若干问题的解释》第八十六条

---

[1] 广东省茂名市中级人民法院行政裁定书（2015）茂中法行非诉审复字第8号。

第（一）项'具体行政行为依法可以由人民法院执行'的规定，该执行申请明显缺乏法律依据。根据最高人民法院《关于执行〈行政诉讼法〉若干问题的解释》第六十三条第（十四）项、第九十五条第（三）项及《行政强制法》第五十八条第三款的规定，遂裁定：茂名市化州公路车辆通行费征收所申请强制执行［2014］化州催字第［a20］号《茂名市公路车辆通行年票费催缴决定书》，原审法院不准予强制执行。"

（2）公路收费标准审核。该项许可由省、自治区、直辖市人民政府交通主管部门会同同级物价行政主管部门审批。其设定依据包括以下2项条款。《中华人民共和国公路法》第63条规定："收费公路车辆通行费的收费标准，由公路收费单位提出方案，报省、自治区、直辖市人民政府交通主管部门会同同级物价行政主管部门审查批准。"《收费公路管理条例》第15条规定："车辆通行费的收费标准，应当依照价格法律、行政法规的规定进行听证，并按照下列程序审查批准：（一）政府还贷公路的收费标准，由省、自治区、直辖市人民政府交通主管部门会同同级价格主管部门、财政部门审核后，报本级人民政府审查批准。（二）经营性公路的收费标准，由省、自治区、直辖市人民政府交通主管部门会同同级价格主管部门审核后，报本级人民政府审查批准。"

在实务中，对于经省级有权部门审查批准后所收取的车辆通行费，法院通常会予以认可。如在赖某征与广州市市政设施收费处行政复议决定纠纷上诉案[1]中，被告广州市市政设施收费处向原告赖某征收取2015年1月1日至2015年12月31日的广州市车辆通行年票款（C146841150财政）980元。

一审法院审理后认为：

"在广东省人民政府同意及省级相关部门审查批准的前提下，被告广州市市政设施收费处做出的被诉收费行为并无不当。原告的诉讼请求依法应予以驳回。"

二审法院认同一审法院的观点，并进一步说明：

"本案中，广州市人民政府经广东省人民政府批准同意，在广州市城区范围内实行车辆通行费年票制，收费标准亦获得省级有权部门的审查批准，符合上述法律、法规的规定。据此，被上诉人广州市市政设施收费处作为车辆通行费的征收管理机构，于2015年12月3日以年票方式向上诉

---

[1]　广州铁路运输中级法院行政判决书（2019）粤71行终1180号。

人收取其涉案车辆 2015 年度的车辆通行费 980 元，于法有据，并无不当。被上诉人原广州市交通委员会经复议审查，做出复议决定维持广州市市政设施收费处的上述收费行为，亦无不当。"

（3）收费公路收费期限确定许可。该项许可由省、自治区、直辖市人民政府审批，最长不得超过国务院规定的年限。其设定依据包括以下 2 项条款。《中华人民共和国公路法》第 60 条规定："县级以上地方人民政府交通主管部门利用贷款或者集资建成的收费公路的收费期限，按照收费偿还贷款、集资款的原则，由省、自治区、直辖市人民政府依照国务院交通主管部门的规定确定……收费权的转让期限由出让、受让双方约定，最长不得超过国务院规定的年限……收费经营期限按照收回投资并有合理回报的原则，由有关交通主管部门与投资者约定并按照国家有关规定办理审批手续，但最长不得超过国务院规定的年限。"《收费公路管理条例》第 14 条规定："收费公路的收费期限，由省、自治区、直辖市人民政府按照下列标准审查批准：（一）政府还贷公路的收费期限，按照用收费偿还贷款、偿还有偿集资款的原则确定，最长不得超过 15 年。国家确定的中西部省、自治区、直辖市的政府还贷公路收费期限，最长不得超过 20 年。（二）经营性公路的收费期限，按照收回投资并有合理回报的原则确定，最长不得超过 25 年。国家确定的中西部省、自治区、直辖市的经营性公路收费期限，最长不得超过 30 年。"

（4）收费公路收费站设置审核。该项许可由省、自治区、直辖市人民政府审批，且两个收费站之间的距离不得小于国务院交通主管部门规定的标准。其设定依据包括以下两个条款。《中华人民共和国公路法》第 64 条前段规定："收费公路设置车辆通行费的收费站，应当报经省、自治区、直辖市人民政府审查批准。跨省、自治区、直辖市的收费公路设置车辆通行费的收费站，由有关省、自治区、直辖市人民政府协商确定；协商不成的，由国务院交通主管部门决定。"《收费公路管理条例》第 17 条规定："依照本条例规定的程序审查批准的收费公路收费站、收费期限、车辆通行费收费标准或者收费标准的调整方案，审批机关应当自审查批准之日起 10 日内将有关文件向国务院交通主管部门和国务院价格主管部门备案；其中属于政府还贷公路的，还应当自审查批准之日起 10 日内向国务院财政部门备案。"

（5）国道以外的其他公路收费权的转让审批。该项许可由交通主管部门审批。[1]其设定依据包括以下2项条款。《中华人民共和国公路法》第65条规定："有偿转让公路收费权的公路，转让收费权合同约定的期限届满，收费权由出让方收回。由国内外经济组织依照本法规定投资建成并经营的收费公路，约定的经营期限届满，该公路由国家无偿收回，由有关交通主管部门管理。"《收费公路管理条例》第19条规定："依照本条例的规定转让收费公路权益的，应当向社会公布，采用招标投标的方式，公平、公正、公开地选择经营管理者，并依法订立转让协议。"

（二）道路运政管理中的交通行政许可

目前，道路运政管理没有统一的法律，执法依据主要是《中华人民共和国道路交通安全法》《中华人民共和国道路交通安全法实施条例》《中华人民共和国道路运输条例》《道路交通事故处理程序规定》等法律法规规章以及各地的道路运输的地方性法规。

1. 道路旅客运输经营许可

该项许可由各地交通运输主管部门审批，设定依据为《中华人民共和国道路运输条例》第10条第1款、第2款前段："申请从事客运经营的，应当依法向市场监督管理部门办理有关登记手续后，按照下列规定提出申请并提交符合本条例第八条规定条件的相关材料：（一）从事县级行政区域内和毗邻县行政区域间客运经营的，向所在地县级人民政府交通运输主管部门提出申请；（二）从事省际、市际、县际（除毗邻县行政区域间外）客运经营的，向所在地设区的市级人民政府交通运输主管部门提出申请；（三）在直辖市申请从事客运经营的，向所在地直辖市人民政府确定的交通运输主管部门提出申请。依照前款规定收到申请的交通运输主管部门，应当自受理申请之日起20日内审查

---

[1] 在收费公路管理实践中，交通运输部、国家发展和改革委员会（含国家发展和改革委员会、原国家计划委员会）、财政部联合颁布了《收费公路权益转让办法》，该办法第26条第1款对公路收费权转让的审批部门作了较为详细的规定："转让国道（包括国道主干线和国家高速公路网项目，下同）收费权，应当经国务院交通运输主管部门批准。转让国道以外的其他公路收费权，应当经省级交通运输主管部门审核同意，报省级人民政府批准"。但值得注意的是，为了消除部门利益在许可设定中的不利影响，《中华人民共和国行政许可法》并没有赋予部门规章对行政许可的设定权。因此，尽管从我国法定的行政许可设定权来看，《收费公路权益转让办法》不得设立行政许可，但该条款确实对国道以外的其他公路收费权的转让审批权实施主体提供了一定的指导。

完毕，作出许可或者不予许可的决定。"

2. 道路货物运输经营许可

（1）非危险货物运输经营许可。该项许可由县级人民政府交通运输主管部门审批，设定依据为《中华人民共和国道路运输条例》第24条第1、第2款："申请从事货运经营的，应当依法向市场监督管理部门办理有关登记手续后，按照下列规定提出申请并分别提交符合本条例第二十一条、第二十三条规定条件的相关材料：（一）从事危险货物运输经营以外的货运经营的，向县级人民政府交通运输主管部门提出申请……依照前款规定收到申请的交通运输主管部门，应当自受理申请之日起20日内审查完毕，做出许可或者不予许可的决定……"

在实务中，有时会存在原车主办理的运输许可证已过期，而后一任车主不知情，导致无证货运经营的情况。如在熊某辉与广州市南沙区交通运输局公路交通行政管理纠纷案[1]中，原广州市南沙区建设和交通局执法人员在执法检查中发现原告熊某辉驾驶一辆重型自卸货车运输装饰废料，但未能出示车辆道路运输证，遂责令其停止经营并处3万元罚款。原告熊某辉诉称，该车辆是向前一任车主购买，原车主已经办理过运输许可证，车辆也是刚刚交付使用，而本人对原车主运输许可证过期未办不知情，并且当即去办理了相关手续。法院审理后认为：

> "本案中，熊某辉在未取得道路运输经营许可的情况下，驾驶湘A＊＊＊＊重型自卸货车运输装饰废料，从事道路货物运输经营，以上事实有熊某辉签名确认的现场检查笔录、询问笔录等证据予以证实。原广州市南沙区建设和交通局在依法告知了熊某辉拟做出行政处罚的事实、理由、依据以及其享有陈述、申辩以及听证的权利之后，做出被诉行政处罚决定，符合上述法规和规章的规定，并无不当，本院予以支持。"

（2）危险货物运输经营许可。该项许可由设区的市级人民政府交通运输主管部门审批，设定依据为《中华人民共和国道路运输条例》第24条第1款第2项："申请从事货运经营的，应当依法向市场监督管理部门办理有关登记手续后，按照下列规定提出申请并分别提交符合本条例第二十一条、第二十三条规定条件的相关材料：……（二）从事危险货物运输经营的，向设区的市级人民

---

[1] 广州铁路运输中级法院行政判决决书（2019）粤71行终4310号。

政府交通运输主管部门提出申请。"

（3）危险货物道路运输从业人员资格许可。该项许可由经所在地设区的市级人民政府交通主管部门审批，设定依据为《中华人民共和国道路运输条例》第 23 条第 2 项："申请从事危险货物运输经营的，还应当具备下列条件：……（二）有经所在地设区的市级人民政府交通运输主管部门考试合格，取得上岗资格证的驾驶人员、装卸管理人员、押运人员……"

3. 道路旅客运输站（场）经营许可、道路货物运输站（场）经营许可、机动车维修经营许可、机动车驾驶员培训许可

该项许可由县级人民政府交通运输主管部门审批。设定依据为《中华人民共和国道路运输条例》第 39 条："申请从事道路旅客运输站（场）经营业务的，应当在依法向市场监督管理部门办理有关登记手续后，向所在地县级人民政府交通运输主管部门提出申请，并附送符合本条例第三十六条规定条件的相关材料。县级人民政府交通运输主管部门应当自受理申请之日起 15 日内审查完毕，作出许可或者不予许可的决定，并书面通知申请人。从事道路货物运输站（场）经营、机动车维修经营和机动车驾驶员培训业务的，应当在依法向市场监督管理部门办理有关登记手续后，向所在地县级人民政府交通运输主管部门进行备案，并分别附送符合本条例第三十六条、第三十七条、第三十八条规定条件的相关材料。"

4. 国际道路旅客运输经营许可、国际道路货物运输经营许可

该项许可由省、自治区、直辖市人民政府交通运输主管部门审批。设定依据为《中华人民共和国道路运输条例》第 49 条第 1、第 2 款："申请从事国际道路旅客运输经营的，应当向省、自治区、直辖市人民政府交通运输主管部门提出申请并提交符合本条例第四十八条规定条件的相关材料。省、自治区、直辖市人民政府交通运输主管部门应当自受理申请之日起 20 日内审查完毕，作出批准或者不予批准的决定。予以批准的，应当向国务院交通运输主管部门备案；不予批准的，应当向当事人说明理由。从事国际道路货物运输经营的，应当向省、自治区、直辖市人民政府交通运输主管部门进行备案，并附送符合本条例第四十八条规定条件的相关材料。"

5. 出租汽车经营资格证、车辆运营证、驾驶员客运资格证

根据《国务院对确需保留的行政审批项目设定行政许可的决定》的规定，

出租汽车经营资格证、车辆运营证和驾驶员客运资格证均由县级以上地方人民政府出租汽车行政主管部门核发。

二、水路领域的交通行政许可

结合我国实践情况来看，我国水路领域的交通行政执法根据不同的许可申请事项可分为不同的执法门类，主要可分为水路运政管理中的交通行政许可、内河航道管理中的交通行政许可、港口管理中的交通行政许可与海事管理中的交通行政许可。

（一）水路运政管理中的交通行政许可

水路运政管理中的交通行政许可根据许可内容不同可分为水路运输主体资格许可与水路运输行为许可两大类。其中，水路运输主体资格许可是指"水路运输主管机关根据相对人的申请，经审查依法赋予其从事水路运输活动的能力或资格的行为"。[1]水路运输行为许可则是指"水路运输主管机关根据相对人的申请，允许其从事运输活动的行为"。[2]从我国现有的水路运政管理相关法律制度来看，水路运政行政许可的主要依据是《国内水路运输管理条例》及各地制定的相关规范性文件。[3]另外，在我国水路运输行政管理体制中，行业法规定的管理机构主要有两类，即交通主管部门与航运管理机构。交通主管部门主要包括交通运输部、交通运输厅、市（县、区）交通运输局；航运管理机构是受交通主管部门委托的事业单位，主要包括省、市及县（区）航运管理机构。《中华人民共和国行政许可法》颁布后，航运管理机构就不再具有独立实施行政许可的法律地位。[4]

目前，我国水路运政管理中交通行政许可的主体主要是交通主管部门。[5]许可内容主要包括以下 3 项。

1. 国内水路运输经营许可

该项许可由国务院交通运输主管部门或者设区的市级以上地方人民政府负

---

〔1〕 王秀芬：《试述水路交通行政许可》，《中国海商法年刊》1996 年第 7 卷，第 249 页。

〔2〕 王秀芬：《试述水路交通行政许可》，《中国海商法年刊》1996 年第 7 卷，第 249 页。

〔3〕 刘恒主编：《行政执法与政府管制》，北京大学出版社 2012 年版，第 287 页。

〔4〕 汤科达：《水路运输行政许可的实施》，《水运管理》2008 年第 7 期，第 34 页。

〔5〕 汤科达：《水路运输行政许可的实施》，《水运管理》2008 年第 7 期，第 35 页。

责水路运输管理的部门审批，设定依据为《国内水路运输管理条例》第 8 条第
1 款："经营水路运输业务，应当按照国务院交通运输主管部门的规定，经国务
院交通运输主管部门或者设区的市级以上地方人民政府负责水路运输管理的部
门批准。"

2. 新增船舶投入运营审批

该项许可由国务院交通运输主管部门或者设区的市级以上地方人民政府负
责水路运输管理的部门审批，设定依据为《国内水路运输管理条例》第 14 条
第 1 款："水路运输经营者新增船舶投入运营的，应当凭水路运输业务经营许可
证件、船舶登记证书和检验证书向国务院交通运输主管部门或者设区的市级以
上地方人民政府负责水路运输管理的部门领取船舶营运证件。"

3. 危险化学品水路运输人员资格认定

该项许可由交通运输主管部门审批，设定依据为《危险化学品安全管理条
例》第 6 条第 5 项："对危险化学品的生产、储存、使用、经营、运输实施安全
监督管理的有关部门（以下统称负有危险化学品安全监督管理职责的部门），
依照下列规定履行职责：……（五）交通运输主管部门负责危险化学品道路运
输、水路运输的许可以及运输工具的安全管理，对危险化学品水路运输安全实
施监督，负责危险化学品道路运输企业、水路运输企业驾驶人员、船员、装卸
管理人员、押运人员、申报人员、集装箱装箱现场检查员的资格认定……"

（二）内河航道管理中的交通行政许可

内河航道一般是指内陆水域中船舶适航的通道，具体而言可以细分为江、
河、湖、水库、人工运河和渠道等。因此，内河航道中的行政许可一般囊括了
"在与航道通航有关的临河、跨河、过河建筑物建设及在航道通航水域进行水
上水下作业施工许可"。[1] 近年来我国内河航道行政许可所依据规范性文件主
要包括《中华人民共和国航道法》《中华人民共和国航道管理条例》《中华人民
共和国航标条例》《中华人民共和国内河交通安全管理条例》等。

1. 在通航水域或者岸线上进行可能影响通航安全的作业或者活动的许可

该项许可由海事管理机构审批，设定依据为《中华人民共和国内河交通安

---

[1]　刘临雄、邱房贵、肖义：《内河航道管理行政许可行为的实施与监督机制》，《中国水运》2014
　　年第 12 期，第 101 页。

全管理条例》第 25 条第 1 款："在内河通航水域或者岸线上进行下列可能影响通航安全的作业或者活动的，应当在进行作业或者活动前报海事管理机构批准：（一）勘探、采掘、爆破；（二）构筑、设置、维修、拆除水上水下构筑物或者设施；（三）架设桥梁、索道；（四）铺设、检修、拆除水上水下电缆或者管道；（五）设置系船浮筒、浮趸、缆桩等设施；（六）航道建设，航道、码头前沿水域疏浚；（七）举行大型群众性活动、体育比赛。"

2. 治理河道、引水灌溉工程建设方案许可

该项许可由交通主管部门审批，设定依据为《中华人民共和国航道管理条例》第 14 条第 1 款："修建与通航有关的设施或者治理河道、引水灌溉，必须符合国家规定的通航标准和技术要求，并应当事先征求交通主管部门的意见。"

3. 在沿海和通航河流上设置专用助航标志许可

该项许可由交通主管部门审批，设定依据为《中华人民共和国航道管理条例》第 21 条第 2 款："在沿海和通航河流上设置专用标志必须经交通主管部门同意；设置渔标和军用标，必须报交通主管部门备案。"

4. 内河航道规划审批

（1）全国航道规划审批。该项许可由国务院批准，设定依据为《中华人民共和国航道法》第 8 条第 1 款："全国航道规划由国务院交通运输主管部门会同国务院发展改革部门、国务院水行政主管部门等部门编制，报国务院批准公布。流域航道规划、区域航道规划由国务院交通运输主管部门编制并公布。"

（2）地方航道规划审批。该项许可由省、自治区、直辖市人民政府会同国务院交通运输主管部门批准，设定依据为《中华人民共和国航道法》第 8 条第 2 款："省、自治区、直辖市航道规划由省、自治区、直辖市人民政府交通运输主管部门会同同级发展改革部门、水行政主管部门等部门编制，报省、自治区、直辖市人民政府会同国务院交通运输主管部门批准公布。"

（3）跨省、自治区、直辖市的地方航道规划审批。该项许可由省、自治区、直辖市人民政府联合审查批准，必要时报交通运输部审查批准后实施，设定依据为《中华人民共和国航道管理条例》第 8 条第 3 款："跨省、自治区、直辖市的地方航道的发展规划，由有关省、自治区、直辖市交通主管部门共同编制，报有关省、自治区、直辖市人民政府联合审查批准后实施，并抄报交通运输部备案；必要时报交通运输部审查批准后实施。"

（4）专用航道发展规划。该项许可由同级人民政府批准，设定依据为《中华人民共和国航道管理条例》第 8 条第 4 款："专用航道管理部门会同同级交通主管部门编制，报同级人民政府批准后实施。"

（三）港口管理中的交通行政许可

1. 建设港口设施使用水岸线审批

（1）港口岸线审批。该项许可由国务院交通主管部门会同国务院经济综合宏观调控部门批准，设定依据为《中华人民共和国港口法》第 13 条第 1 款："在港口总体规划区内建设港口设施，使用港口深水岸线的，由国务院交通主管部门会同国务院经济综合宏观调控部门批准……但是，由国务院或者国务院经济综合宏观调控部门批准建设的项目使用港口岸线，不再另行办理使用港口岸线的审批手续。"

在实务中，当事人有时会以所在港口已在多年前建成码头为由逃避审批。例如，在宜都市满胜贵商贸经营部与宜都市交通运输综合执法大队责令限期改正决定案[1]中，原告在经营期间，在审批的 150 米岸线陆域外建设港口设施、设备。被告执法人员对满胜贵码头进行现场检查中发现，原告在批复界定的陆域外，建设用于储存普通散货的钢铁结构仓储设备（厂房）等港口设施，遂责令原告自行拆除。原告不服，由是成讼。

一审法院审理后认为：

> "港口岸线使用审批是港口工程建设项目施工的前置许可行为，使用港口岸线需要经过行政审批，在批准的岸线建设港口设施也需要行政审批。原告占用 330 米岸线没有经过审批，建设港口设施的施工行为也没有经过审批，明显违反了以上法律和部门规章的明文规定。"

原告对该判决不服，上诉称，该码头始建于 1997 年，系 2004 年《中华人民共和国港口法》实施前建设的码头且符合港口岸线利用规划和土地利用规划，487 米岸线应当予以保留。

二审法院支持一审法院的判决，指出：

> "2017 年 6 月至 2018 年 1 月期间，上诉人未取得上述条款规定的港口岸线审批手续，即占用港口岸线 330 米，建设钢铁结构厂棚、皮带运输机

---

[1] 湖北省宜昌市中级人民法院行政判决书（2019）鄂 05 行终 139 号。

等港口设施,对该违法行为,被上诉人提交了较充分的证据予以证实。被上诉人……责令上诉人自行拆除违法建设的港口设施,恢复占用的 330 米港口岸线原貌,认定事实清楚,证据充分,适用法律正确,行政程序合法。"

(2)建设港口设施使用非深水岸线审批。该项许可由港口行政管理部门批准,设定依据为《中华人民共和国港口法》第 13 条第 1 款后段:"……建设港口设施,使用非深水岸线的,由港口行政管理部门批准。但是,由国务院或者国务院经济综合宏观调控部门批准建设的项目使用港口岸线,不再另行办理使用港口岸线的审批手续。"

2. 港口经营许可

该项许可由港口行政管理部门批准,设定依据为《中华人民共和国港口法》第 22 条第 1 款:"从事港口经营,应当向港口行政管理部门书面申请取得港口经营许可,并依法办理工商登记。"

3. 港口内进行危险货物的装卸、过驳作业许可

该项许可由港口行政管理部门批准,设定依据为《中华人民共和国港口法》第 35 条:"在港口内进行危险货物的装卸、过驳作业,应当按照国务院交通主管部门的规定将危险货物的名称、特性、包装和作业的时间、地点报告港口行政管理部门。港口行政管理部门接到报告后,应当在国务院交通主管部门规定的时间内做出是否同意的决定,通知报告人,并通报海事管理机构。"

4. 载运危险货物进出港口审批

该项许可由海事管理机构批准,设定依据为《中华人民共和国港口法》第 34 条第 2 款前段:"船舶载运危险货物进出港口,应当按照国务院交通主管部门的规定将危险货物的名称、特性、包装和进出港口的时间报告海事管理机构。海事管理机构接到报告后,应当在国务院交通主管部门规定的时间内做出是否同意的决定,通知报告人,并通报港口行政管理部门。"

5. 港口的危险货物作业场所、实施卫生除害处理的专用场所审批

在实践中,该项许可通常由各地港口行政管理部门或交通运输管理部门审核,设定依据为《中华人民共和国港口法》第 17 条:"港口的危险货物作业场所、实施卫生除害处理的专用场所,应当符合港口总体规划和国家有关安全生产、消防、检验检疫和环境保护的要求,其与人口密集区和港口客运设施的距

离应当符合国务院有关部门的规定；经依法办理有关手续后，方可建设。"

6. 经营港口理货业务许可

该项许可由港口行政管理部门实施，设定依据为《中华人民共和国港口法》第 25 条第 1、第 2 款："国务院交通主管部门应当制定港口理货服务标准和规范。经营港口理货业务，应当按照规定报港口行政管理部门备案。"

（四）海事管理中的交通行政许可

1. 船舶登记许可

（1）船舶所有权登记。该项许可由船籍港船舶登记机关实施，设定依据为《中华人民共和国船舶登记条例》第 13 条第 1 款："船舶所有人申请船舶所有权登记，应当向船籍港船舶登记机关交验足以证明其合法身份的文件，并提供有关船舶技术资料和船舶所有权取得的证明文件的正本、副本。"

在实务中，船舶登记机关对于船舶所有权登记应尽到何种审查义务有时会引发争议。例如，在林某等诉中华人民共和国广州海事局船舶所有权证书发证纠纷案中[1]，案外人广东宏大广航工程有限公司与第三人胡某、段某华为实现"浚波四"号所有权转移登记，向被告广州海事局提交相关申请材料。广州海事局审查后准许胡某、段某华以"粤广州工 0169"号办理船舶所有权登记手续，并向胡某、段某华颁发了《船舶所有权登记证书》（登记号码：xxx08）。原告林某认为广州海事局存在违法向胡某、段某华颁发相关登记证书的事实，遂起诉至法院。

一审法院审理后认为：

"广州海事局提供的船舶登记资料显示，在胡某、段某华和宏大公司向广州海事局提交船舶买卖合同书和船舶交接证明书时，宏大公司是'浚波四'号登记的船舶所有人，依法享有处分'浚波四'号的权利。广州海事局作为船舶登记机关，根据《船舶登记条例》的相关规定，对当事人提供的资料进行审查，在本案中，重点审查宏大公司是否为'浚波四'号的所有人，船舶买卖合同书和船舶交接证明书的形式是否真实，至于船舶买卖合同书约定的购船价款是否真实合理、买受人是否已实际支付船款，双方是否实际办理了船舶交接手续等，广州海事局对此不负有实质审查的义

---

[1]　广东省高级人民法院行政判决书（2015）粤高法行终字第 407 号。

务。广州海事局根据宏大公司的申请，在出具'浚波四'号的船舶注销登记证明书和无抵押权登记证明后，根据胡某、段某华的申请向其颁发'粤广州工0169'号船舶所有权登记证书的行政行为，符合《船舶登记条例》的规定，具有事实根据和法律依据。"

该判决获得了二审法院的支持。二审法院认为：

"在接到胡某、段某华的船舶所有权登记申请后，广州海事局依照《中华人民共和国船舶登记条例》的相关规定，对胡某、段某华提交的证明其对船舶具有所有权的材料和证明文件进行了审查，在前述材料能够证明胡某、段某华取得涉案船舶所有权的情形下，向胡某、段某华颁发《船舶所有权登记证书》（登记号码：xxx08），尽到了审慎的审查义务。原审判决认定该发证行为具有事实和法律依据、合法有效并无不当，本院依法予以维持。"

（2）船舶国籍证书核发。该项许可也称为"船舶国籍登记"，由船籍港船舶登记机关实施，设定依据为《中华人民共和国船舶登记条例》第15条："船舶所有人申请船舶国籍，除应当交验依照本条例取得的船舶所有权登记证书外，还应当按照船舶航区相应交验下列文件：……从境外购买具有外国国籍的船舶，船舶所有人在申请船舶国籍时，还应当提供原船籍港船舶登记机关出具的注销原国籍的证明书或者将于重新登记时立即注销原国籍的证明书。对经审查符合本条例规定的船舶，船籍港船舶登记机关予以核准并发给船舶国籍证书。"

（3）船舶抵押权登记。该项许可由船籍港船舶登记机关实施。其设定依据包括以下2项条款。《中华人民共和国船舶登记条例》第20条第1款规定："对20总吨以上的船舶设定抵押权时，抵押权人和抵押人应当持下列文件到船籍港船舶登记机关申请办理船舶抵押权登记：（一）双方签字的书面申请书；（二）船舶所有权登记证书或者船舶建造合同；（三）船舶抵押合同。"《中华人民共和国船舶登记条例》第21条："对经审查符合本条例规定的，船籍港船舶登记机关应当自收到申请之日起7日内将有关抵押人、抵押权人和船舶抵押情况以及抵押登记日期载入船舶登记簿和船舶所有权登记证书，并向抵押权人核发船舶抵押权登记证书。"

（4）船舶变更登记。该项许可由船籍港船舶登记机关实施，设定依据为

《中华人民共和国船舶登记条例》第 35 条："船舶登记项目发生变更时，船舶所有人应当持船舶登记的有关证明文件和变更证明文件，到船籍港船舶登记机关办理变更登记。"

2. 船舶有关申请、申报核准项目

（1）国际航行船舶进出口岸审批

"船舶进出口许可，是针对中国籍国际航行船舶和外国籍船舶进出中华人民共和国港口行为而设立的。这是出于维护国家主权和卫生防疫等公共利益的需要而设立的许可制度。"[1]《中华人民共和国海上交通安全法》第 46 条第 1 款规定："国际航行船舶进出口岸，应当依法向海事管理机构申请许可并接受海事管理机构及其他口岸查验机构的监督检查。海事管理机构应当自受理申请之日起五个工作日内做出许可或者不予许可的决定。"第 2 款规定："外国籍船舶临时进入非对外开放水域，应当依照国务院关于船舶进出口岸的规定取得许可。"

（2）船舶载运危险货物审批等

该项许可由海事管理机构实施，设定依据为《中华人民共和国海上交通安全法》第 64 条第 1、第 2 款："船舶载运危险货物进出港口，应当符合下列条件，经海事管理机构许可，并向海事管理机构报告进出港口和停留的时间等事项：（一）所载运的危险货物符合海上安全运输要求；（二）船舶的装载符合所持有的证书、文书的要求；（三）拟靠泊或者进行危险货物装卸作业的港口、码头、泊位具备有关法律、行政法规规定的危险货物作业经营资质。海事管理机构应当自收到申请之时起二十四小时内做出许可或者不予许可的决定。"

3. 船舶油污损害民事责任保险证书或者财务保证证书核发

该项许可由船籍港的海事管理机构实施，设定依据为《防治船舶污染海洋环境管理条例》第 52 条："已依照本条例第五十一条的规定投保船舶油污损害民事责任保险或者取得财务担保的中国籍船舶，其所有人应当持船舶国籍证书、船舶油污损害民事责任保险合同或者财务担保证明，向船籍港的海事管理机构申请办理船舶油污损害民事责任保险证书或者财务保证证书。"

---

〔1〕 王秀芬：《试述水路交通行政许可》，《中国海商法年刊》1996 年第 7 卷，第 249 页。

4. 船员适任证书核发

该项许可由海事管理机构实施，设定依据为《中华人民共和国海上交通安全法》第13条第2款："中国籍船员应当依照有关船员管理的法律、行政法规的规定向海事管理机构申请取得船员适任证书，并取得健康证明。"

5. 船舶安全检验证书核发

该项许可由海事管理机构实施，设定依据为《中华人民共和国海上交通安全法》第11条："中国籍船舶所有人、经营人或者管理人应当建立并运行安全营运和防治船舶污染管理体系。海事管理机构经对前款规定的管理体系审核合格的，发给符合证明和相应的船舶安全管理证书。"

6. 大型设施、移动式平台、超限物体水上拖带审批

该项许可由海事管理机构、船舶检验机构实施，设定依据为《中华人民共和国海上交通安全法》第45条："船舶载运或者拖带超长、超高、超宽、半潜的船舶、海上设施或者其他物体航行，应当采取拖拽部位加强、护航等特殊的安全保障措施，在开航前向海事管理机构报告航行计划，并按有关规定显示信号、悬挂标志；拖带移动式平台、浮船坞等大型海上设施的，还应当依法交验船舶检验机构出具的拖航检验证书。"

三、铁路领域的交通行政许可

自2013年政企分开体制改革后，我国铁路运输领域放松规制，政府逐渐鼓励民间资本进入铁路领域，并大幅度缩减行政许可事项。从当前的实践情况来看，我国国家铁路局保留了若干项直接影响铁路运输安全的关键许可事项，主要依据是《铁路安全管理条例》《地名管理条例》等。具体而言，我国铁路领域的交通行政许可主要包括以下内容：[1]

1. 铁路运输基础设备生产企业审批

该项许可由国家铁路局实施，设定依据为《铁路安全管理条例》第22条："生产铁路道岔及其转辙设备、铁路信号控制软件和控制设备、铁路通信设备、铁路牵引供电设备的企业，应当符合下列条件并经国务院铁路行业监督管理部

---

〔1〕 参见国家铁路局信息公开"政府信息公开内容—主题分类—行政许可—事项清单"，网址：https：//www.nra.gov.cn/xxgk/gkml/，访问日期：2022年3月3日。

门依法审查批准：（一）有按照国家标准、行业标准检测、检验合格的专业生产设备；（二）有相应的专业技术人员；（三）有完善的产品质量保证体系和安全管理制度；（四）法律、行政法规规定的其他条件。"

2. 铁路机车车辆驾驶人员资格许可

该项许可由国家铁路局实施，设定依据为《铁路安全管理条例》第 57 条前段："铁路机车车辆的驾驶人员应当参加国务院铁路行业监督管理部门组织的考试，考试合格方可上岗。"

3. 铁路机车辆设计、制造、维修或进口许可

该项许可由国家铁路局实施，设定依据为《铁路安全管理条例》第 21 条第 1 款："设计、制造、维修或者进口新型铁路机车车辆，应当符合国家标准、行业标准，并分别向国务院铁路行业监督管理部门申请领取型号合格证、制造许可证、维修许可证或者进口许可证，具体办法由国务院铁路行业监督管理部门制定。"

4. 铁路车站和线路命名、更名审批

该项许可由国家铁路局实施，设定依据为《地名管理条例》第 12 条第 7 项："批准地名命名、更名应当遵循下列规定：（七）具有重要地理方位意义的交通运输、水利、电力、通信、气象等设施的命名、更名，应当根据情况征求所在地相关县级以上地方人民政府的意见，由有关主管部门批准。"

除了上述 4 项铁路行政许可外，还有 2 项较为特殊的铁路运输领域行政许可。

1. 铁路运输企业准入许可。

该许可在《国务院决定对确需保留的行政审批项目设定行政许可的目录》中被规定为"铁路运输企业设立、撤销、变更审批"，由国家铁路局实施。但我国现行有效的《中华人民共和国铁路法》或《铁路安全管理条例》均未涉及该项许可。值得注意的是，《铁路运输企业准入许可办法》第 2 条对该项许可的申请与实施做了较为详细的规定："在中华人民共和国境内依法登记注册的企业法人，从事铁路旅客、货物公共运输营业的，应当向国家铁路局提出申请，经审查合格取得铁路运输许可证。涉及地方铁路运营事项的，国家铁路局应当邀请申请企业所在省、自治区、直辖市人民政府有关部门参与审查。"但囿

于《中华人民共和国行政许可法》中对于许可设定立法依据的限制，[1]《铁路运输企业准入许可办法》作为部门规章无法成为该项许可的正式设定依据。

2. 铁路无线电台设置审批及电台频率的指配

该项许可原由国家铁路局实施，设定依据为 1993 年颁布的《中华人民共和国无线电管理条例》第 9 条第 3 项："国务院有关部门的无线电管理机构负责本系统的无线电管理工作，其主要职责是：……（三）根据国务院规定的部门职权和国家无线电管理机构的委托，审批本系统无线电台（站）的建设布局和台址，指配本系统无线电台（站）的频率、呼号，核发电台执照……"但 2016年修订的《中华人民共和国无线电管理条例》取消了该项许可。

四、民用航空领域的交通行政许可

我国民用航空领域的交通行政许可主要是指我国的民用航空总局、民用航空地区管理局和法律、法规授权实施民用航空行政许可的组织所实施行政许可，一般不包含民用航空行政机关对其直接管理的企业、事业单位的人事、财务、外事等事项的审批。[2]我国民用航空领域的交通行政许可措施法律依据主要为《中华人民共和国民用航空法》《中华人民共和国民用航空器国籍登记条例》《外国民用航空器飞行管理规则》《中华人民共和国民用航空安全保卫条例》《中华人民共和国民用航空器权利登记条例》等。根据这些法规范的具体规定，我国民用航空行政许可实施主体包括：中国民用航空局；民用航空地区管理局；受委托的其他行政机关；法律、法规授权的具有民用航空行业管理职能的组织；符合法定条件的专业技术组织。与此同时，实践中我国民用航空行政许可的实施主体还包括工业和信息化部、中国航空集团、中央军委装备发展部（原总装备部）、国有资产监督管理委员会、财政部、税务局、地方政府等机构和部门。[3]

随着社会的不断发展进步与民用航空产业发展需求的更新，我国民用航

---

[1] 《中华人民共和国行政许可法》第 14—17 条。

[2] 《民用航空行政许可工作规则》第 2 条第 1 款规定："中国民用航空总局（以下简称民航总局）、中国民用航空地区管理局（以下简称民航地区管理局）和法律、法规授权实施民用航空行政许可的组织（以下简称被授权组织）实施行政许可，应当遵守行政许可法和其他有关法律、法规和本规则的规定。"

[3] 尤春媛：《民用航空行政法律规制研究》，法律出版社 2018 年版，第 117 页。

空领域的行政许可事项也在逐年更新。当前，业内通常认可将我国民用航空领域划分为航空制造业、航空运输业和航空服务业三大领域，不同领域内都有各自的具体许可事项。[1]根据许可客体、许可对象、许可事项的性质、许可方式等不同性质，可以将我国目前民用航空领域的交通行政许可提炼为以下内容。

1. 民用航空器及相关产品的设计、生产、维修许可

该项许可由国务院民用航空主管部门实施，设定依据包括以下 2 项条款。《中华人民共和国民用航空法》第 34 条前段规定："设计民用航空器及其发动机、螺旋桨和民用航空器上设备，应当向国务院民用航空主管部门申请领取型号合格证书。"同法第 35 条前段规定："生产、维修民用航空器及其发动机、螺旋桨和民用航空器上设备，应当向国务院民用航空主管部门申请领取生产许可证书、维修许可证书。"

2. 民用航空器国籍登记

该项许可由国务院民用航空主管部门实施，设定依据为《中华人民共和国民用航空法》第 6 条第 1 款："经中华人民共和国国务院民用航空主管部门依法进行国籍登记的民用航空器，具有中华人民共和国国籍，由国务院民用航空主管部门发给国籍登记证书。"

3. 国内、国际航线经营许可

该项许可由国务院民用航空主管部门审批，设定依据为《中华人民共和国民用航空法》第 96 条第 1 款："公共航空运输企业申请经营定期航班运输（以下简称航班运输）的航线，暂停、终止经营航线，应当报经国务院民用航空主管部门批准。"

4. 民用机场使用许可[2]

该项许可由国务院民用航空主管部门实施。设定依据包括以下 2 项条款。《中华人民共和国民用航空法》第 62 条第 1 款前段规定："国务院民用航空主管部门规定的对公众开放的民用机场应当取得机场使用许可证，方可开放使

---

〔1〕　尤春媛：《民用航空行政法律规制研究》，法律出版社 2018 年版，第 108 页。

〔2〕　"民用机场使用许可是指民用航空局或者民航地区管理局颁发的准许机场开放使用的许可文件。"参见郭莉主编：《民用航空法概论》，航空工业出版社 2010 年版，第 82 页。

用。"《中华人民共和国民用航空法》第 63 条规定："民用机场使用许可证由机场管理机构向国务院民用航空主管部门申请，经国务院民用航空主管部门审查批准后颁发。"

为了进一步加强对机场的管理、保障机场安全正常运行，交通运输部于 2018 年颁布且于 2019 年、2022 年修正的《运输机场使用许可规定》对机场使用许可证的申请、审查与颁发以及许可证的变更与换发等内容做了更为详细的规定。

五、管道领域的交通行政许可

目前，我国管道领域的交通行政许可主要包括以下内容。

1. 新建管道防护方案审批

该项许可由管道所在地县级以上地方人民政府主管管道保护工作的部门实施，设定依据为《中华人民共和国石油天然气管道保护法》第 13 条第 2 款："新建管道通过的区域受地理条件限制，不能满足前款规定的管道保护要求的，管道企业应当提出防护方案，经管道保护方面的专家评审论证，并经管道所在地县级以上地方人民政府主管管道保护工作的部门批准后，方可建设。"

2. 在管道专用隧道中心线两侧各 1000 米地域范围内实施采石、爆破作业审批

该项许可由管道所在地县级人民政府主管管道保护工作的部门实施，设定依据为《中华人民共和国石油天然气管道保护法》第 33 条："在管道专用隧道中心线两侧各一千米地域范围内，除本条第二款规定的情形外，禁止采石、采矿、爆破。在前款规定的地域范围内，因修建铁路、公路、水利工程等公共工程，确需实施采石、爆破作业的，应当经管道所在地县级人民政府主管管道保护工作的部门批准，并采取必要的安全防护措施，方可实施。"

3. 穿跨越管道施工作业审批、在管道线路中心线两侧周边地域范围内施工作业审批

该项许可由管道所在地县级人民政府主管管道保护工作的部门实施，设定依据为《中华人民共和国石油天然气管道保护法》第 35 条第 1 款："进行下列施工作业，施工单位应当向管道所在地县级人民政府主管管道保护工作的部门

提出申请：（一）穿跨越管道的施工作业；（二）在管道线路中心线两侧各五米至五十米和本法第五十八条第一项所列管道附属设施周边一百米地域范围内，新建、改建、扩建铁路、公路、河渠，架设电力线路，埋设地下电缆、光缆，设置安全接地体、避雷接地体；（三）在管道线路中心线两侧各二百米和本法第五十八条第一项所列管道附属设施周边五百米地域范围内，进行爆破、地震法勘探或者工程挖掘、工程钻探、采矿。"

4. 在航道中修建管道防护设施审批

该项许可由航道主管部门实施，设定依据为《中华人民共和国石油天然气管道保护法》第 49 条第 1 款："管道与航道相遇，确需在航道中修建管道防护设施的，应当进行通航标准技术论证，并经航道主管部门批准。管道防护设施完工后，应经航道主管部门验收。"

六、城市轨道交通领域的交通行政许可

城市轨道交通，是指"城市中在不同形式轨道上运行的大、中运量城市公共交通工具，是当代城市中地铁、轻轨、单轨铁路、自动导向、短途磁悬浮等轨道交通的总称，是城市公共交通网络的重要组成部分之一。"[1]我国城市轨道交通领域行政许可主要包括以下两项内容：

1. 施工起重机械和整体提升脚手架、模板等自升式架设设施验收合格登记

该项许可由建设行政主管部门或者其他有关部门实施，设定依据为《建设工程安全生产管理条例》第 35 条第 3 款前段："施工单位应当自施工起重机械和整体提升脚手架、模板等自升式架设设施验收合格之日起 30 日内，向建设行政主管部门或者其他有关部门登记。"

2. 施工许可证

该项许可由建设行政主管部门实施，设定依据为《建设工程安全生产管理条例》第 42 条第 1 款："建设行政主管部门在审核发放施工许可证时，应当对建设工程是否有安全施工措施进行审查，对没有安全施工措施的，不得颁发施工许可证。"

---

[1] 成涛主编：《城市轨道交通运营服务损害赔偿法律制度研究》，法律出版社 2010 年版，第 1 页。

第三节 交通行政许可的发展与完善
——以公路水路领域为例

2016 年以来，国务院多次发文要求全国各地区、各部门简政放权、转变政府职能，其中的一项重要任务即抓紧做好取消和下放管理层级行政审批项目的落实和衔接工作。与此同时，自 2013 年以来，交通运输部也不断推出改革举措，经过系统清理并反复研究、论证，先后分 9 批取消和下放了涉及面广、涉及利益群体众多的 38 项行政审批事项（占总审批事项的 55%），取消全部非行政许可审批事项，取消 9 项中央指定地方实施审批事项。[1]下面以公路水路领域行政许可改革为例进行介绍。

一、公路领域的交通行政许可改革

（一）已取消的公路领域交通行政许可事项

1. 公路水运工程监理工程师资格

根据《国务院关于取消一批职业资格许可和认定事项的决定》（国发〔2016〕68 号）的规定，公路水运工程监理工程师资格原本由交通运输部审批，自 2016 年取消，纳入监理工程师职业资格统一实施。

2. 公路水运工程造价人员资格、道路运输经理人资格

根据《国务院关于取消一批职业资格许可和认定事项的决定》（国发〔2016〕5 号）的规定，公路水运工程造价人员资格、道路运输经理人资格原本由交通运输部实施，自 2016 年取消。

3. 机动车驾驶培训教练员从业资格证认定

根据《国务院关于第二批取消 152 项中央指定地方实施行政审批事项的决定》（国发〔2016〕9 号）的规定，机动车驾驶培训教练员从业资格证认定原由省级交通运输主管部门审批，自 2016 年取消。

---

〔1〕《中国公路》期刊编辑部：《交通运输"放管服"，做好"减法""加法"和"乘法"》，《中国公路》2017 年第 19 期，第 44—52 页。

4. 机动车维修技术人员从业资格证件颁发

根据《国务院关于第二批取消 152 项中央指定地方实施行政审批事项的决定》（国发〔2016〕9 号）的规定，机动车维修技术人员从业资格证件颁发原由设区的市级道路运输管理机构审批，自 2016 年取消。

5. 机动车安全技术检验机构检验资格许可

根据《国务院关于第三批取消中央指定地方实施行政许可事项的决定》（国发〔2017〕7 号）的规定，机动车安全技术检验机构检验资格许可原由省级质量技术监督部门审批，自 2017 年取消。取消审批后，质量技术监督部门要强化"为社会提供公证数据的产品质量检验机构计量认证"，对机动车安全技术检验机构严格把关，采用监督检查、能力验证、投诉处理、信息公开等多种方式，加强事中、事后监管。

6. 机动车维修经营许可

根据《国务院关于取消一批行政许可等事项的决定》（国发〔2018〕28 号）的规定，机动车维修经营许可原由县级道路运输管理机构审批，自 2018 年取消。

7. 外商投资道路运输业立项审批

根据《国务院关于取消一批行政许可等事项的决定》（国发〔2018〕28 号）的规定，外商投资道路运输业立项审批原由省级交通运输行政主管部门审批，自 2018 年取消。

8. 机动车维修经营许可

根据《国务院关于取消一批行政许可等事项的决定》（国发〔2018〕28 号）的规定，机动车维修经营许可原由县级道路运输管理机构，自 2018 年取消。

9. 外商投资道路运输业立项审批

根据《国务院关于取消一批行政许可等事项的决定》（国发〔2018〕28 号）的规定，外商投资道路运输业立项审批原由省级交通运输行政主管部门实施，自 2018 年取消。

10. 国际道路货物运输许可

根据《国务院关于取消和下放一批行政许可事项的决定》（国发〔2019〕6 号）的规定，国际道路货物运输许可原由省级交通运输部门审批，自 2019 年取消。

11. 道路货物运输站（场）经营许可

根据《国务院关于取消和下放一批行政许可事项的决定》（国发〔2019〕6号）的规定，道路货物运输站（场）经营许可原由县级交通运输部门审批，自2019年取消。

（二）已下放的公路领域交通行政许可事项

根据《国务院关于取消和下放一批行政许可事项的决定》（国发〔2019〕6号）的规定，省际、市际、毗邻县行政区域间道路旅客运输经营许可原由省、市级交通运输部门审批，自2019年起下放审批权限。下放后的审批部门为省际、市际（除毗邻县行政区域间外）道路旅客运输经营许可下放至设区的市级交通运输部门，毗邻县行政区域间道路旅客运输经营许可下放至县级交通运输部门（直辖市人民政府自行确定下放事项的审批层级）。

二、水路领域的交通行政许可改革

（一）已取消的水路领域交通行政许可事项

1. 潜水人员从业资格

根据《国务院关于取消一批职业资格许可和认定事项的决定》（国发〔2016〕5号）的规定，潜水人员从业资格原本由交通运输部审批，自2016年取消。

2. 国内航行船舶进出港签证

根据《国务院关于第二批取消152项中央指定地方实施行政审批事项的决定》（国发〔2016〕9号）的规定，国内航行船舶进出港签证原本由地方海事管理机构审批，自2016年取消。

3. 在渔港内的航道、港池、锚地和停泊区从事捕捞、养殖等生产活动审批

根据《国务院关于第三批取消中央指定地方实施行政许可事项的决定》（国发〔2017〕7号）的规定，在渔港内的航道、港池、锚地和停泊区从事捕捞、养殖等生产活动原由市、县级渔政渔港监督管理机关审批，自2017年取消。取消审批后，渔政渔港监督管理机关要严格执行"在渔港内的航道、港

池、锚地和停泊区，禁止从事有碍海上交通安全的捕捞、养殖等生产活动"的规定，加大执法监督力度，加强政策宣传，畅通举报渠道，加强日常巡查检查，严格查处违法违规行为。

4. 从事海船船员服务业务审批

根据《国务院关于取消一批行政许可事项的决定》（国发〔2017〕46 号）的规定，从事海船船员服务业务审批原本由交通运输部实施，自 2017 年取消。取消审批后，通过以下 2 项措施加强事中、事后监管：①该项审批内容纳入人力资源社会保障部门负责实施的"劳务派遣许可"中；②交通运输部门在日常监管中发现船员劳务派遣存在问题时，及时向人力资源社会保障部门反馈。

5. 船舶所有人、经营人或者管理人防治船舶及其有关作业活动污染海洋环境应急预案审批

根据《国务院关于取消一批行政许可事项的决定》（国发〔2017〕46 号）的规定，船舶所有人、经营人或者管理人防治船舶及其有关作业活动污染海洋环境应急预案审批原本由交通运输部实施，自 2017 年取消。取消审批后，交通运输部通过以下 3 项措施加强事中、事后监管：①制定预案编制标准和范本，供作业单位编制预案时参照；②改审批为备案，并要求所有相关作业单位都要制定应急预案；③交通运输部门在日常监管中发现应急预案制定和执行中存在问题的，依法予以处罚并纠正。

6. 船舶污染物接收单位从事船舶垃圾、残油、含油污水、含有毒有害物质污水接收作业审批

根据《国务院关于取消一批行政许可事项的决定》（国发〔2017〕46 号）的规定，船舶污染物接收单位从事船舶垃圾、残油、含油污水、含有毒有害物质污水接收作业审批原本由交通运输部实施，自 2017 年取消。取消审批后，交通运输部通过以下 4 项措施加强事中、事后监管：①取消该项审批后，改为每次作业活动事前报告制度；②在每次作业活动时，通过现场监管，可以更直接、更有效地确保相关作业符合要求；③进一步完善相关作业标准，严格按照标准实施监管，对不按标准作业的企业加大处罚力度；④海事部门通过登船检查，以及巡逻船舶、飞机和卫星遥感等联合监管手段，及时发现和处置未经报告的违规作业行为。

7. 经营国际船舶管理业务许可（中资）

根据《国务院关于取消一批行政许可事项的决定》（国发〔2017〕46 号）的规定，经营国际船舶管理业务许可（中资）原由省级交通运输主管部门实施，自 2017 年取消。取消审批后，交通运输主管部门要通过以下 2 项措施加强事中事后监管：①督促国际船舶管理企业按照相关标准和安全管理规范开展业务；②健全有奖举报和舆情监测制度，加快完善举报激励机制，调动公众监督积极性，对举报反映的问题，海事管理机构要认真核实并依法处理。

8. 船舶进出渔港签证

根据《国务院关于取消一批行政许可等事项的决定》（国发〔2018〕28 号）的规定，船舶进出渔港签证原由县级渔业行政主管部门实施，自 2018 年取消。取消审批后，改为报告制度。农业农村部要督促地方渔业行政主管部门通过以下 3 项措施加强事中、事后监管：①明确进出港报告的内容，加强渔船管理，简化船舶进出港手续；②通过信息系统或渔船身份识别系统掌握进出渔港船舶的状况；③加强重点时段、重点渔船的管理，伏季休渔期保证休渔地区渔船回船籍港休渔，大力整治涉渔"三无"船舶。

9. 国际集装箱船、普通货船运输业务审批

根据《国务院关于取消和下放一批行政许可事项的决定》（国发〔2019〕6 号）的规定，国际集装箱船、普通货船运输业务原本由交通运输部审批，自 2019 年取消。取消审批后，交通运输部要通过以下 3 项措施加强事中、事后监管：①建立国际普通货船运输业务的备案和信用管理制度，要求有关企业主动备案，建立企业信用档案并向全社会公开信用记录，对失信企业实行联合惩戒；②优化对国际班轮运输集装箱业务的审批服务，加强事中、事后监管；③支持行业协会发挥自律作用，维护市场经营秩序。

10. 从事内地与港澳间集装箱船、普通货船运输业务许可

根据《国务院关于取消和下放一批行政许可事项的决定》（国发〔2019〕6 号）的规定，从事内地与港澳间集装箱船、普通货船运输业务许可原本由交通运输部实施，自 2019 年取消。取消审批后，改为备案。交通运输部要会同有关部门通过以下措施加强事中、事后监管：①建立内地与港澳间集装箱船、普通货船运输业务的备案和信用管理制度，要求有关企业向省级交通运输部门办理备案，建立企业信用档案并向全社会公开企业信用记录，对失信企业实行联合惩戒；②交通运输部归集内地与港澳间航运船舶信息，并根据需要向海关总署提供，海关加强后续监管；③支持行业协会发挥自律作用，维护市场经营秩序。

11. 无船承运业务审批

根据《国务院关于取消和下放一批行政许可事项的决定》（国发〔2019〕6号）的规定，无船承运业务审批原本由交通运输部实施，自 2019 年取消。取消审批后，改为备案。交通运输部要通过以下 3 项措施加强事中、事后监管：①建立无船承运人的备案和信用管理制度，及时向全社会公开信用记录，建立失信企业联合惩戒机制；②通过"双随机、一公开"监管等方式，加强对无船承运市场的监管；③支持行业协会发挥自律作用，维护市场经营秩序。

12. 国际船舶保安证书核发

根据《国务院关于取消和下放一批行政许可事项的决定》（国发〔2019〕6号）的规定，国际船舶保安证书核发原本是由交通运输部实施，自 2019 年取消。取消审批后，由第三方船舶检验机构签发国际船舶保安证书。交通运输部要通过以下 2 项措施优化服务、加强事中、事后监管：①指导和监督第三方船舶检验机构完善工作流程、提高服务水平，优化对国际船舶保安计划的技术审核和证书签发工作；②交通运输部门对船舶进行安全检查时，加强对船舶保安体系执行情况和船舶保安证书有效性的监督检查。

13. 船员服务簿签发

根据《国务院关于取消和下放一批行政许可事项的决定》（国发〔2019〕6号）的规定，船员服务簿签发原本由交通运输部及省、市、县级交通运输部门实施，自 2019 年取消。取消审批后，对通过船员适任证书核发审查的船员直接发放船员服务簿。交通运输部要通过以下 2 项措施优化服务，加强事中、事后监管：①将厨师、服务员等不参加航行值班的船员纳入船员适任证书核发申请人员范围，并优化服务，方便船员办事；②新的船员服务簿作为船员个人持有的法定文书，主要承载船员档案功能，记录船员履职情况。

14. 通航建筑物设计文件和施工方案审批

根据《国务院关于取消和下放一批行政许可事项的决定》（国发〔2020〕13号）的规定，通航建筑物设计文件和施工方案审批原由省级交通运输部门或航道管理机构实施，自 2020 年取消。取消许可后，交通运输部门、航道管理机构要通过以下 3 项措施加强监管：①要求通航建筑物建设单位完成通航建筑物设计后报请有关交通运输部门办理"水运工程建设项目设计文件审批";②加强对水运工程建设市场的监管,督促建设单位严格落实经审批同意的水运工程建设项目设计文件,发现违法违规行为要依法查处并向社会公开结果;③依法实施信用监管,如实记录违法失信行为,实施差异化监管等措施。

(二)已下放的水路领域交通行政许可事项

1. 从事内地与港澳间客船(含客滚船、客货船等)、散装液体危险品船运输业务许可

根据《国务院关于取消和下放一批行政许可事项的决定》(国发〔2019〕6号)的规定,从事内地与港澳间客船(含客滚船、客货船等)、散装液体危险品船运输业务许可原本由交通运输部实施,自2019年下放审批权限。下放后由省级交通运输部门审批。下放后,交通运输部门要会同有关部门通过以下4项措施加强事中、事后监管:①完善内地与港澳间海上运输管理制度,明确省级交通运输部门的管理职责和要求;②通过"双随机、一公开"监管,加强执法监督,依法处罚违法行为;③加强信用监管,向全社会公开企业失信记录,并实行联合惩戒;④交通运输部对省级交通运输部门履职情况开展监督检查,及时纠正问题;⑤交通运输部归集内地与港澳间航运船舶信息,并根据需要向海关总署提供,海关加强后续监管。

2. 港口设施保安证书核发

根据《国务院关于取消和下放一批行政许可事项的决定》(国发〔2019〕6号)的规定,港口设施保安证书核发原本由交通运输部审批,自2019年下放审批权限。下放后由省级交通运输(港口)部门审批。下放后,交通运输(港口)部门要通过以下3项措施加强事中、事后监管:①完善港口设施保安规则和相关标准,统一规范港口设施保安工作,优化审批服务;②依托有关信息系统,实现港口设施保安管理信息报送和共享,加强对港口设施保安工作的监管;③交通运输部要制定并实施年度监督检查计划,对省级交通运输(港口)部门履职情况进行监督检查。

第四章

交通行政处罚

交通行政处罚是行政处罚的一种，交通行政处罚活动要依照《中华人民共和国行政处罚法》的规定进行。本章主要阐述交通行政处罚的概念、种类、实施主体、程序和非现场执法等内容。

第一节　交通行政处罚的概念

根据《中华人民共和国行政处罚法》第 2 条对行政处罚的定义，交通行政处罚是指交通行政机关依法对违反交通行政管理秩序的公民、法人或者其他组织，以减损权益或者增加义务的方式予以惩戒的行为。它主要包括以下 4 个方面内容。

一、交通行政处罚的主体是交通行政机关

交通行政处罚是交通行政机关的行为，与环境行政处罚等其他行政处罚不同。所谓交通行政机关，如前所述，主要指为实现交通行政目的而依法设置的，依法行使交通行政权，组织和管理国家交通行政事务的国家机关。我国的交通行政机关主要包括交通运输部以及县级以上人民政府的交通行政主管部门、国家铁路局、中国民用航空局等。

此外，公安机关、能源主管部门等其他行政机关也可以依照《中华人民共和国道路交通安全法》《中华人民共和国石油天然气管道保护法》《铁路安全管理条例》《中华人民共和国航空安全保卫条例》等法律法规行使涉及交通行政

管理的行政处罚权。法律、法规授权的具有管理公共事务职能的组织可以在法定授权范围内实施交通行政处罚。

二、交通行政处罚针对的是违反交通行政管理秩序的行为

交通行政处罚的实施以交通行政相对人违反相关行政法规范为前提。若行政相对人没有违反相关交通行政法规范，则交通行政机关不得实施交通行政处罚。它具有 3 层含义：其一，交通行政处罚的法规范依据是有关交通行政管理方面的法规范，对违反民事法律规范和刑事法律规范的违法行为，交通行政机关无权实施交通行政处罚。其二，交通行政处罚所适用的法规范依据表现为法律、法规、规章。其三，交通行政处罚所制裁的是违反交通行政管理秩序行为。"违反行政管理秩序的行为"，一般是指客观方面须有违反行政法规范的行为存在，"违反行政法上义务"可以解释为构成"违反行政管理秩序的行为"。[1]行政法上的义务是一种法定义务，包括法律、法规、规章所确定的义务。行政法上的义务包括作为和不作为两种形式，对应行政法上义务的形态，违反行政法义务的行为既可能以作为的形式出现，也可能以不作为的形式出现。例如，《铁路安全管理条例》第 49 条规定："履带车辆等可能损坏铁路设施设备的车辆、物体通过铁路道口，应当提前通知铁路道口管理单位，在其协助、指导下通过，并采取相应的安全防护措施。"违反该条规定的，即是以不作为的形式违反了行政法义务，将受到行政处罚。[2]再比如，《铁路安全管理条例》第 51 条规定："禁止毁坏铁路线路、站台等设施设备和铁路路基、护坡、排水沟、防护林木、护坡草坪、铁路线路封闭网及其他铁路防护设施。"违反该条规定的，即为以作为的形式违反了行政法义务，将受到行政处罚。[3]

需要提及的是，关于如何确定"违反交通行政管理秩序的行为"，不同交通行政法规范所针对的交通违法情形及所维护的公共利益不同。例如，在海上货物运输中，一些生产小型危险品化工厂惯常使用"双层包装"，即里层包装

---

[1] 章剑生：《现代行政法总论（第 2 版）》，法律出版社 2019 年版，第 169 页。

[2] 《铁路安全管理条例》第 94 条规定："违反本条例第四十八条、第四十九条关于铁路道口安全管理的规定的，由铁路监督管理机构责令改正，处 1000 元以上 5000 元以下的罚款。"

[3] 《铁路安全管理条例》第 95 条规定："违反本条例第五十一条、第五十二条、第五十三条、第七十七条规定的，由公安机关责令改正，对单位处 1 万元以上 5 万元以下的罚款，对个人处500 元以上 2000 元以下的罚款。"

按危险品实际情况进行标注，而表面包装为普通货物，以此逃避危险品监管，待货物到达目的港后，再撕掉表面包装进行销售，赚取非法收入。这种行为究竟是违反了普通货物运输管理规范还是危险货物运输管理规范？

在天津至臻化工科技发展有限公司诉中华人民共和国北疆海事局、中华人民共和国天津海事局行政处罚案〔1〕中，原告至臻公司提出本案存在"同案不同罚"的问题："我国其他地区海事行政主管机关就类似行为依据《防治船舶污染海洋环境管理条例》第22条、第26条、第64条以及《中华人民共和国船舶及其有关作业活动污染海洋环境防治管理规定》第24条做出的处罚较轻，而案涉行政处罚系依据《危险化学品安全管理条例》第87条第1款第4项的规定做出，处罚较重。天津海事法院一审认为，行政处罚决定适用法律、法规是否正确，要看行政处罚对象是否符合所适用法律规范规定的法律要件，不同法律规范所针对的违法行为情形以及所维护的公共利益均不同。案涉《危险化学品安全管理条例》的制定、实施是为了加强危险化学品的安全管理，预防和减少危险化学品事故，保障人民群众生命财产安全和保护环境，适用于危险化学品生产、存储、使用、经营和运输的安全管理。且该条例相关条款明确规定了本案所涉托运人将危险化学品匿报或者谎报为普通货物托运的违法情形。一审驳回至臻公司的诉讼请求。""天津市高级人民法院二审认为，行政法规基于不同的立法目的调整各个行政管理领域内不同的行政法律关系，行政机关作为被授权的行政主体，在其裁量权范围内加强天津港危险化学品的监督力度，适用《危险化学品安全管理条例》做出行政处罚决定并无不当。"

"违反交通行政管理秩序的行为"还可能表现为危害或者威胁了运输安全。例如，在国际民用航空活动中，由于航空器飞行在一个高空高压的环境中，任何一丝微小的干扰都可能造成严重的后果，从而危及旅客的生命安全，因此，不论是危害了航空安全，还是威胁了航空安全，都应当受到法律的惩处。〔2〕

---

〔1〕　天津海事法院行政判决书（2018）津72行初2号、天津市高级人民法院行政判决书（2019）津行终30号，参见《2019年全国海事审判典型案例》，《人民法院报》2020年9月8日第3版案例11。

〔2〕　袁发强、施天翊：《中国航空旅客不轨行为法律规制探究》，《北京航空航天大学学报（社会科学版）》2016年第1期，第30页。

三、交通行政处罚的当事人是公民、法人或者其他组织

作为交通运输市场的主体，交通运输企业提供的交通运输服务直接关系着人民的生命财产安全，而交通运输活动的安全性又与铁路、道路、港口、桥梁、机场等建设工程质量安全、设备设施安全紧密相关。因此，交通行政相对人的范围十分广泛，既包括建设单位和建设勘察、设计、施工、监理单位以及建筑师、结构工程师、建造师、监理工程师等注册执业人员，也包括交通运输企业及其相关从业人员，还包括从事交通设施设备生产、使用、维修、养护的企业及相关从业人员，以及乘客、旅客、托运人和其他人员，等等。上述企业、单位和个人，若实施了违反交通行政管理秩序的行为，且被立法明文列为行政处罚对象的，即为交通行政处罚的当事人。

应注意的是，这里的"当事人"也可能是行政机关。例如，《铁路安全管理条例》第44条规定："铁路线路安全保护区内的道路和铁路线路路堑上的道路、跨越铁路线路的道路桥梁，应当按照国家有关规定设置防止车辆以及其他物体进入、坠入铁路线路的安全防护设施和警示标志，并由道路管理部门或者道路经营企业维护、管理。"《违反〈铁路安全管理条例〉行政处罚实施办法》第29条规定："违反《条例》第四十四条规定，铁路线路安全保护区内的道路和铁路线路路堑上的道路、跨越铁路线路的道路桥梁，未按照国家有关规定和标准设置、维护、管理防止车辆以及其他物体进入、坠入铁路线路的安全防护设施和警示标志的，由地区铁路监督管理局依照《条例》第八十七条规定责令改正，视情节处以相应罚款：（一）违法情节较轻的，处2万元以上5万元以下的罚款；（二）违法情节较重的，处5万元以上7万元以下的罚款；（三）违法情节严重的，处7万元以上10万元以下的罚款。"可见，道路管理部门违反《铁路安全管理条例》第44条规定的，将受到行政处罚。另外，交通行政处罚的对象常常适用"双罚制"，既处罚企业或者单位，又处罚有关责任人员。

交通行政处罚的当事人也可能是外国人、外国组织或无国籍人。例如，根据我国《外国公共航空运输承运人运行合格审定规则》第129.71条规定："外国公共航空运输承运人未按照本规则第129.7条（a）款取得运行规范或者未按照本规则第129.9条（a）款获得批准即从事本规则第129.3条规定的运行活动的，由民航地区管理局责令其停止上述运行活动，处三万元以下的罚款；情

节严重的，按有关法律法规给予相应的处罚。"根据上述规定，行政处罚的当事人是外国公共航空运输承运人。

四、交通行政处罚具有制裁性

"行政处罚是行政主体针对违反行政管理秩序的行为人所实施的法律制裁，具有很强的制裁性。制裁性是行政处罚所有法律特征中最为关键的特征，是行政处罚的核心要义。"[1]交通行政处罚的制裁性特征使它与交通行政强制区别开来。例如，《铁路安全管理条例》第 92 条规定："铁路运输企业、道路管理部门或者道路经营企业未履行铁路、道路两用桥检查、维护职责的，由铁路监督管理机构或者上级道路管理部门责令改正；拒不改正的，由铁路监督管理机构或者上级道路管理部门指定其他单位进行养护和维修，养护和维修费用由拒不履行义务的铁路运输企业、道路管理部门或者道路经营企业承担。"这里的费用是指养护和维修的代履行费用，不具有减损权利或者增加义务的特征，不具有制裁性，不是行政处罚。

交通行政处罚是为了有效实施交通行政管理，保障交通运输和交通安全秩序，维护公共利益，保护公民、法人或者其他组织的合法权益。

第二节　交通行政处罚的种类

交通行政处罚的种类是指交通行政处罚外在的具体表现形式。划分行政处罚的种类是设定和实施行政处罚的前提条件。1996 年颁布的《中华人民共和国行政处罚法》第 8 条规定了警告、罚款、没收违法所得、没收非法财物、责令停产停业、暂扣或者吊销许可证、暂扣或者吊销执照和行政拘留等行政处罚种类，2021 年修订的《中华人民共和国行政处罚法》第 9 条增补了一些处罚形式，如通报批评、降低资质等级、限制经营、限制从业、责令关闭等。总体而言，交通行政处罚的种类与其他部门行政法领域的行政处罚种类基本相似，主

---

[1] 胡建淼：《论"行政处罚"概念的法律定位——兼评〈行政处罚法〉关于"行政处罚"的定义》，《中外法学》2021 年第 4 期，第 935 页。

要包括以下 7 种。

一、警告

警告是申诚罚、声誉罚的一种形式，是指"行政主体对较轻的违法行为人予以谴责和告诫的处罚形式。警告的目的在于通过对违法行为人予以精神上的惩戒，申明其有违法行为，以使其不再违法"。[1]

警告是极为普遍的一种交通行政处罚种类，也是在规章层级可以在上位法没有设定的情况下设定的行政处罚，适用于交通行政管理的各个领域。需要注意的是，与日常生活中的口头警告不同，作为法定的交通行政处罚的警告是指书面警告，是以书面形式做出决定并予以送达的形式。因此，在警告的行政处罚决定书中同样也要有行政处罚的事实、理由、法律依据，并告知行政相对人法律救济途径。[2]例如，《中华人民共和国民用航空法》第 209 条规定，违反本法第 80 条的规定，民用航空器在飞行中投掷物品的，由国务院民用航空主管部门给予警告，可以对直接责任人员处以 2000 元以上 20 000 元以下的罚款。

二、通报批评

"通报批评是行政机关将对违法者的批评以书面形式公之于众，指出其违法行为，予以公开谴责和告诫，以避免其再犯的处罚形式。通报批评既有对违法者的惩戒和教育作用，也有一般社会预防作用。"[3]与警告相比，通报批评多了一个通知所在工作单位或者在一定范围内进一步公示的环节。[4]

2021 年修订后的《中华人民共和国行政处罚法》第 9 条第 1 项新增了"通报批评"的处罚种类，而在此次《中华人民共和国行政处罚法》修订之前，一些交通法规已对这种处罚形式做出了规定，如《中华人民共和国船舶和海上设施检验条例》第 27 条前段规定，伪造船舶检验证书或者擅自更改船舶载重线

---

〔1〕 姜明安主编：《行政法与行政诉讼法（第七版）》，北京大学出版社、高等教育出版社 2019 年版，第 266 页。

〔2〕 杨伟东主编：《中华人民共和国行政处罚法理解与适用》，中国法制出版社 2021 年版，第 35—36 页。

〔3〕 姜明安主编：《行政法与行政诉讼法（第七版）》，北京大学出版社、高等教育出版社 2019 年版，第 267 页。

〔4〕 杨伟东主编：《中华人民共和国行政处罚法理解与适用》，中国法制出版社 2021 年版，第36页。

的，由有关行政主管机关给予通报批评，并可以处以相当于相应的检验费 1 倍至 5 倍的罚款。

三、罚款

"罚款是指有行政处罚权的行政主体依法强制违反行政法律规范的行为人在一定期限内向国家缴纳一定数额的金钱的处罚方式。"[1]罚款的金额可以表现为"数值式"和"倍率式"2 种形式，数值式罚款是以金钱数额明确规定罚款的上下限或者上限，倍率式罚款是以某一基准的特定倍数作为罚款的上下限或上限。[2]行政处罚机关只能在法定幅度内决定罚款数额，不能有任何超越。

罚款是最常见的交通行政处罚方式，是实施有效交通行政管理的保证。例如，《中华人民共和国民用航空法》《铁路安全管理条例》等均将罚款作为主要的行政处罚方式。

四、没收

没收是指有处罚权的行政主体依法将违法行为人的违法所得和非法财物收归国有的处罚形式。[3]因此，在学理上，没收是没收违法所得和没收非法财物这 2 种行政处罚的统称。没收是一种较为严厉的财产罚，其执行领域具有一定程度的限定性。只有对那些谋取非法收入而违反法律、法规的公民、法人或者其他组织才可以实行这种财产罚。[4]

没收违法所得在交通行政法律中较为常见。例如，《中华人民共和国民用航空法》有 4 个条文设定的行政处罚种类中包含了没收违法所得，用来制裁以下违法行为：①公共航空运输企业违反本法第 101 条的规定运输危险品的；公共航空运输企业有违反本法第 101 条的规定运输危险品的行为，导致发生重大事故的；②违反本法第 37 条的规定，民用航空器无适航证书而飞行，或者租用

[1] 姜明安主编：《行政法与行政诉讼法（第七版）》，北京大学出版社、高等教育出版社 2019 年版，第 265 页。
[2] 谭冰霖：《环境行政处罚规制功能之补强》，《法学研究》2018 年第 4 期，第 153 页。
[3] 姜明安主编：《行政法与行政诉讼法（第七版）》，北京大学出版社、高等教育出版社 2019 年版，第 265 页。
[4] 关保英：《行政处罚法新论》，中国政法大学出版社 2007 年版，第 51—52 页。

的外国民用航空器未经国务院民用航空主管部门对其原国籍登记国发给的适航证书审查认可或者另发适航证书而飞行的;适航证书失效或者超过适航证书规定范围飞行的;③违反本法第 34 条、第 36 条第 2 款的规定,将未取得型号合格证书、型号认可证书的民用航空器及其发动机、螺旋桨或者民用航空器上的设备投入生产的;④违反本法第 62 条的规定,未取得机场使用许可证而开放使用民用机场的。[1]

没收非法财物,是指交通行政机关将违法行为人非法占有的财物收归国有的处罚形式。非法财物通常包括从事违法活动的物品、违法工具、用具、违禁品等。例如,《中华人民共和国海上交通安全法》第 95 条后段规定,对船舶持有的伪造、变造证书、文书,予以没收;对存在严重安全隐患的船舶,可以依法予以没收。这里的"没收"属于没收非法财物。

应提及的是,在行政法学界,没收是否可以算作行政处罚,学者们之间有不同的观点。有的学者认为,没收不能算作行政处罚,主要原因在于,当事人对这些违法所得或者非法财物不具有合法的所有权,与我们通常所说的通过对合法权利的限制或剥夺的制裁有着根本不同。[2]

五、暂扣许可证件、降低资质等级、吊销许可证件

暂扣许可证件,是对违法行为人所拥有的资质的限制,一般附有期限或者条件。资质等级是企业在行业内专业水准、质量、信誉等的综合评价。降低资质等级就是限制了企业的经营范围,对企业来说其效果仅次于许可证件的吊销。吊销许可证件意味着剥夺违法者从事某项活动的权利或者资格,是相对来说非常严厉的处罚。这里的"证件"包括许可证、执照或者其他许可证书,资格证、资质证或者其他合格证书,行政机关的批准文件或者证明文件,以及法律法规规定的其他行政许可证件。[3]

行政许可是交通行政管理的重要手段。对于交通行政许可领域的违法行为,

---

〔1〕《中华人民共和国民用航空法》第 194 条、第 201 条、第 202 条、第 210 条。

〔2〕例如,余凌云:《行政法讲义(第三版)》,清华大学出版社 2019 年版,第 370 页;王青斌:《行政法中的没收违法所得》,《法学评论》2019 年第 6 期,第 160 页。

〔3〕杨伟东主编:《中华人民共和国行政处罚法理解与适用》,中国法制出版社 2021 年版,第 38—39 页。

这一类行政处罚是比较常用的手段。例如,《铁路建设工程质量监督管理规定》第65条规定:"施工单位在施工中偷工减料的,或者使用不合格的建筑材料、建筑构配件和设备的,或者不按照施工图设计文件或者施工技术标准施工的,由地区铁路监督管理局依照《建设工程质量管理条例》第六十四条规定,责令改正,按以下标准予以罚款;情节严重的,建议责令停业整顿、降低资质等级或者吊销资质证书:(一)未造成铁路建设工程质量事故的,处工程合同价款2%的罚款;(二)造成铁路建设工程质量一般事故的,处工程合同价款2%以上3%以下的罚款;(三)造成铁路建设工程质量较大及以上等级事故的,处工程合同价款3%以上4%以下的罚款。"《中华人民共和国海上交通安全法》第110条规定:"船舶、海上设施遇险或者发生海上交通事故后未履行报告义务,或者存在瞒报、谎报情形的,由海事管理机构对违法船舶、海上设施的所有人、经营人或者管理人处三千元以上三万元以下的罚款,对船长、责任船员处二千元以上二万元以下的罚款,暂扣船员适任证书六个月至二十四个月;情节严重的,对违法船舶、海上设施的所有人、经营人或者管理人处一万元以上十万元以下的罚款,吊销船长、责任船员的船员适任证书。"上述法规范中的"降低资质等级、暂扣船员适任证书、吊销船长、责任船员的船员适任证书"即属于这一类行政处罚的具体表现形式。

六、限制开展生产经营活动、责令停产停业、限制从业

"这一类行政处罚属于行为罚,是对被处罚人的民事活动予以限制或者禁止的、比较严厉的行政处罚。"[1]

限制开展生产经营活动是对生产经营活动的类型和范围予以限制。例如,限制参加招投标和政府采购、限制参与基础设施和公用事业特许经营等。[2]

责令停产停业是对违反行政法规范的公民、法人或其他组织责令其停止生产、停止经营的一种处罚形式。"责令停产停业不是直接限制或者剥夺违法者的财产权,而是责令违法者暂时停止其所从事的生产经营活动,一旦违法者在一定期限内及时纠正了违法行为,按期履行了法定义务,仍可继续从事曾被停

---

〔1〕 杨伟东主编:《中华人民共和国行政处罚法理解与适用》,中国法制出版社2021年版,第41页。
〔2〕 杨伟东主编:《中华人民共和国行政处罚法理解与适用》,中国法制出版社2021年版,第41页。

止的生产经营活动，无须重新申请领取有关许可证和执照。"〔1〕例如，《中华人民共和国民用航空法》第 203 条规定："违反本法第三十五条的规定，未取得生产许可证书、维修许可证书而从事生产、维修活动的，违反本法第九十二条、第一百四十七条第二款的规定，未取得公共航空运输经营许可证或者通用航空经营许可证而从事公共航空运输或者从事经营性通用航空的，国务院民用航空主管部门可以责令停止生产、维修或者经营活动。"同法第 210 条规定："违反本法第六十二条的规定，未取得机场使用许可证开放使用民用机场的，由国务院民用航空主管部门责令停止开放使用；没收违法所得，可以并处违法所得一倍以下的罚款。"上述法律规范中的"责令停止生产、维修或者经营活动""责令停止开放使用"即属于责令停产停业的具体表现形式。

限制从业，是 2021 年修订后的《中华人民共和国行政处罚法》第 9 条新增的处罚种类，是指行政机关依法对违反行政法规范的公民个人在一定时期内限制其从事一定职业的行政处罚。这种处罚形式在交通运输领域应用较为广泛。交通运输系统是一个在时间、空间上分布很广的、开放的动态系统，交通运输安全影响因素错综复杂，涉及面很广。从系统论的观点出发，与运输安全有关的因素可以划分为 4 类：人、机器、环境和管理。〔2〕其中，人为因素是导致各类交通事故的主要原因之一。而从狭义上来说，人为因素主要指交通运输操作人员，如驾驶员、船员、飞行员等。因此，一些交通行政法规范规定了限制从业的处罚措施以防该违法行为人继续从事危害社会的行为。例如，《中华人民共和国海上交通安全法》第 111 条规定："船舶发生海上交通事故后逃逸的，由海事管理机构对违法船舶的所有人、经营人或者管理人处十万元以上五十万元以下的罚款，对船长、责任船员处五千元以上五万元以下的罚款并吊销船员适任证书，受处罚者终身不得重新申请。"《中华人民共和国民用航空法》第 205 条规定："违反本法第四十条的规定，未取得航空人员执照、体格检查合格证书而从事相应的民用航空活动的，由国务院民用航空主管部门责令停止民用航空活动，在国务院民用航空主管部门规定的限期内不得申领有关执照和证书，对其所在单位处以二十万元以下的罚款。"上述法律条文中的"终身不得重新

〔1〕 姜明安主编：《行政法与行政诉讼法（第七版）》，北京大学出版社、高等教育出版社 2019 年版，第 266 页。
〔2〕 顾正洪主编：《交通运输安全（第 2 版）》，东南大学出版社 2016 年版，第 15 页。

申请""规定的限期内不得申领有关执照和证书"均属于限制从业罚。

值得探讨的是，近年来，在交通行政实践中被普遍采用的失信惩戒措施与行政处罚的关系问题。在《中华人民共和国行政处罚法》修订的过程中，"以'黑名单'为载体的社会信用管理、失信联合惩戒是社会各方反映最强烈的问题之一。"从2021年修订的《中华人民共和国行政处罚法》条文来看，对信用管理问题明确做出了回应，如"列入信用名单本身不作为行政处罚予以规定，""将失信联合惩戒措施中对公民、法人或其他组织权益影响最大的一些行为规定为行政处罚。"[1]但也有学者指出，2021年修订的《中华人民共和国行政处罚法》虽然增加了通报批评、降低资质等级、限制开展生产经营活动等类型的行政处罚，但却没有明确行政处罚与失信惩戒的关系。[2]例如，有学者指出，当某一违法行为既可能被处以限制从业的行政处罚，又可能因为构成严重失信而基于同一规范基础受到相同性质的失信惩戒时，应当如何处理？再如，相对人因为违反行政管理秩序而被认定为失信，受到市场禁入等类型的惩戒时，这些惩戒是否都属于行政处罚，从而需要适用行政处罚的规则？这些问题尚无明确答案。对此，学者提出了明晰行政处罚与失信惩戒关系的建议：①二者是彼此独立但又紧密联系的两个制裁系统，应坚持在功能上相互补充、在程序上良好对接的原则；②对实践中的行政制裁措施准确定性，将符合行政处罚定义和特征的制裁措施纳入行政处罚法的调整范围，要求其设定和实施必须符合行政处罚法的规定，防止以失信惩戒之名规避行政处罚法的约束；③对于不属于行政处罚的失信惩戒措施，可参照行政处罚的设定要求，在设定权上进行分层分类的限制，同时需要视其对当事人权利义务的影响，判断是否属于行政决定，从而提供行政复议和行政诉讼的救济。[3]

七、行政拘留

行政拘留属于人身罚。人身罚，亦称自由罚，是指限制或者剥夺违法者人

---

[1]　杨伟东主编：《中华人民共和国行政处罚法理解与适用》，中国法制出版社2021年版，第33—35页。

[2]　张晓莹：《行政处罚的理论发展与实践进步——〈行政处罚法〉修改要点评析》，《经贸法律评论》2021年第3期，第6页。

[3]　孔祥稳：《作为新型监管机制的信用监管：效能提升与合法性控制》，《中共中央党校（国家行政学院）学报》2022年第1期，第146—149页。

身自由的行政处罚。[1]行政拘留是一种对公民的专项处罚，因涉及公民的基本人身权利，依照法律规定，只能由公安机关依照法律规定行使。

例如，《中华人民共和国治安管理处罚法》第 23 条第 1 款第 2、第 3、第 4 项规定："有下列行为之一的，处警告或者二百元以下罚款；情节较重的，处五日以上十日以下拘留，可以并处五百元以下罚款：……（二）扰乱车站、港口、码头、机场、商场、公园、展览馆或者其他公共场所秩序的；（三）扰乱公共汽车、电车、火车、船舶、航空器或者其他公共交通工具上的秩序的；（四）非法拦截或者强登、扒乘机动车、船舶、航空器以及其他交通工具，影响交通工具正常行驶的；……"

第三节　交通行政处罚的实施主体

行政处罚由具有行政处罚权的行政机关在法定职权范围内实施，[2]根据交通行政法律法规规章，交通行政处罚的实施主体主要包括以下 4 种情形：

一、交通行政机关

在我国，依法享有行政处罚权的交通行政机关主要包括交通运输部及县级以上地方人民政府的交通运输行政主管部门、国家铁路局及其设立的地区铁路监督管理局、中国民用航空局及民用航空地区管理局，等等。例如，《民用航空行政处罚实施办法》第 7 条第 1 款规定，民航局、民航地区管理局依照法律、行政法规、规章的规定，以自己的名义独立行使相应的行政处罚权。

除了以上交通行政机关以外，交通行政处罚权还可以由公安机关和法律规定的其他机关行使。例如，公安机关依据《中华人民共和国铁路法》第 68 条、《中华人民共和国治安管理处罚法》第 23 条第 1 款第 2、第 3、第 4 项、《铁路安全管理条例》第 95 条行使铁路治安方面的行政处罚权。主管管道保护工作的行政部门依照《中华人民共和国石油天然气管道保护法》负责实施

---

[1] 姜明安主编：《行政法与行政诉讼法（第七版）》，北京大学出版社、高等教育出版社 2019 年版，第 264 页。

[2] 《中华人民共和国行政处罚法》第 17 条。

管道行政处罚权。

二、被授权组织

1. 交通管理机构

依照《中华人民共和国行政处罚法》第 19 条的规定，法律、法规授权的具有管理公共事务职能的海事管理机构、公路管理机构等交通管理机构可以在法定授权范围内实施交通行政处罚。此时必须满足 3 个要件：①必须经过法律、法规授权；②被授权的交通管理机构必须具有管理交通运输公共事务的职能；③法律、法规授权的具有管理交通运输事务职能的交通管理机构必须在法定职权范围内实施交通行政处罚。

在中华人民共和国泉州海事局、黄某平交通运输行政管理案[1]中，二审法院指出："依据《中华人民共和国海上交通安全法》第三条'中华人民共和国港务监督机构，是对沿海水域的交通安全实施统一监督管理的主管机关'、第四十四条'对违反本法的，主管机关可视情节，给予下列一种或几种处罚：一、警告；二、扣留或吊销职务证书；三、罚款'、《海上海事行政处罚规定》第二条第二款'中国籍船员在中国管辖沿海水域及相关陆域外违反海事行政管理秩序，并且按照中国有关法律、行政法规应当处以行政处罚的行为实施海事行政处罚，适用本规定'、第四条'海事行政处罚，由海事管理机构依法实施'、第一百一十二条第七款'本规定所称船员，包括……引航员和水上飞机、潜水器的相应人员以及其他船员'之规定，上诉人泉州海事局作为事发水域的海事管理机构，具有实施案涉行政处罚的法定职权。"

2. 企业

交通行政处罚的主体还可以是法律、法规授权的具有管理交通事务公共职能的组织。这方面一个比较典型的例子是轨道交通企业。"轨道交通是大运量的城市公共快速交通系统，列车、车站等既是企业的经营场所又是公共场所；轨道交通运营秩序既是企业经营秩序也是社会公共秩序。对这些公共场所和公共秩序的管理，属于'管理公共事务'。轨道交通运营单位既可以作为企业，

---

[1] 福建省高级人民法院行政判决书（2020）闽行终 197 号。

也可以作为管理公共事务的组织。"[1]另外，轨道交通具有线长、点多、面广的特点，影响环境卫生和运营秩序的行为随时发生，需要及时处置。为了保障轨道交通行政执法的及时性和有效性，一些地方性法规授权轨道交通企业或城市轨道运营单位实施行政处罚，并对实施行政处罚的事项做了明确且严格的限制。

以《上海市轨道交通管理条例》为例，该条例第 4 条第 2 款规定："市人民政府确定的轨道交通企业具体负责本市轨道交通的建设和运营，并按照本条例的授权实施行政处罚。轨道交通企业执法人员应当取得执法身份证件，规范执法、文明执法。"该条例第 31 条规定："在轨道交通设施范围内禁止下列行为：（一）拦截列车；（二）擅自进入轨道、隧道等禁止进入的区域；（三）攀爬或者跨越围墙、栅栏、栏杆、闸机；（四）强行上下车；（五）吸烟，随地吐痰、便溺，乱吐口香糖渣，乱扔纸屑等杂物；（六）擅自涂写、刻画或者张贴；（七）擅自设摊、停放车辆、堆放杂物、卖艺、散发宣传品或者从事销售活动；（八）乞讨、躺卧、收捡废旧物品；（九）携带活禽以及猫、狗（导盲犬除外）等宠物；（十）携带自行车（含折叠式自行车）进站乘车；（十一）使用滑板、溜冰鞋；（十二）违反法律、法规规定的其他行为。"该条例第 49 条第 2、第 3款规定："违反本条例第三十一条第一项、第二项、第三项、第四项，第四十一条规定的，轨道交通企业有权对行为人进行劝阻和制止，并移交公安部门依法处罚。违反本条例第三十一条第五项、第六项、第七项、第八项、第九项、第十项、第十一项规定的，由轨道交通企业责令改正，处警告或者五十元以上五百元以下罚款。"

三、受委托组织

在现代社会，交通行政事务日益增加，为了促进交通运输事业发展，保障交通运输安全，交通行政职能不断扩张。再加上突发性、临时性交通行政任务时有发生，而且交通行政中的一些事务技术性较强。这些因素使行政委托在交通行政领域成为必要，其中就包括委托行使行政处罚权。

---

[1] 钱丽：《有关负责人就〈贵阳市城市轨道交通条例〉答记者问》，《贵阳日报》2018 年 5 月 12日 A2 版。

例如，民用航空地区管理局设立的派出机构可以依照法律、行政法规、规章的规定和民用航空地区管理局的授权，以该民用航空地区管理局的名义行使相应的行政处罚权。[1]对在机场公共区发生的扰乱公共秩序、破坏机场环境的违法行为有关行政部门可以委托机场管理机构实施行政处罚。[2]在这里，受委托行使行政处罚权的"民用航空地区管理局设立的派出机构""机场管理机构"是以委托行政部门的名义行使行政处罚权，委托的行政部门要为其法律后果承担法律责任。

四、相对集中行政处罚权与交通运输综合执法

1996 年颁布的《中华人民共和国行政处罚法》第 16 条规定："国务院或者经国务院授权的省、自治区、直辖市人民政府可以决定一个行政机关行使有关行政机关的行政处罚权，但限制人身自由的行政处罚权只能由公安机关行使。"这被称为相对集中行政处罚权。

相对集中行政处罚权是我国综合行政执法体制改革的一部分。它最早在城市管理领域进行试点，[3]后来逐步从城市管理领域扩大到所有宜于开展相对集中行政处罚权的领域，其内容也从最初的相对集中行政处罚权发展为相对集中执法权、综合行政执法，包括但不限于行政处罚权。"综合执法是在更广泛的意义上相对集中行政权，是一种高级形态，也是行政执法体制改革中最引人注目的一种重要实践。"[4]

2021 年修订的《中华人民共和国行政处罚法》第 18 条第 1 款规定："国家在城市管理、市场监管、生态环境、文化市场、交通运输、应急管理、农业等领域推行建立综合行政执法制度，相对集中行政处罚权。"至此，综合行政执法、相对集中行政处罚权成为正式法律概念。

交通运输是较早建立综合行政执法机构、推行相对集中行政处罚权的领域。2002 年，根据《国务院办公厅转发中央编办〈关于清理整顿行政执法队伍实行综合行政执法试点工作意见〉的通知》（国办发〔2002〕56 号），交通部确定

---

[1] 《民用航空行政处罚实施办法》第 7 条第 2 款。
[2] 《北京市民用运输机场管理办法》第 22、第 23 条。
[3] 王敬波：《相对集中行政处罚权改革研究》，《中国法学》2015 年第 4 期，第 143—144 页。
[4] 余凌云：《行政法讲义（第二版）》，清华大学出版社 2014 年版，第 304 页。

重庆市、广东省为综合行政执法改革试点省（市）。[1]广东省将省、市、县交通部门的监督检查、行政处罚、行政强制等职能整合，统一由各级交通综合行政执法机构——交通运输厅或交通运输局（委）综合行政执法局或者交通运输行政执法支队来实施。重庆市组建了重庆市交通综合行政执法总队，将路政、运政、港航、征费稽查、高速公路5个方面的交通监督处罚职能进行整合，交由市交通综合行政执法机构承担。

2018年，中共中央办公厅、国务院办公厅印发《关于深化交通运输综合行政执法改革的指导意见》，[2]提出将交通运输系统内公路路政、道路运政、水路运政、航道行政、港口行政、地方海事行政、工程质量监督管理等执法门类的行政处罚以及与行政处罚相关的行政检查、行政强制等执法职能进行整合，组建交通运输综合行政执法队伍，以交通运输部门的名义实行统一执法。之后，福建省、江苏省、青海省等多个省份综合执法机构纷纷成立。其中，北京市、天津市、内蒙古自治区、上海市、福建省、重庆市、四川省、西藏自治区等省、自治区、直辖市组建了省级综合行政执法总队；陕西省、吉林省、黑龙江省、江苏省、安徽省、山东省、河南省、海南省、广东省、山西省、甘肃省、青海省、宁夏回族自治区、新疆维吾尔自治区等省、自治区由厅内设机构或独立执法机构承担相应执法职能；辽宁省、浙江省、湖南省、新疆生产建设兵团则在现有厅（局）机关内设处室加挂牌子。[3]

综上所述，交通运输领域的相对集中行政处罚权与综合行政执法改革的明显特征是，由各地交通运输综合执法机构行使相对集中行政处罚权以及与行政处罚相关的行政检查、行政强制等执法职能。关于交通运输综合执法机构的性质，一般认为其定位是交通运输行政部门的内设机构，须以所在交通运输部门的名义执法。这是一种"发生在行政机关内部，是将内部各机构分散行使的行政处罚权集中起来，由内部的一个机构行使，不涉及处罚主体的变更"的模式，与城市管理领域"发生在行政机关之间的行政处罚权的横向集中"的综合执法，以及文化行政执法体制改革中"行政处罚权在省、副省进行外部集中、

---

〔1〕 佚名：《重庆、广东先行改革交通综合行政执法》，《河南日报》2014年9月30日第2版。
〔2〕《中共中央办公厅、国务院办公厅印发〈关于深化交通运输综合行政执法改革的指导意见〉的通知》（中办发〔2018〕63号）
〔3〕 范冠峰：《关于交通运输综合行政执法改革的思考》，《中国公路》2021年第2期，第55页。

在市、县进行内部集中的模式"均有不同。[1]

我们来看几个例子。一是 2019 年新组建的上海市交通委员会执法总队。该机构是上海市交通委员会所属行政执法机构，以市交通运输部门的名义统一执法，主要承担该市公路路政（包括市属城市道路路政）、道路运政、水路运政、航道行政、港口行政、地方海事行政等交通业态的行政处罚以及与行政处罚相关的行政检查、行政强制等执法职责。[2]二是广东省交通运输厅交通综合执法监督处。它是广东省交通运输厅的内设机构，指导、监督全省交通行政执法工作。承担省本级的道路运政、水路运政、公路（含高速公路）路政、航道行政、港口行政、工程质量监督管理和省管铁路建设运营等方面的行政处罚以及行政处罚相关的行政检查、行政强制等执法职能。组织、指导全省交通综合行政执法机构智能执法建设和管理工作。组织查处重大违法案件，协调跨区域的交通行政执法工作。[3]三是湖南省交通综合执法机构。湖南省级不设综合执法队伍，省级执法事权由厅内设机构承担，市县设置综合执法队伍。综合执法机构以同级交通运输主管部门的名义具体履行行政处罚及与其相关的行政检查、行政强制职责，行业发展机构为同级交通运输主管部门提供行政执法辅助支撑。[4]

有必要提及的是，在司法实务中，一些法院承认了交通运输综合行政执法机构经过法规的授权而获得了行政主体地位。

在吴某洋与福州市交通综合行政执法支队处罚决定上诉案[5]中，一审法院指出："根据《道路运输条例》第七条第三款'县级以上道路运输管理机构负责具体实施道路运输管理工作。'以及榕政综（2012）130号《福州市人民政府关于印发福州市交通综合行政执法改革实施意见的通知》'……将全市公路路政、道路路政、水路路政、地方海事等方面的监督处罚职能进行整合，交由新成立的交通综合行政执法机构承担。……'的规

〔1〕 余凌云：《行政法讲义》（第二版），清华大学出版社 2014 年版，第 304 页。
〔2〕 上海市交通委员会：《上海市交通委员会执法总队简介》，http：//jtw.sh.gov.cn/zdjj/index.html，访问日期：2022 年 4 月 19 日。
〔3〕 广东省交通运输厅：《交通综合执法监督处》，http：//td.gd.gov.cn/zwgk_n/zzjg/channel3/content/post_2621654.html，访问日期：2023 年 1 月 3 日。
〔4〕《湖南省交通运输综合行政执法协作办法》（试行）第 4 条第 2 款。
〔5〕 福建省福州市中级人民法院行政判决书（2016）闽 01 行终 654 号。

定，被告福州市交通综合行政执法支队作为福州市辖区内道路运输管理机构，负责辖区内的道路运输管理工作，依法享有对违反道路运输相关法律的车辆进行查处的法定职权。"二审法院认为："原审法院关于被上诉人福州市交通综合行政执法支队作为福州市辖区内道路运输管理机构，负责辖区内的道路运输管理工作，依法享有对违反道路运输相关法律的车辆进行查处的法定职权的认定，本院予以认可。"

在济南明生物流有限公司与山东省济南市交通运输监察支队行政处罚纠纷案[1]中，关于山东省济南市交通运输监察支队能否以自己的名义做出行政处罚决定的问题，一审法院认为："《中华人民共和国道路运输条例》第七条第二款、第三款规定：'县级以上地方人民政府交通主管部门负责组织领导本行政区域的道路运输管理工作。县级以上道路运输管理机构负责具体实施道路运输管理工作'，《山东省道路运输条例》第六条规定：'县级以上人民政府交通运输主管部门负责组织领导本行政区域内的道路运输管理工作；其所属的道路运输管理机构、交通运输监察机构按照规定的职责具体实施道路运输管理工作。'被告是经批准依法成立的市级交通运输主管部门所属的交通运输监察机构，根据以上规定，具体负责道路运输管理工作的实施，依法履行交通运输路面执法检查的职责，对于从事道路运输经营以及道路运输相关业务过程中的违法行为有查处的职权，具备行政处罚主体资格。"

济南明生物流有限公司不服原审判决上诉称："被上诉人是济南市交通运输局直属单位，必须以济南市交通运输局的名义执法，不能以自己的名义实施行政执法。"二审法院驳回了上诉，维持原判，指出："本案中，被上诉人根据编制部门批复的机构三定方案，负责'辅助全市交通稽查的有关管理工作；执行国道、省道干线公路稽查任务'，属于县级以上地方人民政府交通主管部门设立的负责具体实施道路运输管理工作的道路运输管理机构，有权以自己的名义做出处罚决定。"

管道保护等其他交通运输领域也已开展相对集中行政处罚权工作。例

---

[1] 山东省济南市中级人民法院行政判决书（2018）鲁01行终790号。

如，《浙江省发展和改革（能源）主管部门石油天然气管道保护监督检查规定》[1] 第 5 条规定："本规定明确的行政处罚以及与行政处罚相关的监督检查职能，可以根据省人民政府的决定，由设区市、县（市、区）综合执法部门行使。"

第四节　交通行政处罚的程序

交通行政处罚程序，是指交通运输行政执法机关实施交通行政处罚时必须遵守的方式、步骤、时限的总称。[2] 交通行政处罚程序具有保证交通运输行政主体依法行使职权、维护交通运输行政相对人的合法权益的功能，既有助于防止行政权力的滥用，又能在一定程度上防止侵害相对人的合法权益。

根据案件的性质、复杂程度、处罚的种类和幅度，交通行政处罚的程序可分为简易程序、一般程序和听证程序。[3]

一、交通行政处罚的简易程序

简易程序，也称当场处罚程序，是指"行政机关或者法律、法规授权的组织对符合法定条件的行政处罚事项，当场做出行政处罚决定的处罚程序。"[4] 交通行政处罚简易程序则是指交通行政机关对符合法定条件的案情简单、事实清楚的案件，无须进一步调查，当场做出行政处罚决定的处罚程序。

可以适用简易程序、当场作出行政处罚决定的条件包括：违法事实确凿并有法定依据、对公民处以 200 元以下、对法人或者其他组织处以 3000 元以下罚款或者警告的行政处罚的。法律另有规定的，从其规定。[5] 交通运输执法人员

---

[1] 《浙江省发改委关于印发〈浙江省发展和改革（能源）主管部门石油天然气管道保护监督检查规定〉的通知》（浙发改能源〔2015〕116 号）。

[2] 交通运输部政策法规司编：《交通运输行政执法基础知识》，人民交通出版社 2012 年版，第 198 页。

[3] 交通运输部政策法规司编：《交通运输行政执法基础知识》，人民交通出版社 2012 年版，第 198 页。

[4] 姜明安主编：《行政法与行政诉讼法》（第七版），北京大学出版社、高等教育出版社 2019 年版，第 270 页。

[5] 《中华人民共和国行政处罚法》第 51 条、《交通运输行政执法程序规定》第 60 条。

适用简易程序当场作出行政处罚的实施步骤包括：①向当事人出示交通运输行政执法证件并查明对方身份；②调查并收集必要的证据；③口头告知当事人违法事实、处罚理由和依据；④口头告知当事人享有的权利与义务；⑤听取当事人的陈述和申辩并进行复核；当事人提出的事实、理由或者证据成立的，应当采纳；⑥填写预定格式、编有号码的《当场行政处罚决定书》并当场交付当事人，《当场行政处罚决定书》应当载明当事人的违法行为，行政处罚的种类和依据、罚款数额、时间、地点，申请行政复议、提起行政诉讼的途径和期限以及执法部门名称，并由执法人员签名或者盖章；⑦当事人在《当场行政处罚决定书》上签名或盖章，当事人拒绝签收的，应当在行政处罚决定书上注明；⑧作出当场处罚决定之日起五日内，将《当场行政处罚决定书》副本提交所属执法部门备案。[1]

二、交通行政处罚的一般程序

一般程序，或称普通程序，是指除法律特别规定应当适用简易程序和听证程序以外的、行政处罚通常所应适用的程序，包括立案调查程序和审查决定程序。[2]交通行政处罚的一般程序，是指交通行政主体处理大多数交通运输行政处罚案件所应遵循的程序。[3]

相较于简易程序，交通行政处罚一般程序具有以下4项特点：第一，适用范围广。除法律有特别规定外，大多数交通运输行政处罚案件均可适用一般程序。第二，案件的调查与处罚决定的做出相分离。案件的调查由承办人员经办；处罚决定的做出由部门领导决定，根据不同情况，做出交通运输行政处罚决定或做出不予处罚决定，或依照法律规定移交给司法机关或其他机关决定。这与简易程序中的执法人员现场决定有着根本区别。第三，程序比较严格、复杂，时间较长，处理难度较大。交通行政处罚一般程序在时间顺序、证据取舍、当事人参与权利以及对公众公开等方面的要求比简易程序更为严格。第四，与适

---

〔1〕 《交通运输行政执法程序规定》第 61 条。

〔2〕 姜明安主编：《行政法与行政诉讼法（第七版）》，北京大学出版社、高等教育出版社 2019 年版，第 271—274 页。

〔3〕 交通运输部政策法规司编：《交通运输行政执法基础知识》，人民交通出版社 2012 年版，第 198 页。

用简易程序的案件相比，适用一般程序的案件大都是比较复杂的，需经过系统的调查取证，方能查明案件事实。[1]

交通行政处罚一般程序的实施内容可以概括为：立案、调查取证、送达《违法行为通知书》、说明理由、告知相应权利、听取当事人陈述、申辩、法制审核、做出行政处罚决定、执行和制作《结案报告》。

三、交通行政处罚的听证程序

交通行政处罚听证程序，是指交通运输行政主体在做出重大行政处罚决定之前，应当事人的申请组织当事人、利害关系人与案件调查人员对所认定的违法事实及法律规定适用进行当面举证、质证、反证、陈述、申辩和辩论的一种行政程序。[2]交通行政处罚听证程序是现代行政法的一项重要制度，它充分体现了行政公正、依法行政的原则，对保护行政相对人的合法权益有积极的意义。在听证过程中，通过举证、质证、辩论的过程，使当事人对法律的认识有了提高，最后都能心悦诚服地接受处罚和处理。因此，听证也具备双重功能，一是保证当事人最大限度地行使救济权，二是保障行政主体能较好地依法行政。

交通行政处罚听证程序的适用范围。根据《交通运输行政执法程序规定》第80条第1款，交通运输行政执法部门在作出下列行政处罚决定前，应当在送达《违法行为通知书》时告知当事人有要求举行听证的权利：责令停产停业、责令关闭、限制从业；降低资质等级、吊销许可证件；较大数额罚款；没收较大数额违法所得、没收较大价值非法财物；其他较重的行政处罚；法律、法规、规章规定的其他情形。

行政处罚做出前，若当事人要求听证，但行政机关没有组织听证，该行政处罚无效。

例如，在欧阳某生诉宁远县公安局交通警察大队行政处罚案[3]中，原

---

〔1〕 交通运输部政策法规司编：《交通运输行政执法基础知识》，人民交通出版社2012年版，第198页。

〔2〕 交通运输部政策法规司编：《交通运输行政执法基础知识》，人民交通出版社2012年版，第199页。

〔3〕 湖南省宁远县人民法院行政判决书（2015）宁法行初字第36号。参见何俊斌：《准驾车型驾照降级未举行听证构成程序违法——湖南宁远县法院判决欧阳某生诉宁远县公安局交通警察大队行政处罚案》，《人民法院报》2016年2月4日第6版。

告欧阳某生在酒驾临检中被查获，被告宁远县公安局交通警察大队对其做出注销最高准驾车型通知。在被告下发通知之前，原告要求陈述和申辩，并要求听证。被告复核后认为，计分降级不属于行政处罚的内容，被告未举行听证。法院审理后认为："公民的机动车驾驶证是一种行政许可证。被告宁远县公安局交通警察大队注销原告欧阳某生最高准驾车型属吊销许可证的行为，是一种行政处罚行为。根据行政处罚法第四十二条的规定，原告欧阳某生对注销其最高准驾车型的处罚要求听证，被告应当组织听证。但被告没有组织听证，因此其于2015年5月7日做出的注销最高准驾车型通知，不符合法律规定，程序违法。"

交通行政处罚听证程序的实施主要包括以下内容：

申请和受理，包括告知听证权、提出听证申请、通知听证。当事人要求听证的，应当自收到《违法行为通知书》之日起5日内以书面或者口头形式提出。当事人以口头形式提出的，执法部门应当将情况记入笔录，并由当事人在笔录上签名或者盖章。[1]交通运输行政执法部门应当在举行听证的7日前向当事人及有关人员送达《听证通知书》，将听证的时间、地点通知当事人和其他听证参加人。[2]

关于听证通知送达的时间，应以当事人收到通知书之日起算。

在叶某国诉上海海事局吊销船长适任证书海事行政处罚决定案[3]中，法院指出："原告在2001年8月15日签收通知书，而被告在2001年8月12日举行听证会。送达时间的起算应以当事人收到通知书之日起算，而送达过程中的途中时间不能计算在期限内。被告上海海事局认为送达时间应以其寄出听证会通知书之日起算的观点，缺乏法律依据，本院不予采信。被告未能依法在举行听证会7日前通知原告，被告的听证会程序显然违反法律规定。""撤销被告中华人民共和国上海海事局2001年9月6日对原告叶某国做出的港监罚字〔2001〕1002016号海事行政处罚决定。"

---

[1]《交通运输行政执法程序规定》第82条。
[2]《交通运输行政执法程序规定》第83条。
[3] 叶海国诉上海海事局吊销船长适任证书海事行政处罚决定案，最高人民法院中国应用法学研究所编：《人民法院案例选》（2004行政·国家赔偿专辑）（总第50辑），人民法院出版社2005年版，第360—366页。

参与听证会的人员。（1）听证主持人与听证记录员。听证设听证主持人一名，负责组织听证；记录员一名，具体承担听证准备和制作听证笔录工作。[1]（2）听证会的其他参加人包括：①当事人及其代理人；②本案执法人员；③证人、检测、检验及技术鉴定人；④翻译人员；⑤其他有关人员。[2]另外，与听证案件处理结果有利害关系的其他公民、法人或者其他组织、受委托的第三人也可以申请参加听证。与听证案件处理结果有利害关系的其他公民、法人或者其他组织，作为第三人申请参加听证的，应当允许。为查明案情，必要时，听证主持人也可以通知其参加听证。[3]（3）听证主持人的职责。听证主持人在听证活动中履行下列职责：①决定举行听证的时间、地点；②决定听证是否公开举行；③要求听证参加人到场参加听证、提供或者补充证据；④就案件的事实、理由、证据、程序、处罚依据和行政处罚建议等相关内容组织质证和辩论；⑤决定听证的延期、中止或者终止，宣布结束听证；⑥维持听证秩序。对违反听证会场纪律的，应当警告制止；对不听制止，干扰听证正常进行的旁听人员，责令其退场；⑦其他有关职责。[4]

听证公开。听证应当公开举行，涉及国家秘密、商业秘密或者个人隐私依法予以保密的除外。公开举行听证的，应当公告当事人姓名或者名称、案由以及举行听证的时间、地点等。[5]

举行听证会。听证按下列程序进行：（1）宣布案由和听证纪律；（2）核对当事人或其代理人、执法人员、证人及其他有关人员是否到场，并核实听证参加人的身份；（3）宣布听证员、记录员和翻译人员名单，告知当事人有申请主持人回避、申辩和质证的权利；对不公开听证的，宣布不公开听证的理由；（4）宣布听证开始；（5）执法人员陈述当事人违法的事实、证据，拟作出行政处罚的建议和法律依据；执法人员提出证据时，应当向听证会出示。证人证言、检测、检验及技术鉴定意见和其他作为证据的文书，应当当场宣读；（6）当事人或其代理人对案件的事实、证据、适用法律、行政处罚意见等进行陈述、申

---

[1]《交通运输行政执法程序规定》第84条第1款。
[2]《交通运输行政执法程序规定》第86条。
[3]《交通运输行政执法程序规定》第88条。
[4]《交通运输行政执法程序规定》第85条。
[5]《交通运输行政执法程序规定》第91条。

辩和质证，并可以提供新的证据；第三人可以陈述事实，提供证据；（7）听证主持人可以就案件的有关问题向当事人或其代理人、执法人员、证人询问；（8）经听证主持人允许，当事人、执法人员就案件的有关问题可以向到场的证人发问。当事人有权申请通知新的证人到会作证，调取新的证据。当事人提出申请的，听证主持人应当当场作出是否同意的决定；申请重新检测、检验及技术鉴定的，按照有关规定办理；（9）当事人、第三人和执法人员可以围绕案件所涉及的事实、证据、程序、适用法律、处罚种类和幅度等问题进行辩论；（10）辩论结束后，听证主持人应当听取当事人或其代理人、第三人和执法人员的最后陈述意见；（11）中止听证的，听证主持人应当宣布再次听证的有关事宜；（12）听证主持人宣布听证结束，听证笔录交当事人或其代理人核对。当事人或其代理人认为听证笔录有错误的，有权要求补充或改正。当事人或其代理人核对无误后签名或者盖章；当事人或其代理人拒绝的，在听证笔录上写明情况。[1]

听证程序的其他内容包括听证延期、中止听证、恢复听证、终止听证、听证笔录等。[2]听证结束后，交通运输行政执法部门应当根据听证笔录，做出交通行政处罚决定。[3]

第五节　交通行政处罚的非现场执法

一、非现场执法的概念

随着人工智能、大数据技术的普及推广和智慧政府的建设，政府数字化改革模式已逐渐成熟和规范。2021 年修订的《行政处罚法》增设第 41 条，明确增加了行政处罚的非现场执法程序，并就其过程公正性、证据有效性、告知及时性等作出了整体规定。

关于何谓非现场执法，学界的理解和表述略有不同。有的学者认为，非现

---

〔1〕《交通运输行政执法程序规定》第 92 条。
〔2〕《交通运输行政执法程序规定》第 93—97 条。
〔3〕《交通运输行政执法程序规定》第 98 条。

场执法也称"非接触性执法"，是指"行政机关运用现代信息系统，通过监控、摄像、录像等技术手段，在执法人员不直接接触行政相对人的情况下，采集、记录其违法证据，进而对其做出行政处罚的执法方式。"〔1〕有的学者指出，上述概念"仅关注非现场执法所具有的设备自动记录这一特点，以及自动化系统在车辆识别和证据固定方面发挥的识别与输入功能。以此为基础展开的相关探讨，不免与传统执法仍有不少交集。"〔2〕随着相关实践的不断展开，现实中行政机关有时不用亲临现场调查取证，不与违法行为人当面接触，而是直接依据可视监控、全球定位系统（GPS）、感应测试等技术采集的证据认定违法事实，并通过自助处理平台形成行政处罚决定。在这种情形下，非现场执法成为一种纯粹的执法创新模式。〔3〕

相较传统行政执法模式，非现场执法具有成本低廉、提高行政执法效率、弥补人力执法的不足、实现公正严格执法等诸多方面的优势，因而被广泛运用于道路交通管理，继而又被积极推行至海事、水上交通、航政等其他领域。

二、非现场执法的应用

（一）道路交通管理

信息技术的进步，使得道路交通管理的非现场执法模式成为可能。1996 年5 月，北京市公安交通管理局在北京西四路口试验成功国内第一台"抢红灯自动拍摄器"，标志着这种执法模式在我国的开端。〔4〕后来，该执法方式得到了快速推行。2004 年开始施行的《中华人民共和国道路交通安全法》第 114 条前段对非现场执法做出了规定："公安机关交通管理部门根据交通技术监控记录资料，可以对违法的机动车所有人或者管理人依法予以处罚。"迄今为止，非现场执法已成为我国道路交通管理领域普遍实施的主要执法方式。

"交警非现场执法主要分为 2 个阶段：第一阶段是通过固定的监控技术设备记录取证，经由摄像头、感应器自动开启并抓拍违法行为，数据输入系统自

---

〔1〕　茅铭晨：《从自定走向法定——我国〈行政处罚法〉修改背景下的非现场执法程序立法研究》，《政治与法律》2020 年第 6 期，第 14 页。
〔2〕　余凌云：《交警非现场执法的规范构建》，《法学研究》2021 年第 3 期，第 38 页。
〔3〕　余凌云：《交警非现场执法的规范构建》，《法学研究》2021 年第 3 期，第 37—38 页。
〔4〕　茅铭晨：《从自定走向法定——我国〈行政处罚法〉修改背景下的非现场执法程序立法研究》，《政治与法律》2020 年第 6 期，第 14 页。

动存储等过程完成调查取证。相关证据也可以通过数据交换与其他行政机关或者部门共享。第二阶段是实施行政处罚。处以警告、200 元以下罚款的，适用简易程序，主要通过平台操作完成。监控取证后，当事人可以通过下载安装应用程序（App），或者在交通违法自助处理平台上直接操作并缴纳罚款。由于该处罚过程通过人机对话完成，也可称为'自动化行政处罚'。在系统操作过程中，如果当事人对违法事实、行政处罚初步决定等存有异议，可以主动停止操作，自动化行政便转回传统执法。处以 200 元（不含）以上罚款、暂扣或者吊销机动车驾驶证的，则要按照一般程序处罚，转入传统模式。"[1]

（二）公路治超

公路治理货运车辆超限运输，简称公路治超，是另一个非现场执法的典型应用领域。所谓公路治超非现场执法，一般是指交通运输行政执法部门根据技术监控设备记录信息，依法对违法超限运输当事人做出行政处罚的执法方式。它与前述道路交通管理领域公安机关交通管理部门的非现场执法类似，公安机关交通管理部门是通过电子监控设备判断机动车行驶是否遵守交通法律法规规章，而交通运输行政执法部门是通过技术监控设备测出货运车辆在行驶过程中的车货总重等信息，判断车辆是否符合超限超载认定标准。公路治超非现场执法程序一般包括检测预告、信息采集、现场提示、技术审核、处理告知、法制审核、做出行政处罚决定及后续监管等。

2014 年，交通运输部发布《交通运输部关于全面深化交通运输改革的意见》（交政研发〔2014〕242 号），提出"联合工信、公安等部门完善公路源头治超、联合治超、科技治超工作机制，重点整治车辆非法改装等行为。探索实行计重前置、非现场执法等公路治超方式"，公路治超非现场执法进入试点探索阶段。2016 年，交通运输部颁布了《超限运输车辆行驶公路管理规定》，该行政规章第 39 条第 2 款规定："公路管理机构有权查阅和调取公路收费站车辆称重数据、照片、视频监控等有关资料，经确认后可以作为行政处罚的证据。"根据 2021 年修订后的《行政处罚法》，《超限运输车辆行驶公路管理规定》于 2021 年被修正，修正后的第 39 条第 2 款规定："公路管理机构有权查阅和调取公路收费站车辆称重数据、照片、视频监控等有关资料。"《超限运输车辆行驶

---

[1] 余凌云：《交警非现场执法的规范构建》，《法学研究》2021 年第 3 期，第 36—37 页。

公路管理规定》的上述规定为公路治超非现场执法提供了法规范依据。另外，2017 年，《国务院关于印发〈"十三五"现代综合交通运输体系发展规划〉的通知》（国发〔2017〕11 号）中明确提出"加强全国治超联网管理信息系统建设，加快推动交通运输行政执法电子化，推进非现场执法系统试点建设"，公路治超非现场执法进入广泛推广阶段。

（三）其他交通运输领域

非现场执法还广泛应用于海事、水上交通等其他交通运输领域。在传统的海事行政执法中，执法人员必须登船或抵达现场对所涉及的检查项目进行现场核查，现场检查的流程复杂、耗时，整体检查效率较低。随着信息化技术的发展和视频监控系统（CCTV）、雷达、船舶自动识别系统（AIS）、无人机、热成像遥感等设备的应用越来越广泛，非现场执法在海事领域得到了推行和发展。据浙江省海宁市交通运输局披露，2018 年底，该市硖石海事所非现场执法案件数量已超过整体执法案件数量的一半。[1]

三、非现场执法面临的挑战

作为一种新型行政执法方式，非现场执法在推行和发展过程中也面临着一些问题。概括起来，主要集中在以下 4 个方面。

1. 与"处罚与教育相结合原则"的关系

《中华人民共和国行政处罚法》第 6 条规定了处罚与教育相结合原则，有学者指出，非现场执法有悖于《中华人民共和国行政处罚法》规定的处罚与教育相结合原则，且有规避法律之嫌。这是因为在非现场执法中执法人员不能与当事人面对面沟通交流，既无法当场纠正当事人的违法行为，也不能及时对违法当事人进行教育。[2]

2. 电子技术监控设备的规范性、合法性

非现场执法的特点之一是"运用现代信息系统，通过监控、摄像、录像等技术手段采集、记录行政相对人违法证据，进而凭单一的电子数据证据做出行

---

〔1〕 余素兰、濮潇斐：《海宁硖石海事所非现场执法案件数量首次过半》，http：//jtysj. jiaxing. gov. cn/art/2018/12/25/art_1506832_28218647. html，访问日期：2022 年 6 月 7 日。

〔2〕 龚鹏飞：《论与非现场执法相关法律规定的缺陷及其完善》，《公安研究》2008 年第 4 期，第 40 页。转引自余凌云：《交警非现场执法的规范构建》，《法学研究》2021 年第 3 期，第 39 页。

政处罚",〔1〕因此，电子技术监控设备的生产、设置和使用会直接影响着证据的真实性和合法性，进而影响非现场执法的实施。这方面问题较多，如近年来，媒体报道的滥设乱设"电子眼"抓拍交通违法行为，产生"天量罚单"事件、监控设备不合格、不达标问题等。〔2〕为了解决这些问题，2021 年修订的《中华人民共和国行政处罚法》第 41 条对电子技术监控设备的质量要求、设置、使用和程序等做出了全面规定。该法第 41 条第 1 款规定："行政机关依照法律、行政法规规定利用电子技术监控设备收集、固定违法事实的，应当经过法制和技术审核，确保电子技术监控设备符合标准、设置合理、标志明显，设置地点应当向社会公布。"《交通运输行政执法程序规定》第 38 条第 5 项对《行政处罚法》第 41 条的规定做了重述。从未来发展来看，交通行政机关应当根据前述法律、行政规章的相关规定，及时清理超出权限做出的非现场执法规定，完善交通运输领域电子技术监控设备的国家标准或行业标准，完善电子监控设备设置的合法性。

3. 行政相对人权利救济问题

行政机关在做出对行政相对人不利的决定前必须听取其意见，告知相对人与行使权利有关的信息，这是正当程序的基本要求。《中华人民共和国行政处罚法》第 41 条第 3 款规定："行政机关应当及时告知当事人违法事实，并采取信息化手段或者其他措施，为当事人查询、陈述和申辩提供便利。不得限制或者变相限制当事人享有的陈述权、申辩权。"但在非现场执法中，如何实现"及时告知"存在问题。首先，短信告知形式仍未普及，现有告知途径不能在合理时间内及时告知当事人违法行为。其次，有的地方采取"向社会提供查询"的方式，但这种方式并不能完全等同于及时告知。〔3〕

另外，由于非现场执法关于电子证据收集的特殊性，行政相对人可能面临举证方面的困难。〔4〕

〔1〕 茅铭晨：《从自定走向法定——我国〈行政处罚法〉修改背景下的非现场执法程序立法研究》，《政治与法律》2020 年第 6 期，第 17 页。
〔2〕 朱宁宁：《全面体现严格规范公正文明执法要求》，《法治日报》2021 年 7 月 15 日第 3 版。
〔3〕 余凌云：《交警非现场执法的规范构建》，《法学研究》2021 年第 3 期，第 39 页。
〔4〕 余凌云：《交警非现场执法的规范构建》，《法学研究》2021 年第 3 期，第 40 页；茅铭晨：《从自定走向法定——我国〈行政处罚法〉修改背景下的非现场执法程序立法研究》，《政治与法律》2020 年第 6 期，第 22 页。

4. 行政裁量问题

在现代社会，行政权的行使与行政裁量密不可分，行政裁量具有普遍性、必要性和合理性，"法律的普遍公正和现实的个别不公正之间的矛盾需要行政裁量来调和"。"在不违背宪法、法律的基础上允许行政裁量存在能够将法律的普遍性融于个案的解决及时化解纠纷应对瞬息万变的社会发展需要"。[1]但行政自动化缩减了行政裁量空间，"当我们从一个需要个性化判断的行政决定走向规程化的程序中，社会的整体利益、人性情感、地方习俗等因素都可能被忽略"。[2]在实践中，交通行政执法运行系统智能化程度还不够，未设置从轻、减轻或从重、不予处罚等选项，无法精准对个案实施处罚，做到过罚相当。例如，在公路治超非现场执法案件中，"如果不适用从轻、减轻处罚，可能导致驾驶员不配合，不在规定的时间内接受处理，甚至倒逼驾驶员采取过户、更换牌照、变更车主、更换驾驶人员等手段拖延躲避处罚，导致违法行为得不到及时处罚，造成非现场执法案件结案率低。"[3]

〔1〕 杨建顺：《行政裁量的运作及其监督》，《法学研究》2004 年第 1 期，第 10 页。
〔2〕 胡敏洁：《论自动化行政中的瑕疵指令及其救济》，《北京行政学院学报》2021 年第 4 期，第 84 页。
〔3〕 汪芳：《交通运输领域"非现场执法"的实践与思考》，《中国水运》2022 年第 5 期，第138 页。

第五章

交通行政强制

第一节　交通行政强制

一、交通行政强制的内涵

交通行政强制是交通运输行政强制措施和交通运输行政强制执行的合称，是指交通运输行政主体为了实现行政目的，依照法定权限和程序，对相对人的人身或财产加以限制，或在相对人拒不履行已生效的行政行为时，交通运输行政主体对依法负有义务的相对人采取强制手段，迫使其履行义务或者达到与履行义务相同的状态的具体行政行为。[1]

根据《中华人民共和国行政强制法》第 2 条的规定，交通行政强制包括交通运输行政强制措施和交通运输行政强制执行。具体而言，交通行政强制措施是指交通运输行政执法机关在交通运输管理过程中，为制止违法行为、防止证据损毁、避免危害发生、控制危险扩大等情形，依照法律、法规的规定对公民的人身自由实施暂时性限制，或者对公民、法人或者其他组织的财物实施暂时性控制的行政执法行为。[2]交通行政强制执行是指交通运输行政执法机关在交通运输管理过程中，申请人民法院对在法定期限内不申请行政复议或者提起行政诉讼、又不履行交通行政决定的公民、法人或者其他组织，依法强制履行义

---

[1]　交通运输部政策法规司编:《交通运输行政执法基础知识》，人民交通出版社 2012 年版，第 200 页。
[2]　《交通运输行政执法程序规定》第 52 条第 1 款。

务的行为。[1]

二、交通行政强制的实施程序

（一）交通行政强制措施的实施程序

（1）事先经批准。除当场实施外，交通行政强制措施实施前应当向执法部门负责人报告并经批准。[2]情况紧急，需要当场实施行政强制措施的，行政执法人员应当在 24 小时内向行政机关负责人报告，并补办批准手续。[3]

（2）告知强制的理由。告知相对人对其财产实施行政强制的理由和依据。

（3）听取陈述和申辩。实施交通行政强制措施前，行政机关应当告知当事人有陈述和申辩的权利，并充分听取当事人的意见。[4]

（4）实施交通行政强制。行政机关依法做出交通行政强制决定，制作有关执法文书送达相对人后，依法对相对人有关财产实施强制措施。[5]

（5）查封、扣押行政强制措施的解除。有下列情形之一的，交通运输行政执法机关应当及时做出解除查封、扣押决定，制作解除《行政强制措施决定书》，并及时送达当事人，退还扣押财物：①当事人没有违法行为；②查封、扣押的场所、设施、财物与违法行为无关；③对违法行为已经做出处理决定，不再需要查封、扣押；④查封、扣押期限已经届满；⑤其他不再需要采取查封、扣押措施的情形。[6]

（二）交通行政强制执行的实施程序

1. 一般交通行政强制执行的实施程序

交通运输行政执法机关做出行政决定后，当事人在交通运输行政执法机关决定的期限内不履行义务的，法律规定具有行政强制执行权的交通运输行政执法机关可以依法实施强制执行。

（1）义务履行监督和执行保全。在决定实施强制执行前，交通运输行政执

---

[1]《交通运输行政执法程序规定》第 118 条第 1 款。

[2]《交通运输行政执法程序规定》第 54 条第 1 款第 1 项。

[3]《中华人民共和国行政强制法》第 19 条前段、《交通运输行政执法程序规定》第 55 条前段。

[4]《中华人民共和国行政强制法》第 36 条前段。

[5]《交通运输行政执法程序规定》第 54—56 条。

[6]《交通运输行政执法程序规定》第 59 条。

法机关应当充分行使监督检查权，以确定义务履行状况及其法律性质，为确定实施行政强制执行提供必要根据。如果发现义务人在义务履行期限到来前隐藏、转移、变卖、毁损强制执行标的物或以其他方法规避履行义务的，交通运输行政执法机关可以责令义务人提供担保，或者采取扣押、查封财产、暂停支付等保全措施。[1]

（2）交通行政强制执行《催告书》。交通运输行政执法机关依法做出强制执行决定前，如果义务人在义务履行期限到来前尚未履行义务，应当制作《催告书》，事先以书面形式催告当事人履行义务，[2]使其了解可能采取的强制措施的内容和后果。[3]

（3）当事人陈述和申辩。当事人收到催告书后有权进行陈述和申辩。交通运输行政执法机关应当充分听取并记录、复核。当事人提出的事实、理由或者证据成立的，交通运输行政执法机关应当采纳。[4]

（4）做出交通行政强制执行决定。经催告，当事人逾期仍不履行行政决定，且无正当理由的，交通运输行政执法机关可以依法做出强制执行决定，制作《行政强制执行决定书》，并送达当事人。[5]

（5）中止交通行政强制执行。当遇到下列情形之一时，交通运输行政执法机关应当中止执行：①当事人履行行政决定确有困难或者暂无履行能力的；②第三人对执行标的主张权利，确有理由的；③执行可能造成难以弥补的损失，且中止执行不损害公共利益的；④执法部门认为需要中止执行的其他情形。中止执行的情形消失后，交通运输行政执法机关应当恢复执行，制作《恢复行政强制执行通知书》。对没有明显社会危害，当事人确无能力履行，中止执行满3年未恢复执行的，执法部门不再执行。[6]

（6）终结交通行政强制执行。当遇到下列情形之一时，交通运输行政执法机关应当终结执行：①公民死亡，无遗产可供执行，又无义务承受人的；②法

---

〔1〕 交通运输部政策法规司编：《交通运输行政执法程序与文书实务》，人民交通出版社2012年版，第46页。
〔2〕《交通运输行政执法程序规定》第107条。
〔3〕《中华人民共和国行政强制法》第35条。
〔4〕《交通运输行政执法程序规定》第108条。
〔5〕《交通运输行政执法程序规定》第109条。
〔6〕《交通运输行政执法程序规定》第110条。

人或者其他组织终止，无财产可供执行，又无义务承受人的；③执行标的灭失的；④据以执行的行政决定被撤销的；⑤执法部门认为需要终结执行的其他情形。[1]

2. 交通行政强制执行的代履行之实施程序

交通运输行政强制执行案件的代履行，也可称为"代执行"，是指交通运输行政主体或第三人代替履行交通运输行政行为所确定的可代替的作为义务，并向义务人征收必要费用的强制执行措施。[2]

代履行的对象是交通运输行政行为所确定的可代替作为的排除妨碍、恢复原状等义务，如拆除违法的交通设施，代为恢复交通设施的原状等。[3]对于不可替代的作为义务和不可替代的不作为义务（如交通运输的安全检查、不得从事交通法律规范禁止的事项等），则不能采取代执行的方法。因此，可代替的作为义务是代执行的唯一对象。交通运输行政强制代执行的前提是，必须有合法的交通行政行为的存在，而交通法定义务人不履行交通运输行政行为所确定的作为义务。

交通行政强制代履行的主体必须是具有行政强制执行权的交通运输行政执法机关或其指定的第三人。实施交通行政强制代履行必须符合前提条件，即只有当"当事人逾期不履行，经催告仍不履行，其后果已经或者即将危害交通安全、造成环境污染或者破坏自然资源时，交通运输行政执法机关才可以代履行，或者委托没有利害关系的第三人代履行"。[4]

交通行政强制代履行的实施程序主要包括以下内容[5]：

（1）告诫。交通运输行政强制代履行前应送达《代履行决定书》。

（2）催告。交通运输行政强制代履行 3 日前催告当事人履行；当事人履行的，停止代履行。

（3）实施代履行。交通运输行政执法机关委托无利害关系的第三人代履行时，作出决定的执法部门应当派员到场监督。

---

[1]《交通运输行政执法程序规定》第 111 条。

[2] 交通运输部政策法规司编：《交通运输行政执法基础知识》，人民交通出版社 2012 年版，第 206 页。

[3]《交通运输行政执法程序规定》第 115 条。

[4]《交通运输行政执法程序规定》第 115 条。

[5]《中华人民共和国行政强制法》第 51 条、《交通运输行政执法程序规定》第 116 条。

（4）收费。代履行的费用按照成本合理确定，由当事人承担，法律另有规定的除外。

第二节　交通行政强制措施的种类

我国交通运输领域中的行政强制措施主要包括：①强制拆除；②暂扣车辆；③暂扣船舶；④禁止船舶进港、离港；⑤强制卸载超限货物；⑥强制履行公路养护义务；⑦其他强制措施，等等。当然，各个交通运输领域都有各自的行政强制措施，不能一概而论。本节将主要分析公路运输领域、水路运输领域、铁路运输领域、民用航空运输领域、管道运输领域和城市轨道交通领域中若干常见的交通行政强制措施。[1]

一、公路领域的交通行政强制措施

（一）公路领域的交通行政强制措施的主要内容

我国公路领域的交通行政执法主要可分为公路路政执法与道路运政执法。公路路政执法，是指"公路管理部门为保护路产、路权和发展公路事业所进行的行政管理活动。从广义上来讲，对公路的规划、建设和养护，路政管理以及公路行业的安全生产等方面的行政管理都属于路政行政执法的内容。"[2]道路运政执法，是指"政府部门对道路运输行业的行政管理活动，其目的在于促进运输市场的统一开放和有序竞争，防止垄断。"[3]道路运政执法的范围涉及道路客货运输、搬运装卸、仓储保管、货物配送、机动车维修行业管理、联运服务，货运代理、运输信息服务，等等。[4]

1. 公路路政执法中的交通行政强制措施

（1）扣押财物。此类措施包括以下 2 种形式：①扣留车辆。《公路安全保

---

〔1〕　将我国交通运输领域划分为这六类主要是考虑到我国交通运输领域的法律制度框架和各部门的业务分工，以便于更好地描述和统计我国交通运输领域各部门的行政强制执法实施状况，并不完全等同于行政法学理上的分类。

〔2〕　刘恒主编：《行政执法与政府管制》，北京大学出版社 2012 年版，第 286 页。

〔3〕　刘恒主编：《行政执法与政府管制》，北京大学出版社 2012 年版，第 287 页。

〔4〕　刘恒主编：《行政执法与政府管制》，北京大学出版社 2012 年版，第 287 页。

护条例》第 65 条第 1 款规定："违反本条例的规定，经批准进行超限运输的车辆，未按照指定时间、路线和速度行驶的，由公路管理机构或者公安机关交通管理部门责令改正；拒不改正的，公路管理机构或者公安机关交通管理部门可以扣留车辆。"②扣留工具。《公路安全保护条例》第 72 条第 1 款规定："造成公路、公路附属设施损坏，拒不接受公路管理机构现场调查处理的，公路管理机构可以扣留车辆、工具。"

（2）强制拖离。《公路安全保护条例》第 67 条规定："违反本条例的规定，有下列行为之一的，由公路管理机构强制拖离或者扣留车辆，处 3 万元以下的罚款……"

（3）强制卸载超限货物。《超限运输车辆行驶公路管理规定》第 36 条第 1 款规定："经检测认定违法超限运输的，公路管理机构应当责令当事人自行采取卸载等措施，消除违法状态；当事人自行消除违法状态确有困难的，可以委托第三人或者公路管理机构协助消除违法状态。"

2. 道路运政执法中的交通行政强制措施

道路运政执法中常用的交通行政强制措施是暂扣车辆，实施依据为《中华人民共和国道路运输条例》第 62 条："县级以上人民政府交通运输主管部门的工作人员在实施道路运输监督检查过程中，对没有车辆营运证又无法当场提供其他有效证明的车辆予以暂扣的，应当妥善保管，不得使用，不得收取或者变相收取保管费用。"

另一方面，现代社会中道路运政执法的一种常见情形是高速公路交警所实施的行政强制措施，即高速公路上交警对违反道路交通管理制度的行政相对人实施行政强制措施。与一般范围内的交通行政强制措施相比，由于受到高速公路本身性质、高速公路交通事故的特性、高速公路交通违法行为特性等因素的影响，高速公路上交警实施行政强制措施往往会具有较强的时间紧迫性。此外，由于高速交警在实施行政强制措施的过程中可能会处于动态变化、纷繁复杂的执法环境中，为了实现解决问题、尽快恢复道路运输秩序的管理目标，高速交警有可能会综合运用多个行政强制措施。这是因为"高速公路本身所承载的交通工具具有动态性，而交通事故具有突发性，高速公路通行空间较其他等级公路更加机械,交通事故极易引发次生事故和交通拥堵"。[1]

(二)特殊情形:交警在车辆管理系统里"锁定"车辆属于交通行政强制措施

在现今的信息时代,也出现了许多值得深思的交通行政执法方式。例如,交警部门在车辆管理系统里将车辆登记为"锁定"状态的行为是否应认定为交通行政强制措施?

在杨某诉海口市公安局交通警察支队行政强制案[2]中,原告杨某前往车管所申请对其小型轿车进行年度审验时查询到该车辆状态为"锁定",无法办理车辆年审审验。被告海口市公安局交通警察支队主张,该"锁定"属于被告系统的管理状态,不属于行政强制措施。海南省海口市龙华区人民法院做出的一审判决指出:

> "被告将涉案车辆登记为'锁定'状态,系被告在履行车辆管理职责过程中做出的行为,在公安交警的车辆管理系统里面予以操作和体现,并未通过法律文书等形式予以载明,但该'锁定'的行为导致涉案车辆权利处于限制状态,无法办理转移登记及抵押登记,对原告权利已产生实质影响。故被告将涉案车辆登记为'查封、锁定',属于行政强制措施。"

二、水路领域的交通行政强制措施

结合我国实践情况来看,我国水路领域的交通行政执法根据不同的管理事项可以分为不同的执法门类,具体包括水路运政执法、航道行政执法、港口行政执法与海事行政执法。

水路运政执法,也称为水路运输管理,主要内容包括客运和货运的水路运输、水路运输服务及船舶代理等辅助性业务的行业管理、水路运输市场的统筹协调和服务监督。水路运政管理的客体是水路运输,目的在于规范水运市场,维护水运秩序,提高运输效益。目前,我国水路运政的主要执法依据是《国内水路运输管理条例》及各地制定的相关规范性文件。[3]

---

[1] 彭晨:《高速公路交通警察行政执法问题研究》,江西师范大学 2018 年硕士学位论文,第 16 页。

[2] 海南省海口市龙华区人民法院行政判决书(2018)琼 0106 行初 87 号。

[3] 刘恒主编:《行政执法与政府管制》,北京大学出版社 2012 年版,第 287 页。

内河航道行政执法主要是指对水运基础设施进行管理[1]，旨在保护和开发利用水资源、为航运单位船民提供优质便捷的服务、保护航道建设和养护成果、发挥航道在交通运输中的基础作用。[2] 21 世纪以来我国航道行政执法所依据规范性文件主要包括《中华人民共和国航道管理条例》《中华人民共和国航道管理条例实施细则》《中华人民共和国航标条例》《中华人民共和国内河交通安全管理条例》等。

港口行政执法的内容包括：港口规划和建设、港口公用基础设施的监督和管理、与港口有关的外轮理货、引航等港口辅助业的行业管理，等等。[3] 我国港口行政执法的主要法律依据是《中华人民共和国港口法》《港口经营管理规定》等法律法规和规章。

海事行政执法主要是指对水运工具和水上交通安全进行监督，主要包括港口航道监督和船舶检验。海事执法的内容主要涵盖了水上交通安全、海洋管理、海洋环境保护、航海保障、船舶及水上设施检验、船舶登记和船员管理等内容。[4] 我国海事行政执法的主要依据是《中华人民共和国海上交通安全法》《中华人民共和国海洋环境保护法》《防治船舶污染海洋环境管理条例》《中华人民共和国水污染防治法》《中华人民共和国船舶登记条例》等。

鉴于水运的独特运输价值和运输作用，我国多次对水运法律法规进行了补充与完善。因而，除上述列举的法律法规外，我国水路领域交通行政强制的法律依据还涉及若干法律（如《中华人民共和国海域使用管理法》《中华人民共和国突发事件应对法》《中华人民共和国防洪法》《中华人民共和国安全生产法》等）、行政法规（如《生产安全事故报告和调查处理条例》《特种设备安全监察条例》《危险化学品安全管理条例》等）。

尽管当前我国水路领域已建构起较为庞大的规范体系，但在实际执法过程中，水路交通行政执法部门往往存在行政强制措施乏力、交通行政执法工作质量偏低的情形。之所以会出现这样的局面，主要与两个方面的因素有关。①我国各地水路运输管理机构大都由交通行政主管部门设置，在交通行政执法工作

---

〔1〕 刘恒主编：《行政执法与政府管制》，北京大学出版社 2012 年版，第 287 页。
〔2〕 江挺：《内河航道行政执法中存在的问题及其对策》，《科技与企业》2013 年第 9 期，第 22 页。
〔3〕 刘恒主编：《行政执法与政府管制》，北京大学出版社 2012 年版，第 287 页。
〔4〕 刘恒主编：《行政执法与政府管制》，北京大学出版社 2012 年版，第 288 页。

中只具备部分行政管理职能。[1]②部分水路运输领域的现行规范依据往往偏重于对交通行政处罚的内容做较为详细的规定，但忽视了交通行政强制的具体内容。以《中华人民共和国航道管理条例》和《广西壮族自治区航道管理条例》为例，这2个条例中只规定了行政处罚的种类和幅度，但并未对"相对人抗拒监督检查、不服从处罚时是否可以采取强制措施及采取何种强制措施"的问题做出明确规定。当地航道行政执法部门在日常执法工作中十分被动，无法单独采取行政强制措施，只能联合公安、海事进行检查和执法。[2]

综合分析上文提及的水路运输领域的主要规范依据，可以将我国目前水路领域的交通行政强制措施提炼为以下内容。

（1）暂扣船舶。例如，《中华人民共和国内河交通安全管理条例》第61条规定："海事管理机构依照本条例实施监督检查时，可以根据情况对违反本条例有关规定的船舶，采取责令临时停航、驶向指定地点，禁止进港、离港，强制卸载、拆除动力装置、暂扣船舶等保障通航安全的措施。"

《防治船舶污染海洋环境管理条例》第45条规定："组织事故调查处理的机关或者海事管理机构根据事故调查处理的需要，可以暂扣相应的证书、文书、资料；必要时，可以禁止船舶驶离港口或者责令停航、改航、停止作业直至暂扣船舶。"

（2）禁止船舶进港、离港。《中华人民共和国内河交通安全管理条例》第59条规定："发现内河交通安全隐患时，应当责令有关单位和个人立即消除或者限期消除；有关单位和个人不立即消除或者逾期不消除的，海事管理机构必须采取责令其临时停航、停止作业，禁止进港、离港等强制性措施。"该行政法规第61条规定："海事管理机构依照本条例实施监督检查时，可以根据情况对违反本条例有关规定的船舶，采取责令临时停航、驶向指定地点，禁止进港、离港，强制卸载、拆除动力装置、暂扣船舶等保障通航安全的措施。"

（3）强制卸载。例如，《中华人民共和国内河交通安全管理条例》第82条前段规定："违反本条例的规定，船舶不具备安全技术条件从事货物、旅客运输，或者超载运输货物、旅客的，由海事管理机构责令改正，处2万元以上10万元以下的罚款，可以对责任船员给予暂扣适任证书或者其他适任证件6个月

〔1〕 熊哲：《内河航道行政执法中遇到的挑战及改进措施》，《中国水运》2016年第10期，第50页。
〔2〕 陆永焕：《航道行政执法的制约因素与对策》，《西部交通科技》2012年第4期，第95页。

以上直至吊销适任证书或者其他适任证件的处罚，并对超载运输的船舶强制卸载，因卸载而发生的卸货费、存货费、旅客安置费和船舶监管费由船舶所有人或者经营人承担……"

（4）责令停航、改航。[1] 例如，《中华人民共和国海上交通安全法》第91条第2款前段规定："船舶、海上设施处于不适航或者不适拖状态，船员、海上设施上的相关人员未持有有效的法定证书、文书，或者存在其他严重危害海上交通安全、污染海洋环境的隐患的，海事管理机构应当根据情况禁止有关船舶、海上设施进出港，暂扣有关证书、文书或者责令其停航、改航、驶往指定地点或者停止作业。"

（5）其他必要的强制措施。例如，《中华人民共和国海上交通安全法》第52条规定："有下列情形之一，对海上交通安全有较大影响的，海事管理机构应当根据具体情况采取停航、限速或者划定交通管制区等相应交通管制措施并向社会公告：（一）天气、海况恶劣；（二）发生影响航行的海上险情或者海上交通事故；（三）进行军事训练、演习或者其他相关活动；（四）开展大型水上水下活动；（五）特定海域通航密度接近饱和；（六）其他对海上交通安全有较大影响的情形。"

三、铁路领域的交通行政强制措施

（一）铁路领域的交通行政强制措施的主要内容

（1）制止扰乱公共秩序的行为，将拒不服从的人员强行带离现场或者予以拘留。例如，《中华人民共和国铁路法》第53条规定："对聚众拦截列车或者聚众冲击铁路行车调度机构的，铁路职工有权制止；不听制止的，公安人员现场负责人有权命令解散；拒不解散的，公安人员现场负责人有权依照国家有关规定决定采取必要手段强行驱散，并对拒不服从的人员强行带离现场或者予以拘留。"

（2）采取必要的安全应急管理措施。例如，《铁路安全管理条例》第31条

---

[1] 在大连康达船务公司诉被大连港务监督局责令停航案中，原被告双方就该被告停航通知这一行政行为的性质究竟是属于行政强制措施还是行政处罚发生争议。最高人民法院做出了行他〔2000〕第13号司法解释："停航不是目的，而是为了强制原告的船去接受船检。而处罚则是对某违法事实的最终认定和处理的结果。"由此，法院审理后认为"立即停航通知"属于行政强制措施。梁凤云：《最高人民法院行政诉讼批复答复释解与应用》（法律适用卷），中国法制出版社2011年版，第402页。

第 1 款规定："铁路线路安全保护区内既有的建筑物、构筑物危及铁路运输安全的，应当采取必要的安全防护措施；采取安全防护措施后仍不能保证安全的，依照有关法律的规定拆除。"该条例第 61 条规定："在法定假日和传统节日等铁路运输高峰期或者恶劣气象条件下，铁路运输企业应当采取必要的安全应急管理措施，加强铁路运输安全检查，确保运输安全。"

（二）特殊情形：高铁"霸座""扒门"事件中为何较少采取铁路行政强制措施

依据《中华人民共和国人民警察法》第 8 条和《中华人民共和国铁路法》第 53 条的规定，对于严重危害社会治安秩序或者威胁公共安全的违法行为人（如聚众拦截列车或者聚众冲击铁路行车调度机构），铁路公安机关及其执法人员有权将其强行带离现场。

但近年来，高铁"霸座""扒门"等影响铁路正常运输管理的违法案件时有发生。面对这类严重影响高铁运营秩序与公共秩序的"霸座""扒门"违法行为，铁路公安机关及其执法人员是否有权实施行政强制成为一大难题。在我国实践中，铁路领域的行政执法机关在面对交通违法行为时通常会使用事后的行政处罚，却鲜少当场使用行政强制措施来控制相对人的违法行为。例如，在"安徽一女子阻拦高铁发车"[1]、"一男子孙某高铁霸座"[2]、"列车女乘客'霸座'辱骂乘警"[3]等案件中，除了第三个案件中高铁乘警采用行政强制措施将涉案人员强制带离现场外，其余案件中均是通过事后的行政处罚来对违法行为人进行惩处，但在事件发生的当下，执法人员未对违法行为人采取强制性措施，仅采用言语劝说的方式尝试处理纠纷。

这样的局面或许是执法人员基于以下原因做出的选择导致的。其一，目前铁路公安处理"霸座""扒门"案件的主要依据是《中华人民共和国治安管理处罚法》和《铁路安全管理条例》。但这两部立法中都未涉及铁路公安机关可

---

[1] 佚名：《女子阻挡高铁，警方：处以 2000 元罚款》，https：//baijiahao. baidu. com/s?id =1589200544268863233&wfr = spider&for = pc，访问日期：2021 年 10 月 27 日。

[2] 何书睿：《高铁"霸座"男被处治安罚款 200 元，记入铁路征信体系》，https：//www. guancha. cn/society/2018_08_24_469468. shtml，访问日期：2021 年 10 月 27 日。

[3] 李涛：《铁路"霸座"乘客首次被拘留，不少网友为警方点赞》，https：//baijiahao. baidu. com/s?id =1619147135299623264&wfr = spider&for = pc，访问日期：2021 年 10 月 27 日。

以适用强制带离的相关规定。只有《铁路安全管理条例》第 95 条提到"由公安机关责令改正"。但"责令改正"具有 2 类性质：当责令改正单独适用时，其仅仅是劝诚指导行为；当责令改正作为行政处罚的前置条件或加重条件适用时，属于行政命令。[1] 由此可知，《中华人民共和国治安管理处罚法》和《铁路安全管理条例》均没有为铁路领域的交通行政强制提供正式的法律依据。其二，尽管《中华人民共和国人民警察法》第 8 条提到了"对严重危害社会治安秩序或者威胁公共安全的人员，可以强行带离现场"，但对于什么样的危害属于"严重危害"缺少细化规定，需要由铁路公安机关及其执法人员结合现场情况做出判断。其三，铁路公安机关及其执法人员往往存在顾虑，不愿对违法行为人采取行政强制措施，特别是在当下信息大爆炸的时代，"一段不知前因后果、掐头去尾的小视频就能在网络键盘侠的非理性煽动下给执法办案人员、公安机关带来很大的伤害"[2]。

事实上，"人民警察的应急性行政强制措施大致分为救助性、控制性以及协助性三类"，[3] 铁路公安机关将违法行为人强制带离现场即属于其中控制性行政措施。在"霸座""扒门"等情形中，涉案双方当事人往往情绪激动，围观群众也极易被挑动愤懑情绪。在此情形下，若铁路公安机关在劝阻无效的情况下能够合法快速地将违法行为人强制带离现场，不仅有利于快速解决争端、保障被扒车门的列车上所有乘客的权益以及被霸座的乘客的权益，也有利于保障公安机关的威慑力与公信力，更能够警示、威慑他人不再犯类似的错误。在这样的情境下，比较理想化的处理方式是铁路行政执法部门能够正确运用自己的交通行政强制职权。例如，当发现乘客恶意堵门或卡门时，铁路行政执法部门可以先采用规范的执法语言进行教育、劝阻、警告、驱离。若经 3 次口头警告仍无法解决问题，可立即采取以徒手控制为主的强制带离措施，必要时可采用警械等有效手段进行强制驱离。[4]

---

〔1〕 夏雨：《责令改正之行为性质研究》，《行政法学研究》2013 年第 3 期，第 40—42 页。

〔2〕 刘丽、刘婕妤：《高铁"扒门""霸座"等系列行政违法案件的法律反思——以铁路公安机关的执法为视角》，《湖南警察学院学报》2019 年第 4 期，第 91 页。

〔3〕 余凌云：《增设突发事件中警察行政强制措施的立法建议》，《法商研究》2007 年第 1 期，第56 页。

〔4〕 崔向前：《合肥南站"卡门事件"的理法分析及处置路径——兼论〈治安管理处罚法〉涉铁道运输安全条文的修改》，《福建警察学院学报》2020 年第 2 期，第 35 页。

四、民用航空领域的交通行政强制措施

（一）民用航空领域的交通行政强制措施的主要内容

我国民用航空领域的交通行政强制措施法律依据主要为《中华人民共和国民用航空法》《中华人民共和国民用航空器国籍登记条例》《外国民用航空器飞行管理规则》《公共航空旅客运输飞行中安全保卫工作规则》《中华人民共和国民用航空安全保卫条例》《中华人民共和国民用航空器权利登记条例》等。综合分析这些规范依据，可以将我国目前民用航空领域的交通行政强制措施提炼为以下内容。

（1）采取必要措施制止未经批准正在飞离的民用航空器。例如，《中华人民共和国民用航空法》第81条第2款规定："对未经批准正在飞离中华人民共和国领空的民用航空器，有关部门有权根据具体情况采取必要措施，予以制止。"

（2）采取必要措施使民用航空器回归航路。例如，《中华人民共和国民用航空法》第83条规定："空中交通管制单位发现民用航空器偏离指定航路、迷失航向时，应当迅速采取一切必要措施，使其回归航路。"

（3）采取确保飞行安全的其他必要措施。实施依据为：《中华人民共和国民用航空法》第87条："任何可能影响飞行安全的活动，应当依法获得批准，并采取确保飞行安全的必要措施，方可进行。"该法第102条第2款："公共航空运输企业必须按照国务院民用航空主管部门的规定，对承运的货物进行安全检查或者采取其他保证安全的措施。"该法第174条第2款："对不符合前款规定，擅自飞入、飞出中华人民共和国领空的外国民用航空器，中华人民共和国有关机关有权采取必要措施，令其在指定的机场降落；对虽然符合前款规定，但是有合理的根据认为需要对其进行检查的，有关机关有权令其在指定的机场降落。"

（二）民航领域的交通行政强制措施中的特殊情形

1. "机长治安权"是否属于行政强制权

学界通说认为，机长因其岗位特殊性而在飞行中的民用航空器内享有特殊

的权力，即"机长治安权"。[1]1963 年《关于在航空器内犯罪和其他某些行为的公约》是国际上第一份规定民用航空器机长治安权的国际性规则，也是迄今为止众多国际公约中影响最为深远的一份规则。[2]该公约第 6 条第 1 款明确了机长合理和必要的管束权力："一、机长在有理由认为某人在航空器上已犯或行将犯第一条第一款所指的罪行或行为时，可对此人采取合理的措施，包括必要的管束措施，以便：甲、保证航空器、所载人员或财产的安全；乙、维持机上的良好秩序和纪律；丙、根据本章的规定将此人交付主管当局或使他离开航空器。"该公约第 8 条规定了机长的驱逐权："一、机长在有理由认为某人在航空器内已犯或行将犯第一条第一款乙项所指的行为时，可在航空器降落的任何国家的领土上使该人离开航空器，如果这项措施就第六条第一款甲项或乙项所指出的目的来说是必要的。二、机长按照本条规定使一人在某国领土内离开航空器时，应将此离开航空器的事实和理由报告该国当局。"此外，1970 年《关于制止非法劫持航空器的公约》第 9 条第 1 款规定："一、当第一条（甲）款所指的任何行为已经发生或行将发生时，缔约各国应采取一切适当措施以恢复或维护合法机长对航空器的控制。"行政法学者也赞同"机长治安权"的存在，赞同在特别情况下机长在法律、法规、规章授权下也可以行使行政职权。[3]

此时，便有一个值得深思的问题："机长治安权"本质上属于行政处罚权还是行政强制权？目前学界尚无定论。从上述国际公约中可以看出，"机长治安权限定为管束性或约束性行政措施，而没有规定直接行使行政处罚权，这是由机长的法律地位和双重法律身份以及机长治安权的性质决定的。"[4]

而从我国现行有效的民用航空法律制度的具体规定来看，"机长治安权"更偏向于民用航空领域的行政强制措施。例如，《中华人民共和国民用航空法》第 46 条第 1 款规定："飞行中，对于任何破坏民用航空器、扰乱民用航空器内秩序、危害民用航空器所载人员或者财产安全以及其他危及飞行安全的行为，在保证安全的前提下，机长有权采取必要的适当措施。"又如，《中华人民共和

---

[1] 张望平：《论民航机长的权力》，《北京理工大学学报（社会科学版）》2017 年第 3 期，第 122—123 页；林泉：《机长在防范和打击航空器内犯罪中的法律地位》，《河南社会科学》2009 年第 5 期，第 58 页。
[2] 尤春媛：《民用航空行政法律规制研究》，法律出版社 2018 年版，第 156—157 页。
[3] 章剑生：《现代行政法基本理论（第二版）》，法律出版社 2014 年版，第 118 页。
[4] 尤春媛：《民用航空行政法律规制研究》，法律出版社 2018 年版，第 157 页。

国民用航空法》第48条规定："民用航空器遇险时，机长有权采取一切必要措施，并指挥机组人员和航空器上其他人员采取抢救措施。在必须撤离遇险民用航空器的紧急情况下，机长必须采取措施，首先组织旅客安全离开民用航空器；未经机长允许，机组人员不得擅自离开民用航空器；机长应当最后离开民用航空器。"再如，《中华人民共和国民用航空安全保卫条例》第23条规定："机长在执行职务时，可以行使下列权力：（一）在航空器起飞前，发现有关方面对航空器未采取本条例规定的安全措施的，拒绝起飞；（二）在航空器飞行中，对扰乱航空器内秩序，干扰机组人员正常工作而不听劝阻的人，采取必要的管束措施；（三）在航空器飞行中，对劫持、破坏航空器或者其他危及安全的行为，采取必要的措施；（四）在航空器飞行中遇到特殊情况时，对航空器的处置作最后决定。"此外，《公共航空旅客运输飞行中安全保卫工作规则》第10条规定："机长在履行飞行中安全保卫职责时，行使下列权力：（一）在航空器起飞前，发现未依法对航空器采取安全保卫措施的，有权拒绝起飞；（二）对扰乱航空器内秩序，妨碍机组成员履行职责，不听劝阻的，可以要求机组成员对行为人采取必要的管束措施，或在起飞前、降落后要求其离机；（三）对航空器上的非法干扰行为等严重危害飞行安全的行为，可以要求机组成员启动相应处置程序，采取必要的制止、制服措施；（四）处置航空器上的扰乱行为或者非法干扰行为，必要时请求旅客协助；（五）在航空器上出现扰乱行为或者非法干扰行为等严重危害飞行安全行为时，根据需要改变原定飞行计划或对航空器做出适当处置。"这些规定中的"必要的适当措施""必要的管束措施""必要的制止、制服措施"即代表了法律授予机长在特定时空中为了维持必要的航空秩序而行使的特殊职权。鉴于航空器的特殊时空性，此时，我们可以将这类必要且适当的管束、制止、制服措施视为民用航空领域的行政强制措施。

2. 民用航空管理局下发的停飞通知是否属于行政强制措施

民用航空运输领域中的另一个特殊问题是民用航空管理局下发的停飞通知的属性问题。在东星集团诉民用航空中南管理局不当行政行为案[1]中，原告湖北东星集团有限公司（以下简称东星集团）与被告中国民用航空中南地区管理局（以下简称民航中南局）就民用航空局做出的停飞决定发生纠纷。

---

[1] 广州市中级人民法院行政判决书（2012）穗中行终字第129号。

在该案中，以东星集团为大股东的东星航空有限责任公司（以下简称东星航空）于 2005 年 12 月 22 日登记成立。被告及其派出机构民用航空湖北安全监督管理局在日常监管过程中，发现东星航空存在安全隐患。2009 年 3 月 14 日，武汉市政府办公厅向被告民航中南局出具了一份《武汉市人民政府办公厅关于停飞东星航空公司航班的函》。函中称"东星航空在与中航重组过程中遇到人为障碍""东星航空欠债较多""东星航空实际控制人擅自出境"，要求民航中南局对东星航空予以停航。被告民航中南局收到该函后，于当日以民航明传电报的方式向东星航空发出《关于暂停东星航空公司飞行的通知》。东星航空收到上述停飞通知后于 3 月 15 日全面停飞。

该案件的核心争议焦点在于：被告民航中南局做出的"要求东星航空停飞"的行政决定的性质是属于交通行政处罚还是交通行政强制措施？

为回答这个问题，必须厘清交通行政处罚与交通行政强制之间的区别。二者的区别在于：第一，法律效果不同。行政处罚是对行政相对人权利的最终处分，而行政强制措施是对相对人权利的一种临时限制。第二，制裁性不同。行政处罚是一种行政制裁行为，以行政相对人的行为违法为前提；行政强制措施不是一种行政制裁行为，因而与行政相对人的行为是否违法没有必然联系。第三，行为状态不同。行政处罚是一种最终行政行为；行政强制措施则是一种中间行为，是为保证最终行政行为的做出所采取的一种临时性措施。第四，立法表现形式不同。从法律法规上看，行政处罚作为一种罚则通常被规定在"法律责任"这一章节中；而行政强制措施则一般被规定在"执法检查"的章节中。[1]

正是基于这样的考虑，广东省广州市白云区人民法院在一审中驳回了东星集团的诉讼请求：

"民用航空业是一个特殊的行业，肩负着保障广大乘客生命和财产安全的社会责任，其行业管理部门在发现安全隐患可能危及公众安全利益时，需要采取即时性、紧急性的行政强制措施。民航中南局在对东星航空的持续监管过程中，发现该公司主要存在多项严重危及飞行安全的问题，经民

[1] 胡建淼：《论中国"行政强制措施"概念的演变及定位》，《中国法学》2002 年第 6 期，第 39 页。

航中南局多次责令整改仍未改善。此外，东星航空所在的武汉市政府也反映东星航空在重组过程中存在重大安全隐患，并向民航中南局发出了函件。法院认为，民航中南局根据查清的事实对东星航空做出行政强制措施并无不当，程序上虽有未告知权利等瑕疵，但该瑕疵对本案事实的认定并不造成影响。"[1]

广州市中级人民法院在二审中维持原判：

"（三）被告对东星航空有限公司做出的责令暂停飞行决定属行政强制措施。本案中，被告根据对东星航空有限公司的监管发现该公司存在重大安全隐患，向该公司发出民航明传电报，暂停该公司飞行。被告做出的停飞决定，是基于发现东星航空有限公司存在重大安全隐患，涉及公共安全而采取的暂时性的措施，从性质上看具有临时性和紧急性的特点，其目的是预防或制止危险状态以及不利后果的发生和发展。因此，被告做出的责令暂停飞行决定属行政强制措施。"

五、管道运输领域的交通行政强制措施

油气管道作为天然气上游生产与下游消费利用的桥梁纽带，对于保障油气安全稳定供应具有重要意义。"截至 2020 年底，中国境内建成油气长输管道累计达到 14.4 万千米，其中天然气管道约 8.6 万千米，原油管道约 2.9 万千米，成品油管道约 2.9 万千米。"[2]

但从实践情况来看，我国油气管道运输领域的法律制度体系仍不够完善。一方面，由于能源法迟迟未能正式颁布，能源领域缺少更高位阶的法律进行有效统领和协调，管道运输领域行政执法的操作性和执行性始终受制约。另一方面，《中华人民共和国石油天然气管道保护法》作为油气管道运输保护的重要规范，自 2010 年颁布至今已有 10 余年，原有的制度体系与现实实践之间逐渐出现裂痕，无法完全适应油气管网设施高质量发展的要求。[3]也正因如此，我

---

〔1〕 广州市白云区人民法院行政判决书（2011）云法初字第 71 号。

〔2〕 高鹏、高振宇、赵赏鑫、刘广仁：《2020 年中国油气管道建设新进展》，《国际石油经济》2021
年第 3 期，第 54 页。

〔3〕 陶青德：《石油天然气管道安全保护带递延"法相"要论——以〈石油天然气管道保护法〉修
订为背景》，《西南石油大学学报（社会科学版）》2021 年第 2 期，第 2 页。

国管道运输领域的行政执法发展进展缓慢。有学者经调研统计后指出，自《中华人民共和国石油天然气管道保护法》开始实施以来，在 2010 年 10 月 1 日至 2020 年 11 月 16 日期间与管道保护相关案例仅有 71 例。[1] 因此，完善油气管道运输过程中监管部门的执法职责与问责机制具有重要意义。在此过程中，管道运输领域的交通行政强制措施无疑可以发挥更为重要的作用。

目前，我国管道运输领域的交通行政强制措施主要包括以下 4 项：

（1）防洪保护措施。《中华人民共和国石油天然气管道保护法》第 48 条第 2 款规定："需要在管道通过的区域泄洪的，县级以上地方人民政府水行政主管部门应当在泄洪方案确定后，及时将泄洪量和泄洪时间通知本级人民政府主管管道保护工作的部门和管道企业或者向社会公告。主管管道保护工作的部门和管道企业应当对管道采取防洪保护措施。"

（2）责令限期改正、责令停止违法行为。实施依据包括：《中华人民共和国石油天然气管道保护法》第 50 条第 1 款："管道企业有下列行为之一的，由县级以上地方人民政府主管管道保护工作的部门责令限期改正；逾期不改正的，处二万元以上十万元以下的罚款；对直接负责的主管人员和其他直接责任人员给予处分：（一）未依照本法规定对管道进行巡护、检测和维修的；（二）对不符合安全使用条件的管道未及时更新、改造或者停止使用的；（三）未依照本法规定设置、修复或者更新有关管道标志的；（四）未依照本法规定将管道竣工测量图报人民政府主管管道保护工作的部门备案的；（五）未制定本企业管道事故应急预案，或者未将本企业管道事故应急预案报人民政府主管管道保护工作的部门备案的；（六）发生管道事故，未采取有效措施消除或者减轻事故

---

[1] 具体而言，在这 71 件相关案例中，适用《中华人民共和国石油天然气管道保护法》或石油天然气保护地方性法规做出处罚的案例共 35 例，包括：在油气管道线路中心线两侧各 5 米地域范围内使用机械工具进行挖掘施工（9 例）、未经批准进行穿跨越管道施工作业（12 例）、在埋地管道上方巡查便道上行驶重型车辆（7 例）、在地面管道线路放置重物（1 例）、违反管道安全保护工作职责造成事故（6 例）。适用《中华人民共和国治安管理处罚法》《中华人民共和国安全生产法》《中华人民共和国特种设备安全法》等相关立法的共 36 例，包括：扰乱秩序、致使管道施工不能正常进行（8 例），偷接气井的天然气管道到行为人自己搭建的简易房（1 例），对长输管道超期未检、未登记（2 例），对事故负有责任（23 例），未按规定进行安全教育和培训（1 例），拒不执行安全监管监察指令（1 例）。陈媛媛、付畅、秦扬、胡俊坤、陈莎：《"双碳"目标视野下我国油气管道保护法律保障问题研究》，《天然气技术与经济》2021 年第 6 期，第 65 页。

危害的；（七）未对停止运行、封存、报废的管道采取必要的安全防护措施的。"同法第52条："违反本法第二十九条、第三十条、第三十二条或者第三十三条第一款的规定，实施危害管道安全行为的，由县级以上地方人民政府主管管道保护工作的部门责令停止违法行为；情节较重的，对单位处一万元以上十万元以下的罚款，对个人处二百元以上二千元以下的罚款；对违法修建的建筑物、构筑物或者其他设施限期拆除；逾期未拆除的，由县级以上地方人民政府主管管道保护工作的部门组织拆除，所需费用由违法行为人承担。"

（3）查封或者扣押危险物品、查封违法作业场所。《中华人民共和国安全生产法》第65条第1款第4项规定："应急管理部门和其他负有安全生产监督管理职责的部门依法开展安全生产行政执法工作，对生产经营单位执行有关安全生产的法律、法规和国家标准或者行业标准的情况进行监督检查，行使以下职权：……（四）对有根据认为不符合保障安全生产的国家标准或者行业标准的设施、设备、器材以及违法生产、储存、使用、经营、运输的危险物品予以查封或者扣押，对违法生产、储存、使用、经营危险物品的作业场所予以查封，并依法作出处理决定。"

《中华人民共和国特种设备安全法》第61条第3、第4项规定："负责特种设备安全监督管理的部门在依法履行监督检查职责时，可以行使下列职权：……（三）对有证据表明不符合安全技术规范要求或者存在严重事故隐患的特种设备实施查封、扣押；（四）对流入市场的达到报废条件或者已经报废的特种设备实施查封、扣押。"

（4）其他必要的防护措施。例如，《中华人民共和国石油天然气管道保护法》第59条规定："本法施行前在管道保护距离内已建成的人口密集场所和易燃易爆物品的生产、经营、存储场所，应当由所在地人民政府根据当地的实际情况，有计划、分步骤地进行搬迁、清理或者采取必要的防护措施。需要已建成的管道改建、搬迁或者采取必要的防护措施的，应当与管道企业协商确定补偿方案。"

六、城市轨道交通领域的交通行政强制措施

城市轨道交通是一个较为独立、封闭的系统。根据管理的不同对象，可以将城市轨道交通领域的交通行政执法分为以下内容：第一，针对轨道运营单位

（地铁公司）的执法，即当地铁公司违反消防、绿化、物价、环保、建设、卫生等法律法规，在安全生产、质量控制、收费经营等方面出现问题时，由相关行政主管部门分别按照法定职责管理。第二，针对保护区内施工的单位和个人的执法，即为了保证轨道的安全运营，在轨道线路周边划定一定的保护范围，在保护区范围内的建设施工活动均实行严格管理。第三，针对地铁内和站台内乘客的执法，即当乘客的行为造成设备设施毁损，或影响运营秩序、危害交通安全、影响公共场所容貌和环境卫生时，应接受城市交通、城管、公安等行政主管部门以及经授权或受委托的机构的监管。第四，针对相关主管单位和工作人员的执法，即对行政管理部门、城市轨道交通经营单位及其依授权或委托进行执法的工作人员的违法行为进行监管。[1]

目前，我国城市轨道交通领域的交通行政强制措施主要包括以下2项：

（1）采取安全防护措施。实施依据为《城市轨道交通运营管理规定》第14条第2款："城市轨道交通运营主管部门应当建立运营重大隐患治理督办制度，督促运营单位采取安全防护措施，尽快消除重大隐患；对非运营单位原因不能及时消除的，应当报告城市人民政府依法处理。"

（2）采取限流、封站、甩站、暂停运营等措施。《城市轨道交通运营管理规定》第45条第1、第3款规定："运营单位应当加强城市轨道交通客流监测。可能发生大客流时，应当按照预案要求及时增加运力进行疏导；大客流可能影响运营安全时，运营单位可以采取限流、封站、甩站等措施。……运营单位采取限流、甩站、封站、暂停运营措施应当及时告知公众，其中封站、暂停运营措施还应当向城市轨道交通运营主管部门报告。"

第三节　交通行政强制执行的种类

交通运输是国民经济中具有基础性、先导性、战略性的产业。从我国当前交通运输领域的实际发展情况来看，我国各种运输方式已形成超大规模设施网络，具备较强的服务能力，但仍存在衔接不畅、融合不足、结构性短板等问题，

---

〔1〕 陈辉煌：《广深轨道交通执法体制的实践和思考》，《都市快轨交通》2018年第5期，第131页。

降低了综合交通运输运行效率。[1]为了加快推进我国交通强国建设、构建现代综合交通运输体系，我国现行有效的交通运输法律规范赋予了各级交通运输行政执法机关必要的、较为广泛的行政强制执行权。从这个意义上来说，交通行政强制执行是加强交通安全监督管理机关执法能力、维护交通运输法律秩序的重要措施之一，有助于实现《"十四五"现代综合交通运输体系发展规划》所提出的"综合交通运输的规模、速度、质量、效益、安全相统一"的目标。

我国交通运输领域的行政强制执行既包括直接强制，也包括间接强制（即代履行与执行罚）。我国交通运输领域的行政强制执行中较为常见的内容主要包括：加处罚款或者滞纳金的执行罚；排除妨碍、恢复原状；代履行，等等。本节将主要分析公路领域、水路领域、铁路领域、民用航空领域、管道运输领域和城市轨道交通领域中若干常见的交通行政强制执行的具体内容。

一、公路领域的交通行政强制执行

1. 加处罚款

《中华人民共和国道路交通安全法》第 109 条第 1 项规定："当事人逾期不履行行政处罚决定的，做出行政处罚决定的行政机关可以采取下列措施：（一）到期不缴纳罚款的，每日按罚款数额的百分之三加处罚款……"

2. 排除妨碍安全视距的杂物，强制拆除非法建筑物、设施警报器或标志灯具，清除道路遗洒物、障碍物或者污染物

《中华人民共和国道路交通安全法》第 97 条规定："非法安装警报器、标志灯具的，由公安机关交通管理部门强制拆除，予以收缴，并处二百元以上二千元以下罚款"。同法第 106 条规定："在道路两侧及隔离带上种植树木、其他植物或者设置广告牌、管线等，遮挡路灯、交通信号灯、交通标志，妨碍安全视距的，由公安机关交通管理部门责令行为人排除妨碍；拒不执行的，处二百元以上二千元以下罚款，并强制排除妨碍，所需费用由行为人负担。"

《中华人民共和国公路法》第 79 条规定："违反本法第五十四条规定，在

---

[1] 毛科俊：《做好顶层设计，加快推进我国交通强国建设》，《经济参考报》2022 年 1 月 26 日第 1 版。

公路用地范围内设置公路标志以外的其他标志的，由交通主管部门责令限期拆除，可以处二万元以下的罚款；逾期不拆除的，由交通主管部门拆除，有关费用由设置者负担。"同法第 81 条规定："违反本法第五十六条规定，在公路建筑控制区内修建建筑物、地面构筑物或者擅自埋设管线、电缆等设施的，由交通主管部门责令限期拆除，并可以处五万元以下的罚款。逾期不拆除的，由交通主管部门拆除，有关费用由建筑者、构筑者承担。"

3. 恢复原状

《中华人民共和国道路交通安全法》第 104 条第 1 款规定："未经批准，擅自挖掘道路、占用道路施工或者从事其他影响道路交通安全活动的，由道路主管部门责令停止违法行为，并恢复原状，可以依法给予罚款；致使通行的人员、车辆及其他财产遭受损失的，依法承担赔偿责任。"

4. 采取有效的防护措施

实施依据为《中华人民共和国公路法》第 50 条："超过公路、公路桥梁、公路隧道或者汽车渡船的限载、限高、限宽、限长标准的车辆，不得在有限定标准的公路、公路桥梁上或者公路隧道内行驶，不得使用汽车渡船。超过公路或者公路桥梁限载标准确需行驶的，必须经县级以上地方人民政府交通主管部门批准，并按要求采取有效的防护措施；运载不可解体的超限物品的，应当按照指定的时间、路线、时速行驶，并悬挂明显标志。运输单位不能按照前款规定采取防护措施的，由交通主管部门帮助其采取防护措施，所需费用由运输单位承担。"

从法律性质上看，上述几类公路领域的交通行政强制执行在内容上既包括直接强制（如交通主管部门责令限期拆除、道路主管部门责令恢复原状、交通主管部门要求采取有效的防护措施），也包括代履行（如公安机关交通管理部门强制拆除非法安装警报器、标志灯具；公安机关交通管理部门强制排除妨碍安全视距的杂物；交通主管部门强制拆除违法标志；交通主管部门责令强制拆除违法建筑物、地面构筑物、设施；行政机关强制清除道路、河道、航道或者公共场所的遗洒物、障碍物或者污染物）。立法者的这一抉择与交通行政管理部门的执法目的息息相关。公路运输中，交通行政管理部门的执法目的就是维护公路运输法律秩序、提升公路交通运输行政执法工作的效率性、有效性。试想一下，当道路出现遗洒物、障碍物或者污染物时，为保障道路交通运输安全，亟待当事人清除障碍物。在这种紧急情况下，若交通行政管理部门无权代履行，一旦当事人拒绝清除或拖延清除，必然具有较为严重的危害性，甚至有可能会引发严重的道路交通事故。两相对比之下，赋予公路运输行政执法部门以代履行职权，无疑有助于加强公路运输行政执法部门的执法、护法能力，有利于在短时间内快速恢复道路交通秩序。由此可知，公路领域交通行政强制执行代履行的意义在于，交通行政管理部门通过代履行可以避免强制手段的使用、实现行政管理目的、恢复行政管理秩序。[1]也正因如此，"公路管理法律法规授权交通主管部门或公路管理机构做出的行政命令，如果不执行，基本上都是可以通过代履行的方式来实施行政强制的"[2]。

值得注意的是，公路领域交通行政管理部门实施行政强制执行代履行必须符合《中华人民共和国行政强制法》第51条所规定的法定程序。[3]例如，在兰州恒鑫广告有限责任公司与甘肃省兰州公路路政执法管理处行政强制案[4]中，原告恒鑫广告公司与被告兰州路政管理处就行政强制代履行发生争议。

2007年，原告恒鑫广告公司在兰州至中川机场高速公路沿线设立了广告牌。2016年，被告兰州路政管理处开展兰州至中川机场高速公路沿线广告牌清理整治活动，在《甘肃日报》刊载《公告》。恒鑫广告公司不服该《公告》，拒绝清理广告牌。2017年，兰州路政管理处对恒鑫广告公司设置的广告牌进行了强制拆除。针对"被上诉人兰州路政管理处实施的被诉行政强制执行行为是否符合法定程序"的问题，二审判决指出：

"本案中，案涉广告牌在设立之初未经相关工商行政管理部门许可、登记；在高速公路扩建后案涉广告牌处于公路建筑控制区内，该广告牌也未得到公路路政管理部门的核准情形下，被上诉人有权对案涉广告牌依法

---

[1] 全国人民代表大会常务委员会法制工作委员会行政法室编著：《中华人民共和国行政强制法解读》，中国法制出版社2011年版，第165页。

[2] 范金国：《为"公路行政强制"擦亮眼》，《中国公路》2012年第11期，第67页。

[3] 《中华人民共和国行政强制法》第51条第1款规定："代履行应当遵守下列规定：（一）代履行前送达决定书，代履行决定书应当载明当事人的姓名或者名称、地址，代履行的理由和依据、方式和时间、标的、费用预算以及代履行人；（二）代履行三日前，催告当事人履行，当事人履行的，停止代履行；（三）代履行时，作出决定的行政机关应当派员到场监督；（四）代履行完毕，行政机关到场监督的工作人员、代履行人和当事人或者见证人应当在执行文书上签名或者盖章。"

[4] 甘肃省高级人民法院行政判决书（2018）甘行终580号。

予以拆除，但应当严格遵循法定程序。……本案中，被上诉人在其做出的《代履行决定书》（甘兰处东岗代履行〔2016〕113号）中，未阐述对案涉广告牌的强制拆除实施代履行的理由，即对强制拆除案涉广告牌实施代履行具体符合《行政强制法》第五十条规定的哪种情形未做出具体认定，其做出的代履行决定认定事实不清、主要证据不足。其次，被上诉人未提交其在强制拆除案涉广告牌实施代履行前三日催告上诉人履行的证据，应认定为其未履行此催告程序，属于违反法定程序。"

二、水路领域的交通行政强制执行

本章第三节已较为详细地列举了当前我国水路领域交通行政执法机关的主要依据。鉴于行政强制执行只能由法律设定，下文将重点基于《中华人民共和国水污染防治法》《中华人民共和国海洋环境保护法》《中华人民共和国港口法》《中华人民共和国海上交通安全法》《中华人民共和国安全生产法》等我国水路领域的若干重要法律制度对水路领域的交通行政强制执行方式展开分析。

1. 强制打捞清除碍航物

《中华人民共和国海上交通安全法》第51条规定："碍航物的所有人、经营人或者管理人应当按照有关强制性标准和技术规范的要求及时设置警示标志，向海事管理机构报告碍航物的名称、形状、尺寸、位置和深度，并在海事管理机构限定的期限内打捞清除。碍航物的所有人放弃所有权的，不免除其打捞清除义务。不能确定碍航物的所有人、经营人或者管理人的，海事管理机构应当组织设置标志、打捞或者采取相应措施，发生的费用纳入部门预算。"同法第106条规定："碍航物的所有人、经营人或者管理人有下列情形之一的，由海事管理机构责令改正，处二万元以上二十万元以下罚款；逾期未改正的，海事管理机构有权依法实施代履行，代履行的费用由碍航物的所有人、经营人或者管理人承担：（一）未按照有关强制性标准和技术规范的要求及时设置警示标志；（二）未向海事管理机构报告碍航物的名称、形状、尺寸、位置和深度；（三）未在海事管理机构限定的期限内打捞清除碍航物。"

2. 强制拆除无关建设项目、排污口、严重污染水体的建设项目

《中华人民共和国水污染防治法》第65条第1款规定："禁止在饮用水水源一级保护区内新建、改建、扩建与供水设施和保护水源无关的建设项目；已

建成的与供水设施和保护水源无关的建设项目，由县级以上人民政府责令拆除或者关闭。"同法第 84 条第 1 款规定："在饮用水水源保护区内设置排污口的，由县级以上地方人民政府责令限期拆除，处十万元以上五十万元以下的罚款；逾期不拆除的，强制拆除，所需费用由违法者承担，处五十万元以上一百万元以下的罚款，并可以责令停产整治。"同法第 91 条第 1 款规定："有下列行为之一的，由县级以上地方人民政府环境保护主管部门责令停止违法行为，处十万元以上五十万元以下的罚款；并报经有批准权的人民政府批准，责令拆除或者关闭：（一）在饮用水水源一级保护区内新建、改建、扩建与供水设施和保护水源无关的建设项目的；（二）在饮用水水源二级保护区内新建、改建、扩建排放污染物的建设项目的；（三）在饮用水水源准保护区内新建、扩建对水体污染严重的建设项目，或者改建建设项目增加排污量的。"

3. 强制采取避免或者减少污染损害的措施

《中华人民共和国海洋环境保护法》第 71 条："船舶发生海难事故，造成或者可能造成海洋环境重大污染损害的，国家海事行政主管部门有权强制采取避免或者减少污染损害的措施。对在公海上因发生海难事故，造成中华人民共和国管辖海域重大污染损害后果或者具有污染威胁的船舶、海上设施，国家海事行政主管部门有权采取与实际的或者可能发生的损害相称的必要措施。"

在实践中，船舶海难事故引发的重大环境污染时有发生，有时由于海上油污造成的重大污染十分严重紧急，海事行政主管部门必须尽快采取清污措施。

在珠海海事局与广西北海市浩骏船务有限公司、中国人民财产保险股份有限公司福建自贸试验区平潭片区分公司船舶污染损害责任纠纷案[1]中，"浩骏"轮的所有人广西北海市浩骏船务有限公司（以下简称浩骏公司）向被告中国人民财产保险股份有限公司福建自贸试验区平潭片区分公司（以下简称人保平潭分公司）投保了沿海船舶燃油污染责任保险，保险金额 320 万元，保险期间自 2014 年 6 月 30 日 0 时起至 2015 年 6 月 29 日 24 时止。2014 年 9 月 16 日，"浩骏"轮因受台风"海鸥"影响，航行至珠海三灶机场南海域，货舱进水后倾覆沉没，船上燃油泄漏入海，造成事故海域不同程度污染。9 月 17 日，珠海海事局就本案沉船事故造成的油污指定

---

〔1〕 广州海事法院民事判决书（2016）粤 72 民初 1452 号。

安和公司立即参与防污、清污行动，还指定海粤珠海分公司派遣船舶到沉船现场监控油污泄漏情况。由此产生的费用，两公司均确认由珠海海事局统一索赔。人保平潭分公司辩称，珠海海事局无权直接索赔，应由具体的清污公司索赔，另外主张费用不合理，特别是清污船舶费用。法院审理后认为：

"本案船舶发生沉没事故，导致燃油泄漏可能造成海洋环境重大污染……原告作为海事行政主管部门，在海洋环境因船舶沉没而面临重大污染的情形下，可以安排清污公司采取避免或者减少污染损害的措施。由于安和公司和海粤珠海分公司根据原告的指派到现场进行防污、清污等作业，且安和公司和海粤珠海分公司均与原告签订《确认书》，同意对涉案的防污、清污费用、油污监控费由原告统一对外索赔，保证不直接向污染责任方提出任何索赔或者诉求。因此，原告可就产生的合理费用向油污责任人索赔。被告人保平潭分公司关于原告作为委托方不能索赔的抗辩没有事实和法律依据，本院不予支持。"

4. 强制拆除港口水域的养殖、种植设施

《中华人民共和国港口法》第 55 条规定："在港口水域内从事养殖、种植活动的，由海事管理机构责令限期改正；逾期不改正的，强制拆除养殖、种植设施，拆除费用由违法行为人承担；可以处一万元以上罚款。"

5. 强制消除港口安全隐患

《中华人民共和国港口法》第 56 条前段规定："未经依法批准在港口进行可能危及港口安全的采掘、爆破等活动的，向港口水域倾倒泥土、砂石的，由港口行政管理部门责令停止违法行为，限期消除因此造成的安全隐患；逾期不消除的，强制消除，因此发生的费用由违法行为人承担。"

从法律性质上看，上述水路领域的交通行政强制执行在法律属性上除直接强制外，也包括代履行。其中，代履行的内容包括：①海事管理机构依法强制打捞清除碍航物；②县级以上地方人民政府强制拆除无关建设项目、排污口、严重污染水体的建设项目；③国家海事行政主管部门采取避免或者减少污染损害的措施；④海事管理机构强制拆除港口水域的养殖、种植设施；⑤港口行政管理部门强制消除港口安全隐患。

三、铁路领域的交通行政强制执行

1. 停止建设或者采挖、打井等活动，限期恢复原状

《中华人民共和国铁路法》第46条第1款规定："在铁路线路和铁路桥梁、涵洞两侧一定距离内，修建山塘、水库、堤坝，开挖河道、干渠，采石挖砂，打井取水，影响铁路路基稳定或者危害铁路桥梁、涵洞安全的，由县级以上地方人民政府责令停止建设或者采挖、打井等活动，限期恢复原状或者责令采取必要的安全防护措施。"

2. 及时恢复正常行车

实施依据为《中华人民共和国铁路法》第57条："发生铁路交通事故，铁路运输企业应当依照国务院和国务院有关主管部门关于事故调查处理的规定办理，并及时恢复正常行车，任何单位和个人不得阻碍铁路线路开通和列车运行。"

四、民用航空领域的交通行政强制执行

我国民用航空领域的交通行政强制执行的法律依据主要为《中华人民共和国民用航空法》。依据该法，我国目前民航领域的交通行政强制执行主要包括以下2项内容。

1. 拨付拍卖所得价款

实施依据为《中华人民共和国民用航空法》第21条："为了债权人的共同利益，在执行人民法院判决以及拍卖过程中产生的费用，应当从民用航空器拍卖所得价款中先行拨付。"

2. 排除妨碍民用航空无线电专用频率的有害干扰

实施依据为《中华人民共和国民用航空法》第88条第2款："任何单位或者个人使用的无线电台和其他仪器、装置，不得妨碍民用航空无线电专用频率的正常使用。对民用航空无线电专用频率造成有害干扰的，有关单位或者个人应当迅速排除干扰；未排除干扰前，应当停止使用该无线电台或者其他仪器、装置。"

五、管道运输领域的交通行政强制执行

目前，我国管道运输领域行政执法机关的主要依据是《中华人民共和国石

油天然气管道保护法》《中华人民共和国治安管理处罚法》《中华人民共和国安全生产法》《中华人民共和国特种设备安全法》等。综合分析上文提及的管道运输领域的主要规范依据，大致可以将我国目前管道运输领域的交通行政强制执行提炼为以下 3 项内容。

1. 排除管道安全隐患

《中华人民共和国石油天然气管道保护法》第 25 条规定："管道企业发现管道存在安全隐患，应当及时排除。对管道存在的外部安全隐患，管道企业自身排除确有困难的，应当向县级以上地方人民政府主管管道保护工作的部门报告。接到报告的主管管道保护工作的部门应当及时协调排除或者报请人民政府及时组织排除安全隐患。"

2. 组织拆除违法修建的建筑物、构筑物

《中华人民共和国石油天然气管道保护法》第 52 条规定："违反本法第二十九条、第三十条、第三十二条或者第三十三条第一款的规定，实施危害管道安全行为的，由县级以上地方人民政府主管管道保护工作的部门责令停止违法行为；情节较重的，对单位处一万元以上十万元以下的罚款，对个人处二百元以上二千元以下的罚款；对违法修建的建筑物、构筑物或者其他设施限期拆除；逾期未拆除的，由县级以上地方人民政府主管管道保护工作的部门组织拆除，所需费用由违法行为人承担。"同法第 53 条规定："未经依法批准，进行本法第三十三条第二款或者第三十五条规定的施工作业的，由县级以上地方人民政府主管管道保护工作的部门责令停止违法行为；情节较重的，处一万元以上五万元以下的罚款；对违法修建的危害管道安全的建筑物、构筑物或者其他设施限期拆除；逾期未拆除的，由县级以上地方人民政府主管管道保护工作的部门组织拆除，所需费用由违法行为人承担。"

3. 拍卖查封、扣押的物品

《中华人民共和国治安管理处罚法》第 89 条第 1 款、第 3 款规定："公安机关办理治安案件，对与案件有关的需要作为证据的物品，可以扣押；对被侵害人或者善意第三人合法占有的财产，不得扣押，应当予以登记。对与案件无关的物品，不得扣押。""对扣押的物品，应当妥善保管，不得挪作他用；对不宜长期保存的物品，按照有关规定处理。经查明与案件无关的，应当及时退还；经核实属于他人合法财产的，应当登记后立即退还；满六个月无人对该财产主张权利或者无法查清权利人的，应当公开拍卖或者按照国家有关规定处理，所得款项上缴国库。"

上述管道运输领域的交通行政强制执行中，属于代履行的内容包括：①县级以上地方人民政府主管管道保护工作的部门及时协调排除管道安全隐患；②县级以上地方人民政府主管管道保护工作的部门组织拆除违法修建的建筑物、构筑物。

第四节　交通行政强制执行的主体

我国的行政强制执行实行"双轨制"，即在法律赋予行政机关强制执行权的情况下，具体行政行为所确定义务的强制执行由行政机关自行实施；在法律没有赋予行政机关强制执行权的情况下，具体行政行为所确定义务的强制执行由行政机关申请人民法院实施。[1]

从实践情况来看，我国的行政强制执行双轨制符合我国的现实国情，具有较为明显的优势。首先，这样的强制执行模式可以平衡行政机关与司法机关的关系，缓解二者之间的张力，在保护行政机关的主动性和能动性的同时，也有助于发挥法院服务大局的作用；其次，有助于强化法院对于行政权的监督力度，推动依法行政；再次，有利于充分保障行政相对人的合法权益；最后，行政强制执行双轨制有助于提高行政机关和普通民众对于"司法终裁"的法治意识。[2]

一般来说，县级以上人民政府的交通主管部门主管本地区的交通运输事业，具有交通运输管理的法定职能，可以根据当地交通运输管理业务的实际情况，

〔1〕 1989 年颁布的《中华人民共和国行政诉讼法》第66条规定："公民、法人或者其他组织对具体行政行为在法定期限内不提起诉讼又不履行的，行政机关可以申请人民法院强制执行，或者依法强制执行。"该条款同时认可了行政机关的自行强制执行权和法院的强制执行权，被视为是我国"双轨制"的立法源头。《中华人民共和国行政强制法》第34条与第53条的规定被公认为是对"双轨制"的再次立法确认。袁曙宏：《我国〈行政强制法〉的法律地位、价值取向和制度逻辑》，《中国法学》2011年第4期，第20页。
〔2〕 袁曙宏：《我国〈行政强制法〉的法律地位、价值取向和制度逻辑》，《中国法学》2011年第4期，第20页。

依法实施交通运输领域的强制执行。在较为特殊的情况下，交通主管部门无行政强制执行权，此时可以申请人民法院强制执行。结合我国交通运输领域的实践情况来看，需申请法院强制执行的主要包括以下 3 种情形。

一、当事人逾期不履行行政处罚决定的，行政机关申请人民法院强制执行

《中华人民共和国道路交通安全法》第 109 条规定："当事人逾期不履行行政处罚决定的，做出行政处罚决定的行政机关可以采取下列措施：（一）到期不缴纳罚款的，每日按罚款数额的百分之三加处罚款；（二）申请人民法院强制执行。"

二、当事人逾期不改正港口违规设施的，行政机关申请人民法院强制拆除违法建设的设施

《中华人民共和国港口法》第 46 条第 1 款规定："有下列行为之一的，由县级以上地方人民政府或者港口行政管理部门责令限期改正；逾期不改正的，由做出限期改正决定的机关申请人民法院强制拆除违法建设的设施；可以处五万元以下罚款：（一）违反港口规划建设港口、码头或者其他港口设施的；（二）未经依法批准，建设港口设施使用港口岸线的。"

三、生产经营单位拒不承担安全事故造成的人员伤亡、他人财产损失的，或者其负责人逃匿的，由人民法院依法强制执行

《中华人民共和国安全生产法》第 116 条第 1 款规定："生产经营单位发生生产安全事故造成人员伤亡、他人财产损失的，应当依法承担赔偿责任；拒不承担或者其负责人逃匿的，由人民法院依法强制执行。"

第六章

其他交通行政活动

交通行政活动的方式很多，除交通行政许可、交通行政处罚和交通行政强制这 3 种重要且常见的具体行政行为外，还有交通行政规划、交通行政命令、交通行政征收、交通行政调查、交通行政协议、交通行政调解等。

第一节　交通行政规划

一、交通行政规划的含义

交通行政规划，是指交通行政机关为了实现特定的目标，在实施交通行政活动之前，先设定相关目标，并规划实施方法步骤等的活动过程。交通行政规划的特点是：第一，交通行政规划具有政策性、前瞻性和预测性，要求交通行政主体在采取重要行政措施之前统筹兼顾，是实现政策目标的手段和工具；第二，交通行政规划是一个动态的、演进的过程，是从制定政策规划到调动综合性手段以实现规划目标的过程；第三，交通行政规划具有非完结性和空白性的特点，交通行政规划的政策性和前瞻性决定其不可能非常具体和明确，有待跟随实践发展进一步细化和明确。[1]2019 年 9 月中共中央、国务院印发的《交通强国建设纲要》，以及 2021 年 12 月交通运输部发布的《数字交通"十四五"发展规划》，均属于交通行政规划的范畴。

---

〔1〕　余凌云：《行政法讲义（第三版）》，清华大学出版社 2019 年版，第 315 页。

二、交通行政规划的种类

交通行政规划的领域非常广泛，内容和形式也多种多样。根据不同标准，可对交通行政规划进行不同的分类。第一，根据交通行政的层级的不同，可分为国家级交通行政规划、省级交通行政规划、市级交通行政规划以及县、乡级交通行政规划，如国家的交通强国战略规划、各省市的城市交通规划等。第二，根据交通行政规划的区域范围，可以分为全国规划、地区规划和区域规划，如航道规划分为全国航道规划，流域航道规划，区域航道规划和省、自治区、直辖市航道规划。第三，根据交通行政对象范围的不同，可分为交通综合规划、交通专项规划、交通详细规划等，如2022年1月国务院印发的《"十四五"现代综合交通运输体系发展规划》属于交通综合规划，2021年12月交通运输部印发的《数字交通"十四五"发展规划》属于交通专项规划，2021年6月江苏省交通运输厅印发的《江苏省"十四五"交通运输综合行政执法监督规划》属于交通详细规划。第四，根据交通行政规划的时间长短不同，分为交通长期规划、中期规划和短期规划。第五，根据交通行政对象事项，可分为公路规划、铁路建设规划、航道规划、港口规划、管道发展规划等。

三、交通行政规划的作用

交通行政规划，也称交通行政计划，是调动人力、物力、财力等各种交通资源，协调交通行政机关的活动和政策，以及指导交通行政相对人的活动与预期的有效手段。具体而言，交通行政规划的作用有：第一，有效利用各种资源，实现整体效应。行政规划本来就是为了在资源稀缺的情况下，最大限度地利用社会资源，实现最大的社会效益。通过规划安排，合理调度资源，有计划实现交通规划目标，是交通行政规划最主要的作用。第二，协调各交通行政机关的活动和政策。交通行政规划目标的实现，需要各个交通行政机关的配合与协助，而协调整合有关行政机关的未来活动和相关政策亦是交通行政规划的重要作用。第三，指导交通行政相对人的相关活动和预期。[1]交通行政规划不仅对交通行

---

[1]　余凌云：《行政法讲义（第三版）》，清华大学出版社2019年版，第318—319页。

政机关构成一定的指导作用，同时对交通相对人的活动和预期具有一定的指导作用。例如，《国务院关于城市优先发展公共交通的指导意见》（国发〔2012〕64 号）对交通规划的要求，为有效利用各种资源，协调各机关配合优先发展公共交通的战略目标提供了政策基础。

第二节　交通行政命令

一、交通行政命令的含义

交通行政命令是行政命令的一种，是指交通行政主体依法要求交通行政相对人为或不为一定行为的意思表示。它具有以下 4 项特征。

第一，交通行政命令由交通行政主体做出，不同于由税务机关、生态环境机关等其他行政主体做出的行政命令。

第二，交通行政命令的本质是为交通行政相对人设定义务，包括作为义务和不作为义务。作为义务，即要求行政相对人以作为的方式积极履行义务。[1] 不作为义务，即要求行政相对人在某种情况下以不作任何行为的方式消极履行义务。[2] 交通行政命令的这一特征使它与不直接产生相对人实体权利义务的交通行政强制执行行为有着本质区别。

第三，交通行政命令是一种行政行为，不同于交通行政主体制定行政立法和其他规范性文件的活动。

第四，交通行政命令是一种基础性行政行为，直接落实法律规定的权利义务，在实现行政目的的过程中发挥着基础性的作用。与行政处罚和行政强制等保障性行政行为不同，后者以相对人违反法律规定或违反基础性行为内容为前提，其目的是以惩戒、强制等方式保障法律规定的义务或基础性行政行为所设定的义务的实现。[3] 而交通行政命令表现为指令行政相对人履行一定的作为或

---

〔1〕 章剑生：《现代行政法总论（第 2 版）》，法律出版社 2019 年版，第 122 页。
〔2〕 章剑生：《现代行政法总论（第 2 版）》，法律出版社 2019 年版，第 122 页。
〔3〕 曹实：《行政命令地位和功能的分析与重构》，《学习与探索》2016 年第 1 期，第 71 页。

者不作为的义务，其实质是为行政相对人设定具体行为规则。[1]

二、交通行政命令的种类

根据交通行政主体的要求内容，交通行政命令大致可以分为两种：一种是要求交通行政相对人进行一定作为的命令，称为命令，如命令缴纳车辆通行费。另一种是要求交通行政相对人不得做某种行为的命令，表现为交通行政相对人的某些行为受到禁止，称为不作为命令，如禁止随身携带危险品的旅客乘坐民用航空器。

现行交通法规范中有大量涉及命令的行为。其中，值得探讨的是责令改正或限期改正的法律性质。交通法律、法规在设定行政处罚时，大都同时规定了责令当事人改正或者限期改正违法行为。从内容来看，责令改正可以是责令做出某种行为，如《公路安全保护条例》规定责令补种更新采伐的林木；[2]也可能是责令停止某种行为。[3]对于责令改正或限期改正的法律性质，长期以来学界有不同看法，主要有行政命令说、行政处罚说和行政强制措施说。[4]我们倾向于行政命令说，即责令改正或限期改正是交通行政机关实施行政处罚的过程中对违法行为人发出的一种作为命令，其与交通行政处罚在概念、性质及内容、形式和角度等方面均有不同。"责令改正或者限期改正违法行为，其本身并不是制裁，只是要求违法行为人履行法定义务，停止违法行为，消除其不良后果，恢复原状。"[5]从法律规定来看，2021 年修订的《中华人民共和国行政处罚法》明确了责令改正不是行政处罚的法定种类，"责令行为大多数情况下不是行政处罚，属于行政命令"。[6]

---

[1]　姜明安主编：《行政法与行政诉讼法（第七版）》，北京大学出版社、高等教育出版社 2019 年版，第 258—259 页。

[2]　《公路安全保护条例》第 26 条规定："禁止破坏公路、公路用地范围内的绿化物。需要更新采伐护路林的，应当向公路管理机构提出申请，经批准方可更新采伐，并及时补种；不能及时补种的，应当交纳补种所需费用，由公路管理机构代为补种。"

[3]　杨伟东主编：《中华人民共和国行政处罚法理解与适用》，中国法制出版社 2021 年版，第 45 页。

[4]　夏雨：《责令改正之行为性质研究》，《行政法学研究》2013 年第 3 期，第 38—40 页。

[5]　姜明安主编：《行政法与行政诉讼法（第七版）》，北京大学出版社、高等教育出版社 2019 年版，第 259 页。

[6]　杨伟东主编：《中华人民共和国行政处罚法理解与适用》，中国法制出版社 2021 年版，第 45 页。

三、交通行政命令的法律效果

对交通行政相对人而言，不按照交通行政命令履行作为或者不作为义务，就构成行政违法，将会受到行政制裁或者被行政强制执行。对做出交通行政命令的交通行政主体而言，合法的交通行政命令造成相对人财产上的损失，在法规范有规定的情况下，由有关国家机关进行适当的行政补偿。例如，因修建高速公路而引起的民房的拆迁费用，由相应的行政机关进行补偿。如果交通行政主体在行使行政命令权的过程中侵害交通行政相对人的合法权益并造成损害，国家就应当承担赔偿责任，行政相对人也可以在得不到赔偿的情况下提起行政赔偿诉讼。

第三节 交通行政征收

一、交通行政征收的含义

根据学者的研究，一般而言，国外行政法上称为"征收"的行为有 3 类：一是税收征收或捐税征收；二是公用征收或公益征收；三是准征收。我国传统行政法往往将行政征收局限于传统的税收征收和规费征收。对于公用征收（或公益征收）和准征收则放在行政补偿中进行研究和探讨。[1]本书中的行政征收限定在传统的行政征收（税、费）上，"是指行政主体凭借国家行政权，根据国家和社会公共利益的需要，依法向行政相对人强制地、无偿地征收税、费或实物的行政行为。"[2]

根据传统的行政征收的定义，交通行政征收是指交通行政主体为了公共利益目的，凭借国家交通行政权，依法向交通行政相对人强制地、无偿地征收一定数额的金钱或实物的交通行政行为。根据学者的分析，交通行政征收一般具有以下 4 项特征：第一，交通行政征收具有强制性。交通行政征收机关实施交

---

[1] 罗豪才、湛中乐主编：《行政法学（第四版）》，北京大学出版社 2016 年版，第 181 页。

[2] 姜明安主编：《行政法与行政诉讼法（第七版）》，北京大学出版社、高等教育出版社 2019 年版，第 261 页。

通行政征收行为，具有单方性和强制性，不必征得相对人的同意。对于交通行政相对人而言，必须无条件地接受这种征收，否则就应该依法承担一定的法律后果。第二，交通行政征收具有无偿性。交通行政征收行为是国家为了完成某种交通行政职能、维护其统治而依法进行的，因而决定了这种征收必须是无偿的。第三，交通行政征收具有法定性。交通行政征收的强制性和无偿性，决定了在整个征收过程中，都可能对交通行政相对人的合法权益造成侵害。为了避免不必要的侵害，必须确立相应的交通行政征收法律规范，将交通行政征收的整个过程纳入法律调整的范围。第四，交通行政征收具有可救济性。交通行政征收具有强制性、单方性、无偿性，决定了征收对相对人的合法权益造成不必要的侵害的可能性，因此，有必要对这种行为设定救济渠道。[1]《中华人民共和国行政诉讼法》第12条第1款第5项、第11项规定，"人民法院受理公民、法人或者其他组织提起的下列诉讼：（五）对征收、征用决定及其补偿决定不服的；（十一）认为行政机关不依法履行、未按照约定履行或者违法变更、解除政府特许经营协议、土地房屋征收补偿协议等协议的。"

二、交通行政收费

交通行政征收在实践中的一种主要表现形式是交通行政事业性收费。相对于税而言，费通常不具有长期性、稳定性，而是具有临时性，其收费范围、标准变动性较大。根据法治原则，大多数的费将向税转化，费改税是我国经济财税体制改革的方向。[2]从交通运输领域来看，历史上收费项目较多，如公路养路费、公路运输管理费、水路运输管理费、客货运输附加费、港口建设费、公路通行费、航道养护费、船舶过闸费、水运客货运附加费、船舶临时登记费、船舶烟囱标志或公司旗注册费等，此外，还有船员培训费、各种证件工本费等一些行政事业性收费以及个别地方设立的其他交通行政事业性收费。在实践中，一些交通行政机关乱收费，不按法律、法规、规章规定、超越标准征收费用的现象大量存在。

为了减轻企业负担，促进经济社会持续健康发展，2009年，财政部、国家

〔1〕 李晓明、邵新怀、崔卓兰：《交通行政法总论》，人民交通出版社2003年版，第189—190页。
〔2〕 姜明安：《行政法》，北京大学出版社2017年版，第375页。

发展和改革委员会、交通运输部、监察部、审计署 5 个部门联合发出《财政部、国家发展改革委、交通运输部、监察部、审计署关于公布取消公路养路费等涉及交通和车辆收费项目的通知》（财综〔2008〕84 号），自 2009 年 1 月 1 日起，在全国范围内统一取消公路养路费、航道养护费、公路运输管理费、公路客货运附加费、水路运输管理费、水运客货运附加费。2015 年，财政部、国家发展和改革委员会发布《财政部、国家发展改革委关于取消有关水运涉企行政事业性收费项目的通知》（财税〔2015〕92 号），明确规定，自 2015 年 10 月 1 日起，取消船舶港务费、特种船舶和水上水下工程护航费、船舶临时登记费、船舶烟囱标志或公司旗注册费、船舶更名或船籍港变更费、船舶国籍证书费、废钢船登记费等 7 项中央级设立的行政事业性收费。

　　当前，我国交通运输领域的主要行政收费项目有：①车辆通行费。根据《中华人民共和国公路法》和《收费公路管理条例》，为了确保公路建设，解决公路建设资金不足问题，国家依法对政府还贷公路和经营性公路的使用者实施收费。②公路路产占用损坏赔（补）偿费。根据《中华人民共和国公路法》《路政管理规定》等法律、行政规章，[1] 国家对造成路产损坏的公民、法人或者其他组织实施收费。这种费用主要用于修复或维护受损公路和修复路产。③船舶过闸费。《航道养护管理规定》第 4 条规定，航道养护资金包括国务院和县级以上地方人民政府根据经济社会发展水平和航道养护需要安排的财政预算资金以及依法依规通过其他方式筹集的资金。根据 2020 年交通运输部关于《航道养护管理规定（征求意见稿）》的起草说明，[2] 关于通航建筑物收费，当时全国交通运输系统收取船舶过闸费的省份有 5 个，其中，浙江省、安徽省、山东省、广西壮族自治区 4 个省区为政府定价的经营服务性收费（发改部门核准），江苏为行政事业性收费（财政部门核准）。根据《江苏省船舶过闸费征收和使用办法》第 4 条，凡江苏省境内过闸的各类船舶、竹木排筏和浮运物体，除免征者外，均应按规定缴纳过闸费。不过，总体而言，取消船舶过闸收费是大势所趋。④适航审查费。《中华人民共和国民用航空器适航管理条例》第 18

---

〔1〕　参见《中华人民共和国公路法》第 44、第 45、第 48、第 85 条；《路政管理规定》第 31、第 32 条。

〔2〕　交通运输部：《航道养护管理规定起草说明》，https：//www.mot.gov.cn/yijianzhengji/lishizhengji/202008/t20200806_3448032.html，访问日期：2022 年 7 月 21 日。

条规定："民用航空器的适航审查应当收取费用。收费办法由民航局会同财政部制定。"1988 年，原中国民用航空总局和财政部根据该项条款制定收费办法，规定："民航局在进行民用航空器适航审查时，应按审查项目收取适航审查费，此项费用不包括：试验、试飞、测试、改装、维修以及其他被要求的工作所需费用。"[1] ⑤航空业务权补偿费。根据《民用航空运输不定期飞行管理暂行规定》第 9 条，对外国民用航空运输企业经营取酬运输业务的不定期飞行，中国方面有权收取航空业务权补偿费。⑥交通运输行业考试考务费，包括公路水路从业人员考试，如引航员考试、注册验船师考试、船员（含海船及内河船员）考试、机动车检测维修专业技术人员职业水平考试等；铁路机车车辆驾驶资格考试；民用航空从业人员考试，等等。

第四节　交通行政调查

一、交通行政调查的含义

关于行政调查的含义，行政法学者们有不同观点。有学者认为："行政监督检查有时又称行政调查，是指行政主体依法定职权，对相对方遵守法律、法规、规章，执行行政命令、决定的情况进行检查、了解、监督的行政行为。"[2] 有学者指出，行政调查是行政主体为实现一定的行政目的而收集、整理和分析有关信息的活动。行政检查只是行政调查的一种方式。[3] 本书采用后一种观点。所谓交通行政调查，是指交通行政主体在具体行使交通行政职权时，依法对交通行政相对人进行的检查、了解、收集、整理相关交通信息的活动。它具有以下 4 项特点。

第一，交通行政调查的主体是交通行政主体，包括交通行政机关和法律、法规、规章授权的组织。交通行政主体也可以依法将调查权委托给其他组织行使。例如，《铁路专用产品质量监督抽查管理办法》第 9 条前段规定，国家铁

---

[1]《国内民用航空器适航审查收费办法（试行）》第 2 条。
[2] 罗豪才、湛中乐主编：《行政法学（第四版）》，北京大学出版社 2016 年版，第 221 页。
[3] 余凌云：《行政法讲义（第三版）》，清华大学出版社 2019 年版，第 236 页，第 239—240 页。

路局应当依法委托经国家资质认定（计量认证）、实验室认可、具有专业能力、检测条件的检验机构承担铁路专用产品质量检验工作。

第二，交通行政调查的对象是交通行政相对人，包括公民、法人或其他组织，也包括在我国境内的外国组织和外国人，享有外交豁免权的除外。

第三，交通行政调查的内容既包括对交通行政相对人遵守交通行政法律、法规、规章等情况进行检查，也包括交通行政主体为实现行政决策与决定而进行的资料收集。

第四，交通行政调查必须依法进行。依法进行，是指交通行政调查的主体必须是合法、适格的交通行政主体，交通行政主体实施检查必须依法定职权、遵守法定程序等。《交通运输行政执法程序规定》第 24 条规定，实施行政检查，不得超越检查范围和权限，不得检查与执法活动无关的物品，避免对被检查的场所、设施和物品造成损坏。

二、交通行政调查的方式与分类

总体而言，行政调查的方式包括询问、查阅、质问、检查、听证、要求相对人保留或填写有关资料、以一定的制裁迫使当事人向行政机关报告等。[1]交通行政调查也可以上述方式进行。其中，交通运输行政执法检查是一种常见的方式。交通运输行政执法检查可以采用书面检查、实地检查的方法。书面检查是交通行政主体通过查阅有关书面资料和材料对行政相对人进行检查。例如，调阅交通运输企业的日常制度和工作记录。实地检查是交通行政主体通过现场检查对行政相对人有关遵守法律、法规、规章的情况进行了解。例如，公路管理机构通过称重检测，了解公路上行驶的车辆是否有超限运输的违法行为。[2]此外，还有听取汇报、登记和统计等行政调查方式。

根据不同的标准，可以对交通行政调查做不同的分类。根据交通行政调查的实效确保手段划分，交通行政调查可以分为任意调查和强制调查。以调查领域为标准，交通行政调查可分为公路行政调查、水路行政调查、铁路行政调查、民用航空行政调查和管道运输行政调查等。下面以实效确保手段标准论述各种

---

[1] 余凌云：《行政法讲义（第三版）》，清华大学出版社 2019 年版，第 241—244 页。
[2] 交通运输部政策法规司：《交通运输行政执法程序与文书实务》，人民交通出版社 2012 年版，第 38 页。

交通行政调查方式。

1. 任意调查

任意调查，也称非权力性调查，是运用最为广泛的一种调查方法，指依赖被调查人协助和配合而进行的调查。如果当事人拒绝接受调查，不存在强制。[1]

2. 强制调查

强制调查，也称权力性调查，又分为实力强制调查和间接强制调查 2 种。实力强制调查是指行政机关在遭遇被调查人抵抗时，允许使用实力强制进入有关场所，或者强行对被调查人的人身及财产进行调查。这种调查方式一般适用于紧急情况。间接强制调查是指当被调查人无正当理由拒绝调查时，行政机关可以采用行政处罚、刑罚、拒绝给予被调查人所预期的利益、向公众披露当事人不服从行政规制、存在违法嫌疑等手段，迫使当事人接受调查。[2]例如，《民用机场管理条例》第 39、第 77 条规定，机场管理机构应当向民用航空管理部门报送运输机场规划、建设和生产运营的有关资料，接受民用航空管理部门的监督检查。违反本条例的规定，机场管理机构未向民用航空管理部门报送运输机场规划、建设和生产运营的有关资料的，由民用航空管理部门责令改正；拒不改正的，处 1 万元以上 5 万元以下的罚款。《铁路危险货物运输安全监督管理规定》第 43 条规定："铁路监管部门应当建立危险货物运输违法行为信息库，如实记录运输单位的违法行为信息，并将行政处罚信息依法纳入全国信用信息共享平台、国家企业信用信息公示系统。对无正当理由拒绝接受监督检查、故意隐瞒事实或者提供虚假材料以及受到行政处罚等违法情节严重的单位及其有关从业人员依法予以公开"。

三、交通行政调查的程序

交通行政调查程序指交通行政调查的步骤和方式。不同类型的行政调查，其程序要求也不一样。一般认为，强制调查需遵循法定程序，主要包括：

第一，表明身份、说明理由。交通行政调查主体在进入工作场所等实施交

---

[1]　余凌云：《行政法讲义（第三版）》，清华大学出版社 2019 年版，第 244 页。
[2]　余凌云：《行政法讲义（第三版）》，清华大学出版社 2019 年版，第 245 页。

通行政调查之际，必须向交通行政相对人表明自己是依法享有交通行政调查职权的主体，并向相对方说明理由。例如，《交通运输行政执法程序规定》第23条规定，实施行政检查时，执法人员不得少于2人，应当出示交通运输行政执法证件，表明执法身份，并说明检查事由。说明理由程序的设置目的在于使交通行政相对人了解实施交通行政调查的目的、调查事项、调查方式、调查范围、调查理由和根据，从而保障相对人的合法权益。同时，说明理由程序也促使交通行政调查主体规范运用调查权。

第二，实施调查。在表明身份、说明理由之后，就可以在检查项目的范围内，遵循法定程序实施调查。交通行政主体在调查取证的过程中，应在区别证据类型的基础上，严格遵守相关证据的取证条件。例如，《交通运输行政执法程序规定》对交通运输行政执法主体实施调查取证的过程进行了较为详细的规定，根据物证、视听资料、电子证据等不同的证据类型，规定了不同的调查取证要求。

第三，告知的义务和信息获取的权利。[1]交通行政机关有权获取与交通行政管理有关的信息、资料和文档，也应及时告知相对人调查所需信息的范围、获取这些信息的用途及返还期限。若该信息涉及个人隐私、商业秘密时，行政机关应承担保密义务。

第五节　交通行政协议

一、交通行政协议的含义

行政协议，亦称行政合同或行政契约，是近现代国家基于民主法治理念，行政机关与行政相对人之间的关系从"权力服从关系"向"平等合作关系"转变的重要体现，也是从干涉行政等强制性行政法律关系向合作行政等平等协商式行政法律关系转变的重要领域。与传统的行政处罚、行政强制等单方性、高权性、处分性的行政活动方式相比，行政协议具有突出优势：保障行政相对人

---

〔1〕　杨建顺主编：《行政法总论》，中国人民大学出版社2012年版，第215页。

权利更加充分、补充替代高权性、处分性的行政行为、实质预防争议。[1]

行政协议是指行政机关以实施行政管理为目的，与行政相对人就有关事项经协商一致而成立的一种双方行为。[2]在学术上一般认为，行政协议"是以行政主体为一方当事人的发生、变更或消灭行政法律关系的合意。"[3]

交通行政协议，是指交通行政机关以实施交通行政管理为目的，与交通行政相对人就有关事项经协商一致而成立的一种双方行为。交通行政协议作为行政协议的一种，具有行政协议的一般特征，遵循行政协议的一般原则。交通行政协议的特殊性在于其当事人的特定性和内容的特定性，它是由特定的交通行政机关与特定的交通行政相对人订立的有关交通行政管理的行政协议。

二、交通行政协议的应用

从交通行政机关的职责范围来看，采用交通行政协议的行政管理事项，主要是一些经济管理职能。例如，在公路建设市场、公路养护市场、运输市场管理领域中的很多管理事项都可采用行政合同方式，包括公路勘测设计合同、公路工程承包合同和公路养护合同、运输行政管理合同、交通企业承包合同、交通基础设施经营权转让合同，等等。[4]从内容来看，比较典型的交通行政协议是政府特许经营协议、土地与房屋等征收征用补偿协议、政府与社会资本合作协议。根据《基础设施和公用事业特许经营管理办法》《市政公用事业特许经营管理办法》《北京市城市基础设施特许经营条例》等部门规章和地方性法规的规定，公共交通可以按照特许经营协议来建设和运营，如公共交通、出租车经营合同，道路和轨道基础设施建设与经营合同，公路、铁路、城市轨道交通等领域政府与社会资本合作协议等。在管道建设方面，行政机关协调土地使用权人临时出让土地使用权给管道建设单位；在管道保护方面，行政机关参与对

---

[1]　梁凤云：《行政协议的界定标准——以行政协议司法解释第 1 条规定为参照》，《行政法学研究》2020 年第 5 期，第 3 页。

[2]　姜明安主编：《行政法与行政诉讼法（第七版）》，北京大学出版社、高等教育出版社 2019 年版，第 309—310 页。

[3]　余凌云：《行政法讲义（第三版）》，清华大学出版社 2019 年版，第 323 页。

[4]　李晓明、邵新怀、崔卓兰：《交通行政法总论》，人民交通出版社 2003 年版，第 271—272 页。

土地使用权人或者土地上附着物所有权人补偿协议的签订过程。[1]

在实践中，交通安全管理领域也引入了行政合同的管理观念与手段。例如，2008 年，芜湖海事局选择 4 家船运公司试行行政合同管理模式。2009 年签约的船运公司增至 11 家，2010 年增至 16 家。在合同中，海事机构承诺加强水上安全和防治船舶污染管理、维护通航秩序等；行政相对人承诺保证船舶适航、船舶及其设备维护良好、保证船员适任等。[2]总之，海事机构通过与航运公司签署行政合同来实现"船舶适航、船员适任、有效监管、优质服务"的基本目标，得到船运公司的欢迎和好评，也取得了"事故率降低、安检缺陷率低、违章率低"的成效。[3]

三、交通行政协议的法律救济

我国长期以来不承认行政协议独立的法律地位，有关行政协议的救济程序适用民事诉讼程序。2014 年修正的《中华人民共和国行政诉讼法》有了重大突破，该法第 12 条第 1 款第 11 项规定："人民法院受理公民、法人或者其他组织提起的下列诉讼：（十一）认为行政机关不依法履行、未按照约定履行或者违法变更、解除政府特许经营协议、土地房屋征收补偿协议等协议的"，从而将政府特许经营协议、土地房屋征收补偿协议等纳入行政诉讼受案范围。《最高人民法院关于审理行政协议案件若干问题的规定》（法释〔2019〕17 号）第 1 条规定，行政机关为了实现行政管理或者公共服务目标，与公民、法人或者其他组织协商订立的具有行政法上权利义务内容的协议，属于《中华人民共和国行政诉讼法》第 12 条第 1 款第 11 项规定的行政协议。《最高人民法院关于审理行政协议案件若干问题的规定》第 2 条规定，公民、法人或者其他组织就政府特许经营协议，土地、房屋等征收征用补偿协议，矿业权等国有自然资源使用权出让协议，政府投资的保障性住房的租赁、买卖等协议，符合本规定第 1 条规定的政府与社会资本合作协议和其他行政协议提起行政诉讼的，人民法院应当依法受理。此外，交通行政协议纠纷还有行政调解、行政复议和行政赔偿的

---

〔1〕 李文海：《油气管道建设与保护中的行政补偿问题研究》，http://guandaobaohuchina.com/htm/20187/55_1122.htm，访问日期：2023 年 2 月 13 日。

〔2〕 季学文：《行政合同在海事管理中的运用》，《中国水运》2010 年第 1 期，第 52—53 页。

〔3〕 吴桐：《芜湖海事与 16 家航运公司签署行政合同》，《中国水运报》2010 年 3 月 1 日第 2 版。

救济途径。

例如，某国际有限公司、湖北某高速公路有限公司诉湖北省荆州市人民政府、湖北省人民政府解除特许权协议及行政复议案。[1]"2008 年 4 月，湖北省荆州市人民政府（以下简称荆州市政府）、湖北省荆州市交通运输局（以下简称荆州市交通局）作为甲方与乙方某国际有限公司（以下简称某国际公司）订立了《武汉至监利高速公路洪湖至监利段项目投资协议》约定，甲方同意按照 BOT（build – operate – transfer）建设 – 经营 – 转让方式授予乙方武汉至监利高速公路洪湖至监利段项目投资经营权。乙方接受授权，愿意按照政府部门批复的建设内容、方案、基数标准、投资估算完成该项目工程的前期工作、投资建设、运营和特许期满后的移交工作。特许期 30 年，自工程建设完成，通过验收投入试运营之日起计算。2008 年 6 月，某国际公司依法组建了以其为独资股东的湖北某高速公路有限公司（以下简称某高速公司），随后荆州市交通局（甲方）与某高速公司（乙方）订立了《特许权协议》，对特许期、双方的权利义务、单方解除权等事项进行了详细约定。涉案项目自 2013 年下半年正式动工建设，因某高速公司与其委托施工单位发生纠纷，涉案项目自 2015 年 7 月始停滞。2015 年 11 月，荆州市交通局向某高速公司下达了《违约整改通知书》，要求某高速公司迅速组织项目资金到位，在 60 日内组织施工单位全面复工，否则将考虑是否解除特许权协议。此后，荆州市政府、荆州市交通局多次要求某国际公司组织资金复工，某国际公司收到通知后进行了相应回复，但并未实质恢复项目正常建设。2016 年 11 月，荆州市交通局根据《特许权协议》第七十七条的约定做出《终止（解除）协议意向通知》，通知某高速公司在三十天内就采取措施避免单方面解除《特许权协议》进行协商。嗣后，某高速公司未与荆州市交通局达成一致意见。2017 年 7 月，荆州市交通局依某国际公司、某高速公司申请就拟终止（解除）《特许权协议》举行听证之后做出了《终止（解除）特许权协议通知》（以下简称《通知》）并送达。某国际公司、某高速公司不服《通知》向湖北省人民政府（以下简称湖北省政府）提起了行政复议，湖北省政府复议予以维持。某国际公

---

[1]　《最高人民法院行政协议诉讼典型案例（第二批）》，《人民法院报》2022 年 4 月 21 日第 2 版。

司、某高速公司不服诉至法院,请求撤销荆州市政府做出的《通知》和湖北省政府做出的维持复议决定。"

"湖北省武汉市中级人民法院一审认为,涉案协议系荆州市政府为加快湖北省高速公路建设,改善公路网布局,以 BOT 的方式授予某国际公司洪湖至监利段项目投资经营权,属于以行政协议的方式行使行政权力的行为。在行政协议的订立、履行过程中,不仅行政机关应当恪守法定权限,不违背法律、法规的强制性规定,履行协议约定的各项义务,作为行政协议的相对方的某国际公司亦应严格遵守法定和约定的义务,否则行政机关有权依照法律规定以及协议的约定,行使解除协议的权利。本案中,某高速公司因与其委托施工方发生争议,涉案项目自 2015 年 7 月初便未正常推进,致使协议目的不能实现,《特许权协议》约定的荆州市政府行使单方解除权的条件成就,荆州市政府做出《通知》符合法律规定,亦符合《特许权协议》的约定。此外,为妥善处理争议,荆州市政府不仅按照约定给予了协谈整改期,且在拟做出解除协议之前给予某高速公司充分的陈述、申辩权并如期举行了听证,做出被诉《通知》行为事实清楚,证据充分,程序妥当。一审法院遂驳回了某国际公司、某高速公司的诉讼请求,但考虑到某国际公司、某高速公司在涉案项目前期建设中,已进行了大额投资和建设,建议荆州市政府在协议终止后,妥善处理好后续审计、补偿事宜。某国际公司、某高速公司不服,提起上诉。湖北省高级人民法院二审判决驳回上诉,维持一审判决。"

第六节 交通行政指导

一、交通行政指导的含义

行政指导是行政机关基于国家的法律、政策规定,旨在引导行政相对人自愿采取一定的作为或不作为,以实现行政管理目的而做出的一种非职权的行为。[1]

---

[1] 姜明安主编:《行政法与行政诉讼法(第七版)》,北京大学出版社、高等教育出版社 2019 年版,第 299 页。

交通行政指导是指交通行政主体在其管辖的事务范围内，依据国家法律、政策，采用辅导、建议、提醒、规劝、说明、协助、协商、鼓励以及发布官方信息或提供知识和技术服务等非强制性手段，在交通行政相对人的同意或者协助下，实现交通行政目的的一种事实行为。交通行政指导具有以下3项特征。[1]

第一，行政性。交通行政指导虽然一般不具有法律效力，不直接导致交通行政主体与交通行政相对人之间法律关系的产生、变更和消灭，但交通行政指导的实施主体仍然是交通行政主体，指导行为是基于行政职能做出的，其承受人也是交通行政相对人。这种情形决定了交通行政主体不能随意撤销其指导行为。例如，某省交通运输厅承诺如果某运输经营者做出某种行为就可以获得物质或者精神奖励。在这种情况下，即使该相对人还没有做出相应行为，该交通运输厅也不得随意撤销其指导行为。

第二，自愿性。交通行政指导对交通行政相对人不构成法的约束力和强制力，交通行政相对人有权自主决定是否服从指导。但是，因其是以法定的交通行政权为背景的交通行政活动，往往对交通行政相对人产生一定的心理压力及诱导作用，在某种程度上具有事实上的强制力。

第三，积极性。交通行政指导是交通行政主体主动实施的一种"积极行政"行为。传统的交通行政管理主要是从维护公共利益、公共秩序角度出发实施"消极行政"。[2]现代社会经济生活日益复杂化、多样化，出现了民主化、法治化的潮流，继而产生了福利国家、福利社会的观念，交通行政机关为了平衡公益与私益，兼顾公平和效率，积极主动地实施交通行政指导就属于"积极行政"的范畴。交通行政指导的合理运用，有利于实现交通行政目的，弥补法律强制手段的不足。

---

[1]　李晓明、邵新怀、崔卓兰：《交通行政法总论》，人民交通出版社2003年版，第280—282页。

[2]　"传统行政通常被认为是消极的，是立法机关和作为立法调整对象或立法相对人的公民、法人、其他组织的'传送带'。行政只能是法律的执行，行政机关不能有任何自己的意志参与其间。但是，在现代社会，由于经济、社会和科技的发展，立法越来越具有原则性、纲要性、框架性，大量的具体问题都留给行政机关去制定实施细则、标准、办法，甚至将相应事项一揽子授权给行政机关去制定行政法规、行政规章。从而，'行政'不再只是执行，在很多情况下，'行政'行使的是'立法'职能和决策职能。"姜明安主编：《行政法与行政诉讼法（第七版）》，北京大学出版社、高等教育出版社2019年版，第5页。

二、交通行政指导的主要方式

行政指导适用于交通行政几乎各个领域，包括公路、水路、民用机场、城市轨道交通、铁路建设、城市轨道交通运营管理、航道管理、港口经营、各类船舶、海上设施、船用产品的检验和监督、港口引航管理、水路运输辅助、道路运输经营、民用机场执行有关技术标准、规章制度、公路水运工程等试验检测活动，等等。

行政指导的方式多种多样，包括指导、引导、辅导、帮助、通知、提示、提醒、提议、劝告、规劝、说服、劝诫、劝阻、建议、提供意见、主张、商讨、协商、沟通、赞同、表彰、提倡、宣传、推荐、示范、推广、激励、勉励、奖励、斡旋、调解、调和协调、指导性计划（规划）、导向性行政政策、纲要行政和发布官方信息、公布实情，等等。[1] 下面我们阐述 5 种常见的交通行政指导方式。

1. 指导、引导

由行政机关给予行政相对人以具体的指示教导、指点带领、指导帮助等，使其能够自愿按照行政机关指出的路径或者符合行政目标的方向去做出行为和发展事业。[2] 例如，交通行政机关利用掌握行业政策的优势，通过政策讲解、说明等方式积极引导行政相对人有效参与交通运输市场竞争，规范交通运输企业经营行为。

2. 规劝、说服

规劝和说服是行政机关通过陈述情理启发开导行政相对人，劝其接受意见或者改正错误的一种指导方式。例如，针对农民占用公路打场晒粮的问题，一些地方的交通运输执法部门坚持严格执法与温情服务并重，对打场晒粮的农户耐心细致开展说服劝阻工作，执法人员利用随车携带的工具，帮助农户收集晾晒在公路上的粮食，以实现确保辖区公路安全畅通、预防和减少交通事故发生的行政目标。

---

[1] 莫于川：《行政指导论纲：非权力行政方式及其法治问题研究》，重庆大学出版社 1999 年版，第 140—147 页。

[2] 莫于川：《行政指导论纲：非权力行政方式及其法治问题研究》，重庆大学出版社 1999 年版，第 140 页。

3. 提示、提醒

行政机关把行政相对人理应知晓的事项和规定，或针对行政相对人容易疏忽和出错之处等，告知行政相对人，或者以平等的身份从旁提醒，促使其加以警惕和注意；或者针对行政相对人所犯的错误，促请其注意改正。[1]例如，海事管理机构通过船舶签证、船舶安全检查等环节提醒船舶、船员证书、证件有效期限即将届满、提醒各项海事管理业务办理期限等。

在某公司不服某县港航管理处行政指导案[2]中，"申请人某公司的港口经营许可证有效期至 2014 年 12 月 31 日，有效期截止后仍继续从事装卸作业行为。"被申请人某县港航管理处发现后，"于 2017 年 6 月 7 日向申请人发出了告知书，告知申请人称：'申请人的港口经营许可证已过期或未办理港口经营许可证，自收到本告知书起，不得再从事港口装卸作业，如发现其有装卸作业行为，港航主管部门将依法进行处罚。'申请人不服该申请书，向某县人民政府提起行政复议。"行政复议机关认为："被申请人的相关行为未对申请人的合法权益产生影响，依据《中华人民共和国行政复议法实施条例》第四十八条第一款第（二）项之规定，决定驳回申请人的行政复议申请。""在本案中，被申请人所发出的告知书的本质是行政指导性质的告诫提醒。"

4. 协商

"协商是行政机关为了取得行政相对人对其实现某一行政管理目标的支持，与相对人就某一行政管理事项进行商讨，增进互相了解与沟通，谋求与相对人达成共识。"[3]例如，民用机场、港口、城市公共交通建设、城市道路拓宽等，会使一些行政相对人的现有利益受到不利影响，如果交通行政机关能够事先与这些行政相对人进行协商，听取其意见，获取其理解，将有助于行政管理目标的实现。

5. 鼓励、奖励

鼓励是行政机关采取各种有效措施来促使行政相对人做出既符合公共利益

---

〔1〕　莫于川：《行政指导要论：以行政指导法治化为中心》，人民法院出版社 2002 年版，第 102 页。

〔2〕　本书编写组编著：《交通运输行政复议与行政诉讼典型案例评析》，人民交通出版社股份有限公司 2021 年版，第 120—121 页。

〔3〕　姜明安主编：《行政法与行政诉讼法（第七版）》，北京大学出版社、高等教育出版社 2019 年版，第 304 页。

也符合相对人利益的行为。"奖励是行政机关通过给予行政相对人一定的物质或精神鼓励，引导行政相对人从事有助于行政机关达成行政管理目标的行为。物质鼓励是行政机关给予相对人一定数量的奖金或者奖品。精神鼓励是行政机关给予相对人一定的名誉。"[1] 例如，《中华人民共和国铁路法》第9条规定："国家鼓励铁路科学技术研究，提高铁路科学技术水平。对在铁路科学技术研究中有显著成绩的单位和个人给予奖励。"

第七节　交通行政调解

一、交通行政调解的含义

交通行政调解，是指在交通行政主体的主持下，以当事人双方自愿为基础，以法律、法规、规章及政策为依据，通过对争议双方的说服与疏导，促使双方当事人互让互谅，平等协商，达成协议，以解决有关争议的活动。交通行政调解具有以下5项特征。

第一，交通行政调解的实施主体是交通行政主体，不同于人民法院所主持的司法调解，也不同于群众调解组织所主持的人民调解。例如，根据《中华人民共和国道路交通安全法》第74条，交通事故损害赔偿争议调解的主体是公安机关交通管理部门。根据《汽车维修质量纠纷调解办法》第2条，汽车维修质量纠纷调解的实施主体是县级以上地方人民政府交通行政主管部门所属道路运政机构。

第二，交通行政调解以自愿为原则。当事人是否申请调解、调解是否达成协议以及达成什么样的协议、调解协议的效力如何等，都遵循当事人自愿原则，交通行政机关不能强迫当事人。

第三，交通行政调解的对象具有特定性。交通行政调解对象的特定性表现在：①交通行政调解的对象应当与交通行政活动相关；②交通行政调解的对象

---

[1] 姜明安主编：《行政法与行政诉讼法（第七版）》，北京大学出版社、高等教育出版社2019年版，第304页。

主要是交通民事纠纷，以及部分交通行政争议。

第四，交通行政调解通常不具有强制执行力。如果交通行政调解成功，达成调解协议，该调解协议由当事人自愿履行，不发生强制执行的法律效力。如果一方当事人或者双方当事人反悔，则调解协议自动失效，当事人可以另行寻求其他的法律途径解决纠纷，如向人民法院提起民事诉讼。

第五，对交通行政调解行为不能提起行政诉讼。达成交通行政调解协议后，如果当事人对交通行政调解结果不服，不得以主持调解的交通行政机关为被告对行政调解行为提起行政诉讼。根据《最高人民法院关于适用〈中华人民共和国行政诉讼法〉的解释》（法释〔2018〕1号）第1条第2款第2项规定，公民、法人或者其他组织对行政机关及其工作人员的调解行为以及法律规定的仲裁行为不服，依法提起诉讼的，不属于人民法院行政诉讼的受案范围。

二、交通行政调解的种类

根据不同的标准，可以对交通行政调解做不同的分类。根据交通行政调解的对象划分，交通行政调解可以分为交通民事纠纷调解和交通行政争议调解。根据交通行政领域划分，交通行政调解可分为公路领域的行政调解、水路领域的行政调解、铁路领域的行政调解、民用航空领域的行政调解、管道运输领域的行政调解、城市轨道交通领域的行政调解等。下面运用交通行政领域分类标准来论述主要的交通行政调解行为。

1. 公路领域的行政调解

行政调解是处理公路领域民事纠纷的法定途径之一，主要法规范依据有：《道路运输服务质量投诉管理规定》《汽车维修质量纠纷调解办法》《机动车维修管理规定》《巡游出租汽车经营服务管理规定》等。

例如，深圳市交通运输局规定，调解单位可以针对下列事项开展行政调解：机动车维修质量争议、道路旅客运输经营服务质量投诉案件、道路货物运输经营服务质量投诉案件、道路运输站场经营服务质量投诉案件、机动车维修经营服务质量投诉案件、机动车驾驶员培训服务质量投诉案件、客（货）运相关服务质量投诉案件、汽车租赁服务质量投诉案件、建设单位为市交通运输局主管的下级单位的公路工程施工合同争议、由市交通运输局负责监督管理的交通建设工程结算文件和造价文件争议，以及法律、法规、规章规定可以由市交通运输主管部门开展行政调解的其他争议事项。[1]

2. 水路领域的行政调解

水路领域的行政调解，是指交通行政机关作为调解机关解决有关国内水路运输和海上运输争议的活动。例如，《中华人民共和国水污染防治法》第 97 条规定，因水污染引起的损害赔偿责任和赔偿金额的纠纷，可以根据当事人的请求，由环境保护主管部门或者海事管理机构、渔业主管部门按照职责分工调解处理；调解不成的，当事人可以向人民法院提起诉讼。当事人也可以直接向人民法院提起诉讼。《中华人民共和国防治船舶污染内河水域环境管理规定》第 12 条第 1 款前段规定，船舶污染事故引起的污染损害赔偿争议，当事人可以申请海事管理机构调解。《浙江省水上交通事故处理办法》第 21 条规定，因交通事故引起的民事纠纷，当事人可以向负责处理该交通事故的海事管理机构申请调解。

3. 铁路领域的行政调解

铁路领域的行政调解，是指铁路行政机关作为调解机关解决铁路领域有关争议的活动。例如，《铁路交通事故应急救援和调查处理条例》第 36 条规定，铁路事故当事人对事故损害赔偿有争议的，可以通过协商解决，或者请求组织事故调查组的机关或者铁路管理机构组织调解，也可以直接向人民法院提起民事诉讼。

4. 民用航空领域的行政调解

民用航空行政机关作为调解机关解决民用航空民商事纠纷的活动，目前主要应用于航空运输合同纠纷、航空器飞行事故调查与善后处理。不过，从民用航空法律、法规和规章的规定来看，并没有这方面的明确依据。[2]

三、交通行政调解的程序

交通行政调解一般分为申请、受理、调查取证和结案等几个步骤。

（一）申请

交通行政调解的启动需以当事人申请为前提，而当事人提出申请需要符合

---

〔1〕《深圳市交通运输局行政调解工作规则》（深交规〔2021〕2 号）第 4 条第 1 款第 1—11 项。

〔2〕尤春媛：《民用航空行政法律规制研究》，法律出版社 2018 年版，第 190 页。

一定的条件。①交通行政调解的申请人应当为当事人双方，即与纠纷直接相关的双方当事人，如铁路交通事故损害赔偿中的受害人和肇事者双方。他人未经合法授权不得代替双方当事人提出申请。②接受申请的交通行政机关应当具有调解管辖权，即纠纷双方应向具有调解管辖权的交通行政机关提出调解申请。③当事人双方应当共同提出申请，如只有一方愿意通过行政调解处理纠纷，仍然不能启动调解程序。④当事人双方中有一方向交通行政机关提出申请的，该行政机关可以询问另一方是否同意进行调解，在征得另一方同意后才能作为正式申请启动调解程序。

此外，具体到个别交通运输领域，行政调解申请可能还需符合特别的条件。例如，有的地方规定，对于建设单位为市交通运输局主管的下级单位的公路工程施工合同争议，若选择行政调解的途径，当事人应当依照《公路工程施工监理办法》第20条的规定，先行提交监理工程师协调解决，协调不成的，可以申请调解。[1]

交通行政调解申请的形式一般包括口头申请和书面申请2种形式，有的地方还规定了当场、邮寄、传真、电子邮箱、综合交通资讯平台等申请形式。[2]如果口头提出申请，调解机关应当记录当事人的基本情况和申请调解的请求、事实和理由，并由申请人签名确认。如果书面提出申请，申请书应当载明的内容往往有明确的规定。一般应包括：申请人的基本信息、被申请人、调解请求及事实和理由、相关证据目录或者名称；申请人签名或者盖章；申请日期，等等。

（二）受理

交通行政机关收到行政调解申请后，应当场或在规定期限内做出是否受理的决定。对符合规定的行政调解申请，行政机关应当书面通知申请人予以受理，并出具《行政调解受理通知书》。决定不予受理的，行政机关应当出具《行政调解不予受理决定书》，并说明理由。从《深圳市交通运输局行政调解工作规则》第15条的规定来看，不予受理的情形主要包括：不属于交通运输行政主管

---

[1]　《深圳市交通运输局行政调解工作规则》第14条第2款第1项。
[2]　《深圳市交通运输局行政调解工作规则》第16条规定："当事人可以采取口头或者书面形式申请行政调解。当事人可以通过当场、邮寄、传真、电子邮箱、12328综合交通资讯平台等方式申请行政调解。"

部门行政调解职责范围的;人民法院已经受理或者已经作出生效判决、裁定的;仲裁机构已经受理或者已经作出生效裁决的;调解事项已经由人民调解、行业性专业性调解、司法调解等调解方式调解终结,当事人针对同一事项以同一事实和理由重复申请调解的;针对调解事项达成一致意见后,当事人反悔的;当事人涉嫌犯罪,公安机关已经立案的,以及法律、法规、规章规定不适用行政调解的其他情形。

(三)调查取证

对案件事实不清、情节又较复杂的,应调查核实并进行必要的取证。例如,在汽车维修质量纠纷中,技术分析和鉴定是进行纠纷调解的基本依据。《汽车维修质量纠纷调解办法》第 11 条规定,技术分析和鉴定由各级道路运政机构组织有关人员或委托有质量检测资格的汽车综合性能检测站进行。参与技术分析和鉴定工作的人员必须经道路运政机构审定并聘用。参加鉴定人员不得少于 2 人。《深圳市交通运输局行政调解工作规则》第 33 条第 1 款规定:"当事人认为行政调解事项涉及专门业务,需要委托第三方勘验、检测、检验、检疫、评审或者技术评定的,经当事人协商一致同意后,可以委托具有相应资质的第三方开展有关工作,委托费用由当事人协商承担。"

(四)结案

经过行政调解处理过程之后,双方当事人就争议可能会产生两种结果:一种是经过调解后双方达成协议,交通行政主体制作行政调解书;二是经过调解,双方未达成协议,调解终止。

1. 达成调解协议

经调解达成调解协议的,由主持调解的交通行政主体制作行政调解书。行政调解书一般应当载明下列事项:当事人情况、纠纷基本事实、争议焦点、各方责任、调解方案、调解依据与理由、生效时间、履行方式、履行期限、救济方式以及其他需要约定的事项。同时,由各方当事人、调解人员签名或者盖章,并加盖主持调解的交通行政机关印章。

2. 调解终止

交通行政调解不能无限期进行。行政调解的目的在于促成争议解决,能够调解的、可以调解的,马上调解;不能够调解的、调解不成的,应尽快终止。

例如，根据《汽车维修质量纠纷调解办法》第 23 条的规定，道路运政机构在调解维修质量纠纷的过程中，如遇下列情形之一，应向当事人双方宣布终止调解。①当事人双方对技术分析和鉴定存有异议；②受条件所限，不能出具技术分析和鉴定意见书；③案件已由仲裁机构或法院受理。此外，如当事人中途不愿调解的，应向道路运政机构递交撤销调解的书面申请，并通知对方当事人，调解随即终止。调解过程中已发生的全部费用由撤销调解方负担。

第七章

交通行政程序

第一节　交通行政程序概述

一、交通行政程序的含义

根据行政程序的定义,[1]交通行政程序是指交通行政主体进行交通行政活动所应遵循的方式、步骤、时限和顺序所构成的一个连续过程。交通行政程序作为规范交通行政权、体现交通法治形式合理性的行为过程,是实现交通行政法治的重要前提。根据不同的标准可以对交通行政程序进行不同的分类。对应交通行政活动的种类,可以分为交通行政立法程序、交通行政许可程序、交通行政调查程序、交通行政处罚程序和交通行政方面的强制执行程序等;以交通运输模式为标准,可以分为铁路行政程序、公路行政程序、民用航空行政程序、水路行政程序、管道行政程序和城市轨道交通行政程序等;以遵守行政程序是否具有一定裁量权为标准,可以分为强制性交通行政程序和任意性交通行政程序等。

二、交通行政程序的功能

(一) 保障交通行政相对人的合法权益

从实体法与程序法的关系来看,仅通过实体法规范和事后诉讼两种机制,

----

[1] 姜明安主编:《行政法与行政诉讼法(第七版)》,北京大学出版社、高等教育出版社 2019 年版,第 325 页。

在保障交通行政相对人合法权益这一点上存在局限性。交通行政程序的设定规范了交通行政主体进行行政活动的过程，避免因交通行政主体的恣意导致相对人的权益受侵害，而相对人的听证权、辩论权、申诉权等程序性权利的行使可以更好地保障其权益。交通行政程序要求交通行政主体公正、适当地行使行政职权，在交通行政活动过程中排除偏见，平等地对待当事人。具体而言，第一，交通行政主体必须依法、公正、适当地行使行政职权，正确认定事实、适用法律，从而确保行政决定的公正性。第二，交通行政主体应当听取相对人及利害关系人的意见，为相对人及利害关系人提供表达意见的机会，并认真考虑所提出的意见。第三，交通行政主体必须平等地对待行政过程中的当事人，不得偏私。为保障交通行政程序的公开、公平、公正，交通行政程序应当遵循程序公正、相对人参与和效率原则，遵守回避制度、听证制度、辩论制度、案卷排他制度、审裁分离制度等。《交通运输行政执法程序规定》第 4 条第 6 项规定，实施交通运输行政执法应当遵循"依法维护当事人合法权益"原则。在一些交通行政执法案件中，充分体现了交通行政程序维护当事人合法权益的作用。

例如，在常某吉与兰州市城市交通运输管理处交通行政处罚上诉案[1]中，二审法院甘肃省高级人民法院指出："纵观已查明的基本事实，上诉人常某吉未取得出租客运经营许可，以营利为目的搭载乘客，从事出租汽车客运经营行为的事实清楚，但是，其行为属于第一次被发现，且协议收取费用为 10 元，在行驶途中即被查处，并未实际收取费用。被上诉人按照处罚上限做出 20000 元行政处罚时，既未考虑上诉人只被查处一次违法行为且未实际收取费用的客观事实，也没有提供上诉人的违法行为对社会造成严重危害后果的事实证据，该行政处罚的结果与违法行为的社会危害程度之间明显不适当，其行政处罚 20000 元缺乏适当合理性和违反比例原则，属于行政处罚明显不当，依法应当予以变更。"

（二）促进交通行政过程的民主化

交通行政程序非常重要的一个作用是促进交通行政过程的民主参与。"从监督行政机关依法行使职权的最佳方案选择看，事前、事中监督显然优越于事

---

[1]　甘肃省高级人民法院行政判决书（2017）甘行终 429 号。

后监督，预防性监督显然优越于追惩性监督。"[1]行政程序可以让公民直接介入行政权的行使过程。在这个过程中，行政机关与行政相对人进行交涉，从而达到规范行政权行使的目的。

交通行政程序的这一项功能充分体现在制定交通行政立法过程中。行政立法的主体是行政机关，而非民选机构，从而在民主性方面弱于立法机关，其立法可能缺乏民主性的支持。[2]交通行政立法亦是如此。交通行政立法是一种政治决策过程，民主参与应为交通行政立法的重要组成部分，这是交通行政立法正当性和合法性的基础。[3]

例如，为规范交通运输法规制定程序，保证交通运输立法质量，根据《中华人民共和国立法法》《行政法规制定程序条例》《规章制定程序条例》，交通运输部颁布实施了《交通运输法规制定程序规定》，对交通运输法规[4]的立项、起草、审核、审议、公布、备案、解释和废止工作做出较为详细的规定。例如，《交通运输法规制定程序规定》第26条第1款规定，起草交通运输法规，除依法需要保密或者国务院决定不公布的外，应当将法规草案及其说明等向社会公布征求意见，期限一般不少于30日。该规定第27条第1款规定，起草交通运输法规，涉及社会公众普遍关注的热点、难点问题和经济社会发展遇到的突出矛盾，减损公民、法人和其他组织权利或者增加其义务，对社会公众有重要影响等重大利益调整事项的，承办单位应当进行论证咨询，广泛听取有关方面的意见。

（三）监督交通行政活动的合法性

"行政程序本身所具有的可控制行政行为的功能，决定了行政程序具有监督行政机关依法行使职权的作用。"[5]交通行政活动程序的设置可以进一步对

---

〔1〕 姜明安主编：《行政法与行政诉讼法（第七版）》，北京大学出版社、高等教育出版社2019年版，第328页。

〔2〕 姜明安主编：《行政程序研究》，北京大学出版社2006年版，第62页。

〔3〕 姜明安主编：《行政程序研究》，北京大学出版社2006年版，第62页。

〔4〕 这里的交通运输法规，是指调整铁路、公路、水路、民航、邮政等事项的下列规范性文件：交通运输部上报国务院审查后提交全国人民代表大会及其常务委员会审议的法律送审稿、交通运输部上报国务院审议的行政法规送审稿、交通运输部制定及交通运输部与国务院其他部门联合制定的规章。参见《交通运输法规制定程序规定》第3条。

〔5〕 姜明安主编：《行政法与行政诉讼法（第七版）》，北京大学出版社、高等教育出版社2019年版，第329页。

交通行政活动进行法律规制，这对于控制交通行政主体行使行政权、监督行政活动的合法性具有重要意义。《交通运输行政执法程序规定》第 4 条第 3—5 款规定，实施交通运输行政执法应当遵循严格执行法定程序、正确行使自由裁量权、依法公平公正履行职责的原则。交通行政行为的程序必须符合法律规定，交通行政主体实施行政行为时必须严格遵守，不得违反法定程序。具体包括：第一，交通行政主体实施行政行为时，必须严格按照法定的步骤、方式、时限和顺序进行。交通行政主体行使职权所选择的程序必须有利于保护相对人的合法权益，不得侵犯相对人的基本权利和自由。第二，违反法定程序的交通行政行为可以单独构成撤销判决的适用条件。第三，违反法定程序的交通行政主体应当承担相应的法律责任。在一些交通行政执法案件中，充分体现了交通行政程序监督交通行政活动的合法性的作用。

例如，在焦作融聚物流有限公司诉河南省温县交通运输执法大队交通运输纠纷案[1]中，法院认为："原告融聚物流公司委托该公司工作人员耿某建去被告温县交通运输执法大队处理该公司车辆违法超限行驶一案，被告在对原告融聚物流公司超限行驶违法行为进行调查、处理时，为节约时间，让原告委托代理人耿某建去银行缴纳罚款，由耿某建同行的没有代理权的同事以代理人耿某建的名义接受调查、处理的方式，并据此做出行政处罚决定，故被告做出的（2018）豫焦温交执罚字（040077）号行政处罚决定书违反法定程序，依法应予撤销。"

（四）提高交通行政效率

"行政效率是行政权的生命，在现代国家中，人们不会容忍行政机关像法院那样不慌不忙地行使行政职权。"[2]交通行政程序的设置可以对行政活动的步骤、方式、时效、顺序等进行合理的规定，在保障相对人权益的前提下，使行政主体以紧凑的步骤、合理的顺序、适合的方式、一定的时限进行行政活动，从而提高交通行政活动的效率。

交通行政程序的效率原则要求交通行政主体按照交通行政的特点确定实施

---

[1] 河南省沁阳市人民法院行政判决书（2019）豫 0882 行初 4 号。

[2] 姜明安主编：《行政法与行政诉讼法（第七版）》，北京大学出版社、高等教育出版社 2019 年版，第 329 页。

交通行政行为的程序，并应有利于行政效率的实现。具体包括：第一，时效制度。对交通行政主体实施行政行为的各个步骤和交通行政相对人主张权利都应规定一定的期限，逾期应当承担一定的法律后果。例如，针对铁路行政许可申请材料不齐全或者不符合法定形式的情形，受理部门应当当场或者在5个工作日内一次性告知申请人需要补正的全部内容，逾期不告知的，自收到申请材料之日起即为受理。[1]第二，顺序规定。交通行政行为各个步骤应当有先后顺序，顺序不能颠倒。第三，简易程序制度。法定紧急情况或简单事项等特殊情况下，交通行政主体可适用简易程序。采用简易程序，可以使相对人的权利义务早日确定。例如，根据《中华人民共和国行政处罚法》第5章第2节的规定，《民用航空行政处罚实施办法》第5章规定了民用航空行政处罚的简易程序。

第二节　交通行政程序的主要制度

交通行政程序基本制度是指实施交通行政行为中必须遵循的重要制度，包括交通行政程序回避制度、交通行政信息公开制度、交通行政听证制度、交通行政说明理由制度等。

一、交通行政回避制度

交通运输行政执法人员在行使职权过程中，与所处理的事务有利害关系的，应当回避。《交通运输行政执法程序规定》第2章第2节专门对交通运输行政执法过程中的回避要求进行了规定，该规章第12条规定，执法人员有下列情形之一的，应当自行申请回避，当事人及其代理人有权用口头或者书面方式申请其回避：①是本案当事人或者当事人、代理人近亲属的；②本人或者其近亲属与本案有利害关系的；③与本案当事人或者代理人有其他利害关系，可能影响案件公正处理的。

回避制度包括职务回避、地域回避和公务回避3种类型。职务回避是指对于有法定亲情关系的交通行政执法人员，在担任某些关系比较密切的职务方面

---

[1]《国家铁路局行政许可实施程序规定》（国铁科法规〔2021〕5号）第7条第1款第4项。

做出的限制。地域回避是对公务员在原籍任职方面所做的限制规定，是指担任一定领导职务的交通行政执法人员不得在自己的原籍及其他不宜任职的地区，担任一定级别的公职。公务回避是指交通行政执法人员在行使职权过程中，因其与所处理的事务有利害关系，为保证实体处理结果和程序的公正性，依法终止职务行为而由其他公务员来行使相应的职权。其中的"利害关系"是指公务处理结果将涉及增加或减损处理公务的公务员的金钱、名誉、亲情、友情等的关系。例如，有学者指出，在"7·23"温州动车事故调查中，一位时任铁道部副部长的官员被国务院任命为调查组副组长，与调查事务及处理结果之间有利害关系。《生产安全事故报告和调查处理条例》第23条规定，事故调查组成员应当具有事故调查所需要的知识和专长，并与所调查的事故没有直接利害关系。根据这一规定，这位铁道部副部长应不得参加该调查组从事的调查工作。[1]

二、交通行政信息公开制度

交通领域的政府信息公开，是交通行政机关根据职权或者行政相对人请求，将交通领域的政府信息向相对人或社会公开展示，并允许查阅、摘抄和复制。政府信息公开的方式分为依职权公开和依申请公开2类。例如，根据《国家铁路局政府信息公开实施办法》第14条的规定，应该依照本办法第15条的规定，主动向公民、法人和其他组织公开下列政府信息：铁路行业监督管理的行政法规、规章和规范性文件；职能、机构设置、办公地址、办公时间、联系方式、负责人姓名；参与的铁路行业发展规划信息；铁路行业统计信息；行政许可的事项、依据、条件、程序以及办理结果；行政处罚、行政强制的依据、条件、程序以及行政处罚决定；财政预算、决算信息；行政事业性收费项目及其依据、标准；政府集中采购项目的目录、标准及实施情况；铁路重大建设项目的监管信息；铁路安全生产、客货运输、工程质量、设备质量的监督检查情况；相关铁路交通事故调查处理情况；公务员招考的职位、名额、报考条件等事项以及录用结果；依法应当主动公开的其他政府信息。

在依申请的政府信息公开中，信息公开的责任主体、信息公开的方式等都

---

〔1〕　章剑生：《现代行政法总论（第2版）》，法律出版社2019年版，第227页。

是重要的内容。

在赵某某与交通运输部信息公开案[1]中，上诉人（一审原告）赵某某向交通运输部申请公开"'关于 G322 文成樟台至龙川段改建工程'，包括：1. 该改建工程是否通过交通运输部批准？2. 如通过批准，该批准做出时间、文号及内容"。被上诉人（一审被告）交通运输部收到申请后，确认交通运输部并未制作该申请公开的政府信息，建议赵某某咨询相关省发展改革部门或交通主管部门。法院支持了交通运输部的主张，指出"根据交通项目审批权的相关规定，交通运输部不具有制作或获取赵某某申请公开的政府信息的法定职责，亦无证据证明交通运输部实际获取并保存了赵某某申请公开的信息。故交通运输部依据政府信息公开条例的有关规定做出被诉告知书，履行了告知及说明理由义务，行政程序亦不违反法律规定。"

在王某红与中国民用航空局信息公开案[2]中，法院指出："被告向原告提供的'2010 年换发机场使用许可证时上海虹桥机场噪声等值线图'复印件不清晰，不具备辨识条件，且被告在被诉告知书中对此既未说明缘由，亦未提供其他适当的形式让原告获取，所作告知不符合《中华人民共和国政府信息公开条例》（中华人民共和国国务院令第 492 号，以下简称《政府信息公开条例》）第二十六条'行政机关依申请公开政府信息，应当按照申请人要求的形式予以提供；无法按照申请人要求的形式提供的，可以通过安排申请人查阅相关资料、提供复制件或者其他适当形式提供'的规定，依法应予撤销。"

需要注意的是，交通领域的政府信息公开除了行政机关信息公开，还包括公共交通企业信息公开。公共交通企业信息公开的法规范依据是《中华人民共和国政府信息公开条例》第 55 条第 1 款："教育、卫生健康、供水、供电、供气、供热、环境保护、公共交通等与人民群众利益密切相关的公共企事业单位，公开在提供社会公共服务过程中制作、获取的信息，依照相关法律、法规和国务院有关主管部门或者机构的规定执行。全国政府信息公开工作主管部门根据

---

[1] 北京市高级人民法院行政判决书（2019）京行终 6557 号。
[2] 北京市第二中级人民法院行政判决书（2018）京 02 行初 433 号。

实际需要可以制定专门的规定。"2022 年 2 月，交通运输部颁布实施《公共交通企业信息公开规定》。根据该规定第 3 条，公共交通企业在提供公共服务过程中制作或者获取的、直接关系社会公众出行并以一定形式记录、保存的信息，应当按照本规定进行公开。根据该规定第 2 条，这里的公共交通企业，是指为不特定社会公众提供出行服务并按照固定线路、时间、站点、班次运行的运输经营企业和港站经营企业。公路、水路领域公共交通企业，包括从事城市公共交通、道路班车客运、道路客运站、水路旅客班轮、港口客运站运营的企业。铁路、民用航空领域的公共交通企业信息公开及监督管理活动，适用本规定。根据该规定第 4 条，公共交通企业公开信息，应当采取主动公开的方式，坚持便民实用、及时全面的原则，满足社会公众信息需求。根据该规定第 5 条，交通运输部负责指导全国公路、水路领域公共交通企业的信息公开工作。县级以上地方人民政府交通运输主管部门按照职责实施本行政区域内公路、水路领域公共交通企业的信息公开监督管理工作。各级铁路、民用航空监管部门按照职责指导和监督铁路、民用航空领域公共交通企业的信息公开工作。根据该规定第 17 条，城市公共交通运营企业未按照规定公开相关信息的，由城市人民政府交通运输主管部门或者城市人民政府指定的城市公共交通运营主管部门责令限期整改。道路班车客运、道路客运站、水路旅客班轮、港口客运站运营企业未按照规定公开相关信息的，由县级以上人民政府交通运输主管部门责令限期整改。铁路、民用航空领域公共交通企业未按照规定公开相关信息的，分别由铁路、民用航空监管部门责令限期整改。根据该规定第 18 条第 1 款，社会公众对公共交通企业信息公开内容、时限、渠道等事项有异议的，有权向相关交通运输主管部门、铁路、民用航空监管部门进行申诉。

在实务中，近年来以公共交通企业为被告的信息公开诉讼时有发生。从结果来看，法院一般认为，公共交通企业属于企业，不是行政诉讼的适格被告。

例如，在贾某宝与中国铁路总公司再审审查与审判监督行政裁定书案[1]中，法院驳回了贾某宝的再审申请，指出："《政府信息公开条例》第三十七条规定，教育、医疗卫生、计划生育、供水、供电、供气、供热、环保、公共交通等与人民群众利益密切相关的公共企事业单位在提供社会

---

[1]　北京市高级人民法院行政裁定书（2018）京行申 1248 号。

公共服务过程中制作、获取的信息的公开，参照本条例执行，具体办法由国务院有关主管部门或者机构制定。目前尚未出台有关铁路运输企业的具体信息公开办法，结合本案申请信息的具体情况，贾友宝以中国铁路总公司为被告提起信息公开的行政诉讼，起诉条件不充分。"

在周某田与北京铁路局信息公开行政裁定书案[1]中，法院指出："本案中，北京铁路局并非行政机关，周某田申请公开的信息也非北京铁路局作为法律、法规授权的组织在履行公共事务管理职能过程中制作或者获取的信息，不属于政府信息公开条例调整的范围。"

在赵某峰诉郑州铁路局不履行政府信息公开职责案[2]二审裁定书中，法院指出："郑州铁路局是企业法人，不是行政机关，其在铁路局三北地区危旧房改造过程中产生的信息也不是在提供公共服务过程中制作、获取的信息，因此上诉人请求信息公开的事项不属于政府信息公开范围。"

三、交通行政听证制度

听证又称听取意见，有广义和狭义之分。狭义的听证是指行政主体听取相对人的意见，而广义的听证包括与听取意见相关的通知、回避、辩论、案卷排他等制度。[3]听证制度是现代行政程序法的一项基本制度。对行政相对人来说，行政主体在作出影响相对人的权利、义务的决定前听取相对人的意见程序，具有保障个人实体权利的价值，同时，也具有独立的程序性权利的价值。对行政机关来说，听证有利于其公正地收集证据，从而作出合法、公正的决定。目前，听证的适用范围包括行政立法、行政许可、行政处罚等领域。

交通行政听证是行政听证在交通运输领域的具体表现。以民用航空行政处罚为例，根据《民用航空行政处罚实施办法》第1款，民用航空行政机关法制职能部门收到案件承办部门提出的民用航空行政案件调查报告后，应当进行初步审查。对拟同意进行较大数额罚款、没收较大数额违法所得、没收较大价值非法财物、降低资质等级、吊销许可证件、责令停产停业、责令关闭、限制从业、其他较重的行政处罚以及法律、法规、规章规定的其他情形的，应当在报

〔1〕 北京市第一中级人民法院行政裁定书（2016）京01行终1005号。
〔2〕 河南省郑州市中级人民法院行政裁定书（2015）郑行终字第170号。
〔3〕 胡建淼、江利红：《行政法学（第二版）》，中国人民大学出版社2014年版，第289—290页。

民用航空行政机关做出行政处罚决定之前，制作《民用航空行政处罚听证告知书》，告知当事人有要求听证的权利；当事人要求组织听证的，民用航空行政机关应当组织听证并不得要求当事人承担组织听证的费用。该办法第 41 条第 1 款规定，案件当事人要求听证的，应当在收到行政处罚听证告知书后 5 日内提出并向民用航空行政机关法制职能部门提交听证申请书及有关材料。该办法第 41 条第 2 款前段规定，民用航空行政机关法制职能部门接到听证申请后，应当制作《民用航空行政处罚听证通知书》。该办法第 43 条第 2、第 3、第 4 款规定，听证由民用航空行政机关法制职能部门负责人或者其指定的人员主持，承办监察员应当参加听证。听证按下列程序进行：①由听证主持人宣布听证开始和听证目的；②由承办监察员就当事人的违法事实向听证主持人提出有关证据、处罚依据和行政处罚建议；③由案件当事人出示证据，进行申辩；④询问证人、向证人质证；⑤听证双方就与本案相关的事实和法律进行辩论；⑥辩论结束后，听证双方做最后陈述；⑦制作《民用航空行政处罚听证笔录》并由听证双方核对无误后签字或者盖章。案件当事人或者其代理人拒绝签字或者盖章的，由听证主持人在笔录中注明。听证结束后，由听证主持人根据听证笔录，依照《中华人民共和国行政处罚法》第 57 条规定提出行政处罚意见。听证笔录应当归入民用航空行政机关案卷。

未履行听证程序的交通行政行为属程序违法，可能被撤销。

在上饶市三江成品油运输有限公司与上饶市道路运输管理局道路运输行政许可撤销纠纷案[1]中，原告三江公司就上饶市运管局对三江公司所属 12 辆车辆《道路运输证》做出的撤销决定不服提起诉讼。法院指出："行政机关做出不利于相对人的行政决定时，应当事先通知有利害关系的相对人，告知其权利、义务，并听取其陈述、申辩，保障相对人的知晓权和参与权。上饶市运管局以《公告》《通知》的方式对三江公司所属 12 辆车辆《道路运输证》做出撤销决定时并未列明具体的法律依据、告知相对人复议或诉讼权利，亦未制作书面的决定书，属于严重违反行政程序，应对该具体行政行为予以撤销。"

实务中还发生过这种情形："被告向原告送达了《交通违法行为通知书》，

---

[1]　江西省上饶市中级人民法院行政判决书（2016）赣 11 行终 45 号。

告知原告听证的权利，原告也没有否认收到了被告的告知内容，但是原告没有依照通知的时间、地点参加听证会，且无正当理由。对于原告这一行为，行政机关可以推定他放弃了听证权，不影响被告未经听证作出行政处罚决定的合法性。"[1]

四、交通行政说明理由制度

说明理由制度是各国行政程序法规定的一项基本制度。该制度的基本内容是，行政机关在做出对行政相对人合法权益产生不利影响的行政行为时，除法律规定外，必须向相对人说明其做出该行政行为的事实因素、法律依据以及裁量时所考虑的政策、公益等因素。[2]就内容而言，它"可以分为合法性理由和正当性理由。前者用于说明行政行为合法性的依据，如事实材料、法律规范；后者用于说明行政机关正当行使自由裁量权的依据，如政策形势、公共利益、惯例公理等。"[3]行政说明理由制度的作用在于：①促使行政主体在慎重考虑后做出行政行为，抑制恣意行政；②使相对人对行政行为有充分了解，以便履行或行使权利；③有利于增进相对人对行政行为的理解和接受度，有利于改善行政主体与相对人之间的关系，增强行政行为的说服力。

一些交通行政立法明确规定了说明理由制度。例如，《中华人民共和国道路运输条例》第 24 条第 2 款规定，依照前款规定收到申请的交通运输主管部门，应当自受理申请之日起 20 日内审查完毕，做出许可或者不予许可的决定。不予许可的，应当书面通知申请人并说明理由。《交通行政许可实施程序规定》第 15 条第 1 款规定，除当场作出交通行政许可决定外，实施机关应当自受理申请之日起 20 日内作出交通行政许可决定。20 日内不能作出决定的，经实施机关负责人批准，可以延长 10 日，并应当向申请人送达《延长交通行政许可期限通知书》，将延长期限的理由告知申请人。但是，法律、法规另有规定的，从其规定。《交通运输行政执法程序规定》第 69 条规定，执法部门负责人批准案

---

〔1〕 孙华东诉成都市交通委员会行政执法总队交通行政处罚纠纷案，四川省成都市武侯区人民法院行政判决书 (2009) 武侯行初字第 1 号，参见章剑生：《现代行政法总论 (第 2 版)》，法律出版社 2019 年版，第 222 页。

〔2〕 姜明安主编：《行政法与行政诉讼法 (第七版)》，北京大学出版社、高等教育出版社 2019 年版，第 346—347 页。

〔3〕 章剑生：《论行政行为说明理由》，《法学研究》1998 年第 3 期，第 121 页。

件调查报告后，拟对当事人予以行政处罚的，执法人员应当制作《违法行为通知书》，告知当事人拟做出行政处罚的事实、理由、依据、处罚内容，并告知当事人依法享有陈述权、申辩权或者要求举行听证的权利。

违反说明理由义务的交通行政行为可能被撤销或确认违法。

在始兴县飞马汽车客运有限公司与始兴县交通运输局交通运输行政管理案[1]中，"'始兴交通局'于2013年8月16日下午向'飞马汽运公司'送达了2013年第1号《安全生产整改通知书》，内容为：'鉴于你公司在今天早上在万达厂附近发生的道路交通安全事故，县政府召开联席会议，县交通运输局与会研究，决定对你公司进行停业整顿，并将整改情况在三个工作日内，向交通运输局汇报。'同时，'始兴交通局'口头通知'飞马汽运公司'，将所有的26台公交车辆统一指定停放在始兴汽车站停车场停放，上述车辆营运证27本，经营许可证1本，统一由'始兴交通局'综合运输股收集保管。"对此，法院指出："'始兴交通局'所作上述行政行为并未写明法律依据，属于适用法律、法律错误的行为。不仅如此，参照交通运输部发布的《道路旅客运输及客运站管理规定》第九十一条有关：'违反本规定，客运经营者、客运站经营者已不具备开业要求的有关安全条件、存在重大运输安全隐患的，由县级以上道路运输管理机构责令限期改正；在规定时间内不能按要求改正且情节严重的，由原许可机关吊销《道路运输经营许可证》或者吊销相应的经营范围。'的规定，'始兴交通局'所作'停业整顿'处理决定，与《道路旅客运输及客运站管理规定》第九十一条规定的'责令限期改正'种类不符，亦属适用法律、法规错误。不仅如此，'始兴交通局'未以'决定'而以'通知'的形式做出'停业整顿'的行政处罚，不符合《中华人民共和国行政处罚法》的规定，不规范；该局未按照《中华人民共和国行政处罚法》的相关规定制作告知'飞马汽运公司'陈述、申辩等权利的笔录，未严格依照《中华人民共和国行政处罚法》规定的规定做出处罚，亦未依照《中华人民共和国行政强制法》做出相应的强制措施，程序不合法，依法应当撤销'始兴交通局'的行政行为。"

---

[1] 广东省韶关市中级人民法院行政判决书（2015）韶中法行终字第79号。

在兰州恒鑫广告有限责任公司与甘肃省兰州公路路政执法管理处行政强制案[1]中，法院指出："本案中被上诉人在其做出的《代履行决定书》（甘兰处东岗代履行〔2016〕113号）中，未阐述对案涉广告牌的强制拆除实施代履行的理由，即对强制拆除案涉广告牌实施代履行具体符合《中华人民共和国行政强制法》第五十条规定的哪种情形未做出具体认定，其做出的代履行决定认定事实不清、主要证据不足。"最终确认兰州公路路政执法管理处强制拆除 G30 线连霍高速下行 K1704+100 单立柱钢结构广告牌的行政行为违法。

---

[1] 甘肃省高级人民法院行政判决决书（2018）甘行终 580 号。

第八章

交通行政复议

第一节　交通行政复议概述

一、交通行政复议的概念和特征

行政复议是监督行政的一种重要形式，是上级国家行政机关对下级国家行政机关的行政活动进行层级监督的一种制度化、规范化的行政行为，也是国家行政机关系统内部为依法行政而进行自我约束的重要机制。交通运输领域的交通行政复议，是行政复议制度的重要组成部分，也是交通行政争议解决和交通行政监督的重要方式。

交通行政复议，是指公民、法人或者其他组织认为交通行政机关的行政行为侵犯其合法权益，依法向交通行政复议机关提出复查该行政行为的申请，交通行政复议机关依照法定程序对被申请的行政行为进行合法性、适当性审查，并作出交通行政复议决定的一种法律制度。交通行政复议制度是交通行政救济制度的一部分，也是部分交通行政行为被提起交通行政诉讼的一个前置制度，除了分散在法律、法规和规章中的有关交通行政复议的规范外，《中华人民共和国行政复议法》《中华人民共和国行政复议法实施条例》《交通运输行政复议规定》《海事行政复议工作规定》是规定交通行政复议制度的主要规范依据。

法律、法规、规章及其他规范性文件对复议这一概念的表述具有多样性，存在复审、复验、复核、复查等表述。例如，《道路交通事故处理程序规定》第 71 条第 1 款前段规定："当事人对道路交通事故认定或者出具道路交通事故证明有异议的，可以自道路交通事故认定书或者道路交通事故证明送达之日起三日内提出书面复核申请。"其中，采用的"复核"这一概念实质上就是交通行政复议。有学者认为这种"复核"作为一种特殊的行政复议，因专业性极强，无法也无须纳入政府的相对集中复议权之中，却可以复议委员会化，广泛吸纳专家学者、律师和技术人员参与，实现复核机构的相对独立性，为法院审判解决专业判断问题。[1]在新中国行政复议发展历程中，交通领域建构行政复议制度起步较早，在 20 世纪 70 年代交通行政复议就有了初步的发展。尽管"文革"期间，行政复议制度整体上受到破坏，几乎荡然无存，但交通部 1971年发布的《海损事故调查和处理规则（试行）》第 14 条涉及行政复议的规范是这段时期仅存的一例关于行政复议制度的规范。[2]

交通行政复议在性质上兼具司法性与行政性，它既是一种法律救济制度，也是一种行政监督制度。首先，交通行政复议具有司法性质，交通行政复议机关作为第三人对行政机关和公民、法人或者其他组织之间的行政争议进行审查并做出裁决，为公民、法人或者其他组织提供一种事后、相对中立的救济。其次，交通行政复议同时具有行政性，并在本质上是一种行政活动，仍然需要受到法院审查。除此之外，交通行政复议还是交通行政系统内部交通行政机关对下级交通行政机关或者人民政府对所属的交通行政机关做出的违法或者不当的行政行为所实施的一种监督和纠错机制。

从内容上看，交通行政复议具有以下 3 项特点：

（1）交通行政复议的客体为交通行政争议。2023 年新修订的《中华人民共和国行政复议法》第 2 条第 1 款规定："公民、法人或者其他组织认为行政机关的行政行为侵犯其合法权益，向行政复议机关提出行政复议申请，行政复议机关办理行政复议案件，适用本法。"《交通运输行政复议规定》第 2 条规定："公民、法人或者其他组织认为具体行政行为侵犯其合法权益，向交通运输行政机关申请交通运输行政复议，交通运输行政机关受理交通运输行政复议申请、作出交通运输行政复议决定，适用《行政复议法》和本规定。"也就是说，交通行政复议的客体是交通行政主体所做出的交通行政行为引发的交通行政争议。当事人提出交通行政复议，必须是在交通行政机关已经做出行政决定或者超过

---

[1] 余凌云：《改进道路交通事故纠纷的解决机制》，清华大学出版社 2017 年版，第 83—84 页。
[2] 罗豪才、湛中乐主编：《行政法学（第四版）》，北京大学出版社 2016 年版，第 485 页。

一定期限仍不作出决定的情形，复议的任务是解决交通行政争议，而不是解决民事或者其他内部争议。

（2）交通行政复议的双方当事人恒定。交通行政复议的双方当事人恒定，指的是提起交通行政复议的一方当事人必须是不服交通行政机关处理决定的行政相对人，被申请人一般恒定为交通行政机关。这是由交通行政争议的性质和特征决定的，在交通行政管理过程中，双方的法律地位是不平等的，相对人一方总是处于弱势地位，法律上有必要对此提供某种防御机制，以针对拥有交通行政职权的交通行政机关的侵害。

（3）交通行政复议以公民、法人或者其他组织的申请为复议条件。当事人对交通行政机关的行政决定不服，只能按法律规定向有交通行政复议权的行政机关申请复议。如果公民、法人或者其他组织没有依法提请复议，交通行政复议机关不能主动进行复议。因此，交通行政复议在性质上属于依申请行为。

从性质上看，交通行政复议具有以下 6 项特征：

（1）交通行政复议具有行政性。交通行政复议是一种行政行为，行政复议的主体是国家行政机关。虽然对交通行政行为有来自立法机关、司法机关各种形式的监督，但这些都是来自行政机关外部的监督。而交通行政复议则完全是由国家行政机关进行的，是国家行政机关自身的一种内部约束，因此，履行行政复议职责属于行使行政权的范围。

（2）交通行政复议具有职权性。本书认为，依法行使职权是现代法治国家中国家行政机关依法行政的最重要的特征。履行交通行政复议职责作为一种行使行政职权的行为同样也必须遵循依法行政的原则。交通行政复议机关所进行的行政复议活动不能超越其法定的职权范围。

（3）交通行政复议具有监督性。交通行政复议是一种层级监督，即上级国家行政机关对下级国家行政机关实施的一种制度化的、较为规范的层级监督。它是一种事后监督，也就是说它是在交通行政机关做出某种行政处理决定后才可能开始。复议监督是一种间接监督，即它是从行政命令、行政指挥权中分离出来的，是一种间接的、独立的监督形式。

（4）交通行政复议具有程序性。交通行政复议虽然从法律行为性质上来说是一种行政行为，但由于它涉及行政争议的解决，因此比一般的行政行为具有更高的程序性要求。交通行政复议从申请、受理到审理、决定以及送达，都必须符合法定的实体要件和形式要件，违反或缺乏其中任何一项程序，都有可能导致复议的中止或终止。

（5）交通行政复议具有救济性。为了妥善解决交通行政机关与行政相对人之间产生的行政争议，保护公民、法人和其他组织的合法权益，可以通过交通行政复议的形式纠正违法或不当的行政行为，赔偿由此给行政相对方造成的损失。交通行政复议是对违法或不当的交通行政行为进行补救而建立起来的一种交通行政救济制度。

（6）交通行政复议具有合法性。交通行政复议作为行政活动要严格遵循依法行政原则，严格遵守法律的规定，这里的法律既包括程序法，又包括实体法，[1]前者如《中华人民共和国行政复议法》《中华人民共和国行政复议法实施条例》《交通运输行政复议规定》《海事行政复议工作规定》；后者如《中华人民共和国公路法》《国内水路运输管理条例》《铁路安全管理条例》《收费公路管理条例》《中华人民共和国航道管理条例》。

二、交通行政复议的功能

根据2023年新修订的《中华人民共和国行政复议法》第1条的规定，行政复议作为一项基本的行政救济制度，目的在于防止和纠正违法的或不当的行政行为，保护公民、法人和其他组织的合法权益，监督和保障行政机关依法行使职权，发挥行政复议化解行政争议的作用，推进法治政府建设。交通运输领域一直是行政复议案件较为集中的领域，例如，2019年交通运输领域的行政复议案件共计4519件，占全年全部复议案件的2.37%，数量在各个领域中排第7位，仅次于公安、土地、市场监管、劳动和社会保障、房屋征补（拆迁）、城乡规划。[2]2013年12月23日，全国人民代表大会常务委员会执法检查组关于检查《中华人民共和国行政复议法》实施情况的报告以及全国人民代表大会常务委员会组成人员对检查《中华人民共和国行政复议法》实施情况报告的审议意见指出："据统计，行政复议法颁布实施14年来，全国各级复议机关共收到行政复议申请112万件，其中受理101万件，审结92万件。从申请复议的内容

---

〔1〕 沈开举主编：《交通行政法》，中国人事出版社1996年版，第127页。

〔2〕 参见《行政复议》，《中国法律年鉴》2020年第1期，第1317页。

看，与群众切身利益关系密切的交通管理、治安处罚、征地拆迁、社会保障等方面的行政复议案件占较大比例。"[1]交通领域的行政争议数量大、专业性强，正与行政复议这一救济方式相适应。交通行政复议作为一种交通行政救济制度具有以下 4 项功能。

（1）简单、迅速、经济地行政救济。交通行政复议程序简单、过程短暂、行政成本低廉、不向当事人收取任何费用。作为一种行政救济制度，其有利于保障交通行政相对人的合法权利，提供了比交通行政诉讼更加便捷的救济方式。

在实践中，部分行政机关出于不愿承担责任等多重因素的考虑，放弃纠纷化解的功能，让司法不堪重负，也加重了当事人的维权成本。例如，在公安部主导下的《中华人民共和国道路交通安全法实施条例》修改过程中，交警部门为了避免成为行政案件被告，以立法的方式将交警机关对交通事故责任的行政认定行为，"降格"为鉴定结论而非行政行为，从而回避司法审查；交通事故损害赔偿时，也不再将交警主持下的调解作为诉讼的前置条件，从而弱化了交警的调解职责；交通事故造成人身伤害需要抢救治疗的，交通管理部门也自动放弃要求事故责任方预付医疗费的职责，而是一律引导其通过民事诉讼解决。这种做法造成许多简易交通案件，也不得不通过漫长、滞后的诉讼程序来解决。[2]这样就不符合保护相对人权益，提供便捷救济手段的原则。

（2）交通行政机关获得一个反思其做出的交通行政行为是否合法适当的机会。行政复议是行政自我纠错机制之一，交通行政机关面对与其有领导关系的行政复议机关的审查，比较容易做出自我纠错的行为选择。

（3）交通行政复议能够适度减轻法院的负担。交通行政案件通过交通行政复议得以解决，能够有效减少法院交通行政案件数量。同时，某些专业性较强或社会影响力较大的交通行政案件，通过交通行政复议加以过滤，可以减轻这类案件对法院的压力。交通行政复议机关应该积极履行职权，发挥救济作用。

特别是，交通行政复议通常处理的案件具备专业性强、数量大、重复性较

---

[1]　王胜俊：《全国人民代表大会常务委员会执法检查组关于检查〈中华人民共和国行政复议法〉实施情况的报告——2013 年 12 月 23 日在第十二届全国人民代表大会常务委员会第六次会议上》，http://www.npc.gov.cn/zgrdw/npc/xinwen/2013 - 12/24/content _1819964.htm，访问日期：2023 年 1 月 23 日。

[2]　耿宝建：《行政复议法修改展望》，法律出版社 2016 年版，第 100 页。

高等特征，这种案件也更适合通过行政救济方式解决。例如，英国实行行政裁判所制度，强调行政复议制度的整体化，并且服务于改善公共服务质量的目标，1873 年的铁路和运河委员会就是早期的行政裁判所。[1]在韩国，"关于行政复议与行政诉讼的关系，以任意的前置主义为原则，以必要的前置主义为例外。其中必要的前置的处分包含：①驾驶执照取消处分等道路交通法相关的各种处分；②海洋水产部长对船舶检查的处分等。"[2]韩国的经验表明，在交通等实行复议前置的领域，行政复议分流了大量的行政案件，超过 70% 的案件通过行政复议解决。[3]

（4）交通行政复议能够监督交通行政机关依法行使行政职权。通过交通行政复议，复议机关根据利害关系人的申请，依法对被申请的交通行政争议进行审查，对违法或不当的交通行政行为进行纠正。交通行政复议是对交通行政机关执法进行监督的一种有效形式。

第二节　交通行政复议的基本原则

一、合法原则

合法原则是指交通行政复议过程中，无论是做出被申请复议的交通行政行为的行政机关，还是作为申请人的行政相对人，或者主持裁决的交通行政复议机关，都应当遵守现行的、有关行政复议的法律、法规、规章以及其他有关行政复议的规定。其中，交通行政复议机关依法进行交通行政复议活动是合法性原则的核心要求。履行交通行政复议职责的行政机关，必须严格地按照宪法、法律和法规所规定的职责权限，以事实为依据，以法律为准绳，对行政相对人申请复议的交通行政行为，按法定程序进行审查。根据审查的不同情况，依法

---

[1] 王莉：《行政复议功能研究：以走出实效性困局为目标》，社会科学文献出版社 2013 年版，第 154 页。
[2] 曹鎏：《中国特色行政复议制度的嬗变与演进》，法律出版社 2020 年版，第 119 页。
[3] 王莉：《行政复议功能研究：以走出实效性困局为目标》，社会科学文献出版社 2013 年版，第 140 页。

做出不同的复议决定：对于合法的具体行政行为，依法予以维持；对于违法或者不当的具体行政行为，依法予以改变或者撤销，并可以责令被申请人重新做出具体行政行为。

如在李某对某省交通运输厅信息公开行为的行政复议案[1]中，申请人向被申请人递交政府信息公开申请表，请求被申请人以书面形式公开"2009 年在某停车场设置临时发车点"等一共 19 项政府信息。被申请人收到申请人的政府信息公开申请书后，电话告知申请人所申请的政府信息公开内容不属于被申请人制作、保存的政府信息范围，客观上无法向其提供所需要的政府信息。复议机关经审理认为本案焦点在于"被申请人答复形式是否合法，根据原《中华人民共和国政府信息公开条例》第二十六规定：'行政机关依申请公开政府信息，应当按照申请人要求的形式予以提供；无法按照申请人要求的形式提供的，可以通过安排申请人查阅相关资料、提供复制件或者其他适当形式提供。'行政机关应该依法规范做出行政行为，在政府信息公开过程中应做出书面回复。同时，在本案中，信息公开申请人已经明确要求被申请人进行书面回复，行政机关应该按照要求进行书面回复，被申请人仅通过电话回复，程序上不符合法律规定。"据此，复议机关遂决定责令被申请人在收到复议决定书日起 15 日内以书面形式向申请人做出政府信息公开答复。

具体而言，合法性原则主要体现在以下 3 个方面。

（1）主体合法。交通行政复议程序主体合法是交通行政复议合法性的基本前提和基础，根据这一要求，交通行政复议的申请人必须是被申请的交通行政行为所指向的行政相对人或者有法律上利害关系的人，被申请人必须是做出被申请的交通行政行为的行政主体。受理交通行政复议申请的必须是法律、法规规定的行政复议机关。

（2）依据合法。合法的"依据"应当包括宪法、法律、法规和规章，以及上级行政机关依法制定的行政规范。交通行政复议机关在受理复议申请时，必须以事实为依据、以法律为准绳，在查清事实的基础上正确适用法律规范，从

---

[1] 佚名：《李某对某省交通运输厅信息公开行为的行政复议案》，https：//xxgk. mot. gov. cn/2020/jigou/fgs/202202/t20220218_3642040. html，访问日期：2023 年 1 月 29 日。

而得出合法、合理的复议决定。

（3）程序合法。法律程序能够最大限度确保行政主体的行为符合法律规定，同时在形式上提高相对人对自己不利决定的可接受程度。交通行政复议本身是一种程序性行为，为确保交通行政复议的顺利进行，交通行政复议主体必须严格遵循法定程序。

二、公正原则

公正原则，是指交通行政复议机关对被申请的交通行政行为，不仅应当审查其合法性，还应当审查其适当性。公正原则是设置防止行政裁量权滥用机制的基本准则之一。特别是在交通行政复议中，被申请的交通行政行为大多都涉及行政裁量权的行使，如果交通行政复议不深入审查被申请复议的交通行政行为的适当性，很难实现交通行政复议的目的。故而交通行政复议机关要从合理行政的角度出发，对交通行政行为进行全面审查。

在张某发诉兰州市城市交通运输管理处行政处罚、兰州市交通运输委员会行政复议案[1]中，兰州市城市交通运输管理处对非法营运的网约车实行顶格处罚，兰州市交通运输委员会经过行政复议维持该处罚，法院认为："被告兰州市城市交通运输管理处在做出处罚决定时，未考虑原告违法行为的程度和现实危害性，也未考虑原告使用网约车平台联系载客行为的实际情况，将所有的违法责任全部归结于原告，且处以罚款20000元的顶格处罚，有违公平公正，属明显不当。《中华人民共和国行政复议法实施条例》第四十七条规定，对认定事实清楚，证据确凿，程序合法，但是明显不当或者适用依据错误的行政行为，复议机关可以决定变更。本案被告兰州市交通运输委员会在复议过程中，听取了被告兰州市城市交通运输管理处的答复意见，但在审查处罚决定时，未考虑原告违法行为的情节，针对明显不当的行政处罚做出维持的复议决定，不符合合理行政的原则。"

公正原则要求交通行政复议机关应当从合法性和适当性两个层面审查被申请复议的交通行政行为、审查被申请的交通行政行为的证据是否合法取得，对事实的认定和案件的定性是否符合证据规则，适用法律是否适当。交通行政复

---

[1] 兰州铁路运输中级法院行政判决决书（2017）甘71行初24号。

议机关应当正当、合理地行使复议裁量权。

三、公开原则

公开原则，是指交通行政复议机关在交通行政复议过程中除涉及国家秘密、个人隐私和商业秘密之外，整个过程应当向交通行政复议申请人和社会公开。公开原则是现代行政程序法上的一项基本原则，对于确保行政权合法、公正地行使具有重要意义，在交通行政复议中公开原则是确保交通行政复议权合法、公正行使的基本条件，也是防止交通行政复议权滥用的有效手段。公开原则要求交通行政复议过程公开与交通行政复议信息公开。

交通行政复议制度的宗旨就是为了防止和纠正交通行政机关做出的违法的或者不当的具体行政行为，保护公民、法人和其他组织的合法权益，保障和监督交通行政机关依法行使职权。由于交通行政复议机关与被申请人之间存在着行政上的领导与被领导、指导与被指导关系，因此，行政复议的过程必须遵循公开原则。只有交通行政复议活动公开，才能便于公民、法人和其他组织依法有效地监督交通行政复议机关的行政复议活动；只有交通行政复议活动公开，才能保障交通行政复议机关在处理行政复议案件时依法办事，对受审查的具体行政行为和有关行政机关的决定做到不枉不纵。

四、及时原则

及时原则，是指交通行政复议机关应当在法律规定的期限内尽快完成交通行政复议案件的审查，并做出相应的决定，为交通行政复议的相对人及时提供法律救济。及时是对行政复议机关效率的要求。由于交通行政复议是行政机关内部监督的一种方式，在绝大多数场合下，交通行政复议机关的交通行政复议决定通常不是终局的，还可能受到法院的司法审查。所以，交通行政复议既要注意维持公正性，同时又要保证行政效率。

五、便民原则

便民原则，是指交通行政复议机关在交通行政复议程序中，应当尽可能为交通行政复议当事人，尤其是为申请人提供必要的便利，从而确保当事人参加交通行政复议的目的得以实现。在交通行政复议的过程中，复议机关应当随时考虑到如何使行政相对人行使复议申请权更加便利，即在尽量节省费用、时间、精力的情况下，保证公民、法人或其他组织充分行使行政复议申请权。例如，《中华人民共和国行政复议法》规定一级复议制，减少上一级行政机关管辖行政复议案件的规定，对不能提供书面申请的相对人允许以口头方式向行政复议机关提出复议申请。在能够通过书面审理解决问题的情况下，尽量不采用其他方式审理交通行政复议案件，避免复议当事人耗费时间、财力和精力。

第三节　交通行政复议基本制度

一、一级复议制度

一级复议制度，是指交通行政复议经过交通行政复议机关一次审理并作出决定之后，申请人即使不服也不得再向更上一级的行政机关申请复议，而只能向法院提起行政诉讼的一种法律制度。

交通行政复议实行一级复议制度，主要出于两方面的考虑：一方面，出于效率的考虑，避免交通行政复议程序不必要的延长，促使当事人尽快解决行政争议；另一方面，出于司法最终原则的考虑，行政复议毕竟属于行政系统内部的救济制度，固有的局限性难以克服，最终需要通过司法定分止争。

一级复议制度主要包括以下3项内容：①行政相对人不服交通行政行为的，只能行使一次交通行政复议的申请权；②交通行政复议机关对一个被申请的交通行政行为，只能做出一个行政复议决定；③只有法律特别规定可以进行多级行政复议的，才能构成一级行政复议制度的例外。

二、书面复议制度

书面复议制度，是指交通行政复议机关对交通行政复议申请人提出的申请和被申请人提交的答辩，以及有关被申请人做出具体交通行政行为的规范性文件和证据进行非公开、对质性的审查，并在此基础上做出行政复议决定的制度。2023年新修订的《中华人民共和国行政复议法》第49条规定"适用普通程序审理的行政复议案件，行政复议机构应当当面或者通过互联网、电话等方式听取当事人的意见，并将听取的意见记录在案。因当事人原因不能听取意见的，可以书面审理。"同时，该法第54条第2款规定"适用简易程序审理的行政复议案件，可以书面审理。"

《中华人民共和国行政复议法》确立书面复议制度主要出于便民和效率的考虑，行政复议机关对被申请的行政行为所涉及的行政事务相对熟悉，通过书面复议一般可以查清行政争议的事实，达到做出行政复议决定的要求。当然，书面审理并不与通过各种方式听取当事人意见相冲突，与此同时《中华人民共和国行政复议法》第50条第1款规定"审理重大、疑难、复杂的行政复议案件，行政复议机构应当组织听证。"

书面复议制度的主要内容有：交通行政复议机关主要通过书面材料审查被申请的交通行政行为，对书面材料中涉及的问题，如需进一步了解或提出要求的，当事人提供补充材料；交通行政复议机关可以召集当事人了解案件情况，但不是必须让双方当事人进行质证抗辩；交通行政复议机关认为有必要的可以采取开庭审理，但这属于例外情形；审理重大、疑难、复杂的行政复议案件，行政复议机构应当组织听证。

第四节　交通行政复议的主体和客体

一、交通行政复议的主体

交通行政复议的主体包括申请人、被申请人、第三人，即交通行政复议当事人以及与当事人法律地位相类似的人。根据《中华人民共和国行政复议法》《交通运输行政复议规定》《民航总局行政复议办法》等规范，交通行政复议的申请人是指依法申请交通行政复议的公民、法人或其他组织；交通行政复议的被申请人是指做出被申请交通复议行政行为的行政机关；第三人是指申请人和被申请人以外的、与被申请复议的交通行政行为之间有法律上的利害关系的、并参加到已经开始的行政复议程序中的公民、法人或其他组织。交通行政复议中的主体资格的确认可以参考《中华人民共和国行政诉讼法》中原告、被告和第三人的相关规定加以确认。

在某乡客运联营车主不服某县道路交通运输管理所行政许可案[1]中，申请人是某乡14名客运车主，被申请人是某县道路交通运输管理所，第三人是某县汽车运输公司。

"2003年，被申请人对某乡至县城的客运线进行改造，将原有21台客车减至14台，由申请人等14名车主联合经营。2010年7月，被申请人向第三人发放了同意营运A村至县城（途经A、B、C村并包含某乡至县城路段）客运线的临时线路牌。申请人对此不服，向县人民政府申请行政复议。申请人认为，2003年被申请人对乡至县城客运线改造后，14台客车的运力仍然过剩，现在又许可第三人经营A村至县城客运线，不符合有关规定，损害了申请人的利益。

被申请人认为，行政复议申请人必须是具体行政行为指向的直接相对人，本案申请人的主体不适格。并且，客运线路经营倡导公平竞争而非限制竞争。被申请人对A村至县城的客运线路许可，经过了书面审查和实地调查，符合法定条件，有利于促进竞争，也方便A、B、C村群众的出行。

行政复议机关认为，根据交通运输部《道路旅客运输及客运站管理规定》第十五条、第十四条第二项的规定，第三人应当提交9项申请材料，但是从被申请人提交的证据看，第三人提交的申请材料不足且多项是无效的，因此，被申请人做出行政许可依据不足。后被申请人撤销了向第三人做出的行政许可，申请人撤回行政复议申请。据此，行政复议机关做出了终止行政复议决定。"

本案的核心在于判断行政许可利害关系人是否具有交通行政复议主体资格。根据《中华人民共和国行政复议法》的规定，公民、法人或者其他组织认为具体行政行为侵犯其合法权益的，即具备申请行政复议的合法资格。在实践中，对"认为具体行政行为侵犯其合法权益的"的认定一般采取法律上的利害关系标准，不限于行政行为的相对人，申请人只要能证明其与行政行为有法律上的利害关系即可。

除此之外，在交通行政复议法律关系的主体中还包括行政复议机关、复议机构。交通行政复议机关，是指依照法律的规定，有权受理交通行政复议的申

---

[1] 郜风涛主编：《行政复议典型案例选编（第二辑）》，中国法制出版社2011年版，第65—66页。

请，依法对被申请的交通行政行为进行合法性、适当性审查并做出行政复议决定的行政机关。对这一概念，可从以下 3 个方面做进一步理解：①行政复议机关是行政机关，主要是各级交通行政主管部门。②交通行政复议机关是有行政复议权的行政机关。在我国，不是所有的行政机关都有行政复议权。③行政复议机关是能以自己的名义行使行政复议权，并对其行为后果独立承担法律责任的行政机关。例如，《交通运输行政复议规定》第 7 条专门规定了交通运输部作为复议主体受理的交通行政行为，具体包括以下 4 种：①省级人民政府交通运输主管部门的具体行政行为；②交通运输部海事局的具体行政行为；③长江航务管理局、珠江航务管理局的具体行政行为；④交通运输部的具体行政行为。在以上列举的情况下，交通运输部就作为交通行政复议机关，2019 年交通运输部受理交通行政复议案件共 28 件。[1]此外，根据《国务院法制办关于国务院部委管理的国家局的具体行政行为行政复议机关问题的复函》（国法函〔2001〕245 号），国家铁路局和中国民用航空局等交通运输部管理的国家局受理对其自身做出的具体行政行为提起的复议。

交通行政复议机构是享有行政复议权的行政机关内部设立的一种专门负责行政复议案件受理、审查和裁决工作的办事机构。交通行政复议机构不是行政机关，它不能以自己的名义对外行使职权，上下级交通行政复议机关的交通行政复议机构之间没有领导和监督关系，它们各自对所属的交通行政复议机关负责。例如，在《国务院办公厅关于印发国家铁路局主要职责内设机构和人员编制规定的通知》（国办发〔2013〕21 号）中，明确了"科技与法制司承担行政复议、行政应诉工作"；在《国务院办公厅关于印发交通运输部主要职责内设机构和人员编制规定的通知》（国办发〔2009〕18 号）中，规定"政策法制司承办相关行政执法、行政复议和行政应诉工作"。

根据 2017 年修正的《中华人民共和国行政复议法》的规定，负责法制工作的机构为行政复议机构。行政复议机构履行下列职责：①受理行政复议申请；②向有关组织和人员调查取证，查阅文件和资料；③审查申请行政复议的具体行政行为是否合法与适当，拟定行政复议决定；④处理或者转送复议法第七条所列有关规定的审查申请；⑤对行政机关违反复议法规定的行为依规定权限和

---

〔1〕　参见《行政复议》，《中国法律年鉴》2020 年第 1 期，第 1317 页。

程序提出处理建议；⑥办理不服行政复议决定而提起诉讼的应诉事项；⑦法律、法规规定的其他职责。

二、交通行政复议的客体

交通行政复议的客体是交通行政复议机关的审查权、申请人的申请权和被申请人的答辩权共同指向的对象，即被申请复议的交通行政行为。确定了交通行政复议的客体也就确定了交通行政复议的受案范围。确定交通行政复议客体的基本规则是：①凡是可以提起交通行政诉讼的行政行为，都可以被申请交通行政复议；②不属于交通行政诉讼客体，但《中华人民共和国行政复议法》《交通运输行政复议规定》规定可以申请复议的交通行政行为。对于交通行政复议的受案范围，主要依据 2023 年新修订的《中华人民共和国行政复议法》第 11 条、第 12 条规定的可以申请行政复议的行政行为与不属于行政复议范围的事项加以判断。

具体而言，根据《中华人民共和国行政复议法》《交通运输行政复议规定》等规定，交通行政复议的受案范围主要包括以下 9 个方面：①对交通行政机关做出的警告、罚款、没收违法所得、没收非法财物、暂扣许可证件、降低资质等级、吊销许可证件、限制开展生产经营活动、责令停产停业、责令关闭、限制从业、行政拘留等交通行政处罚决定不服的；②对交通行政机关做出的限制人身自由或者查封、扣押、冻结财产等交通行政强制措施决定不服的；③对交通行政机关做出的许可证、执照、资质证等证书变更、中止、撤销的决定不服的；④认为交通行政机关侵犯其合法经营自主权的；⑤认为交通行政机关违法集资、征收财物、摊派费用或者违法要求履行其他义务的；⑥认为符合法定条件，申请交通行政机关颁发许可证、执照、资质证等证书，或者申请交通行政机关审批、登记有关事项，交通行政机关没有依法办理的；⑦申请交通行政机关履行保护人身权利或财产权利，交通行政机关没有依法履行的；⑧申请交通行政机关依法发放奖励金，交通行政机关不发放或者不答复的；⑨认为行政机关在政府信息公开工作中侵犯其合法权益；⑩认为交通行政机关的其他具体交通行政行为侵犯其合法权益的。

除了《中华人民共和国行政复议法》所明确列举的行政行为，根据最后的兜底条款，行政相对人认为交通行政机关的其他行政行为侵犯其合法权益的，也可以申请行政复议。交通行政复议的范围远大于交通行政诉讼。判断交通行政复议的范围的关键在于所涉及的争议是否为行政争议。某些交通行政机关行使职权的行为存在争议，如交通事故责任认定曾一度被作为具有法律效果的行政确认行为，在最高人民法院公布的典型案例罗某富诉四川省泸州市公安局交通警察支队三大队交通事故责任认定案[1]中肯定了事故责任认定的可诉性，但之后 2003 年颁布的《中华人民共和国道路交通安全法》修正，第 73 条规定"公安机关交通管理部门应当根据交通事故现场勘验、检查、调查情况和有关的检验、鉴定结论，及时制作交通事故认定书，作为处理交通事故的证据。交通事故认定书应当载明交通事故的基本事实、成因和当事人的责任，并送达当事人。"该条款将交通事故认定书作为不具有行政行为公定力的证据。《全国人民代表大会常务委员会法制工作委员会关于交通事故责任认定行为是否属于具体行政行为，可否纳入行政诉讼受案范围的意见》（法工办复字〔2005〕1 号）明确将交通事故认定行为排除在行政诉讼受案范围之外。受此影响其他领域的交通事故责任认定行为也不被视为行政行为，并被排除出行政复议和行政诉讼的受案范围。

　　如在唐某佳诉中华人民共和国广西海事局行政复议不予受理决定案[2]中，当事人对梧州海事局做出的《内河交通事故调查结论书》提起行政复议，广西海事局经审查认为因水上交通事故调查结论是对事故发生原因和事故过失责任的事实所做出的技术分析性结论，不属于行政复议范围，决定不予受理。当事人提起行政诉讼，法院认可了复议机关对水上交通事故责任认定行为的定性，并将水上交通事故责任认定排除出行政复议受案范围。

　　也有观点认为，[3]虽然此类交通事故责任认定名义上并非不可推翻的证据，并未直接设定、变更当事人的权利义务，不对当事人的权利义务产生实际影响，在后续诉讼中，法院应根据查明的案件事实决定是否采纳该责任认定。但事实上，无论是道路交通事故责任认定还是水上交通事故责任认定，都有很强的专

---

〔1〕　四川省泸州市中级人民法院行政判决决书（2001）泸行终字第 29 号。
〔2〕　广西壮族自治区南宁市青秀区人民法院行政判决决书（2008）青行初字第 50 号。
〔3〕　蔡小雪：《关于当前行政诉讼范围若干争议问题的研究》，《法律适用》2006 年第 1 期，第 96 页。

业性，一经做出责任认定，当事人很难收集证据来推翻认定结论，法院在民事诉讼中实际上也很少审查并决定不予采纳，故而为此类行为提供行政救济途径是很有必要的。

由于历史原因，交通行业长时间存在大量"政企合一"的现象，公用企事业单位自身的经营权和行政管理权之间没有清晰的界限，因而在实践中经常与相对人发生争议。其性质究竟是行政争议还是民事争议需要结合主体、公权力、权利（权力）义务关系的特殊性、公共利益等多种因素综合考虑。[1]

交通运输领域行业作为公共服务事业，经常涉及社会公权力的行使问题，对企业行使社会公权力的行为也应提供相应的行政救济。交通领域的黑名单制度便是一例。2016年2月1日，中国航空运输协会发布实施《民航旅客不文明行为记录管理办法（试行）》，对于堵塞、强占、冲击值机柜台、安检通道及登机口（通道），对民用航空工作人员实施人身攻击或威胁，或强行冲击驾驶舱、擅自打开应急舱门等不文明行为将被记录在案，信息保存1~2年。同时，中国国际航空公司、中国东方航空公司、中国南方航空公司、海南航空公司及春秋航空公司五大航空公司联合发布《关于共同营造文明乘机大环境的联合声明》，表示将合力对不文明旅客采取限制措施。这五大航空公司包括其下属航空公司的运力占全国民用航空整体客运运力的80%以上，旅客一旦被列入黑名单，选择民用航空方式出行将受到极大限制。2018年3月2日，国家发展和改革委员会、民用航空局等8个部门联合发布《国家发展改革委、民航局、中央文明办、最高人民法院、财政部、人力资源社会保障部、税务总局、证监会关于在一定期限内适当限制特定严重失信人乘坐民用航空器推动社会信用体系建设的意见》（发改财金〔2018〕385号）进一步为黑名单制度提供依据。

黑名单制度由规范性文件创设，并不属于行政处罚，但其不仅限制了旅客的乘机自由，带来生活的不便及经济损失，同时也是对旅客人格、名誉的一种贬损，造成旅客社会评价降低，产生精神损害，对这一举措应提供相应的行政救济。[2]八部门联合发布的《国家发展改革委、民航局、中央文明办、最高人

---

〔1〕 张长青：《简论铁道部行政复议的范围》，《北京交通大学学报（社会科学版）》2005年第3期，第72—75页。

〔2〕 薄守省、周文革：《民航旅客黑名单制度法律问题探讨》，《北京航空航天大学学报（社会科学版）》2021年第1期，第108页、第111页。

民法院、财政部、人力资源社会保障部、税务总局、证监会关于在一定期限内适当限制特定严重失信人乘坐民用航空器推动社会信用体系建设的意见》规定了异议和复核的救济措施，其所规定的复核实质上就是行政复议。

第五节 交通行政复议程序

一、交通行政复议的申请

公民、法人或者其他组织向交通行政复议机关申请交通行政复议，应当自知道该行政行为之日起 60 日内提出行政复议申请，但法律规定的申请期限超过 60 日的除外。因不可抗力或者其他正当理由而超出法定申请期限的，申请人应当在交通行政复议申请书中注明，或者向交通行政复议机关说明，并由交通行政复议机关记录在《交通运输行政复议申请笔录》中，经交通行政复议机关依法确认的，申请期限自障碍消除之日起继续计算。

其中，一般情况下"法定期限"是"自知道该行政行为之日起 60 日内"。对"知道"的判断，若被申请复议的行政行为以书面决定方式做出，应当在送达申请人之日的次日起开始计算；若与该行政行为有法律上利害关系的公民、法人或其他组织不是法定的收件人，判断"知道"还需要其他证据加以证明。

申请交通行政复议，可以书面申请，也可以口头申请。申请人口头申请的，交通行政复议机关应当当场记录申请人、被申请人的基本情况，行政复议请求，主要事实、理由和时间。申请人应当在行政复议申请笔录上签名或者捺印。

公民、法人或者其他组织向人民法院提起交通行政诉讼或者向本级人民政府申请交通行政复议，人民法院或者人民政府已经受理的，不得再向交通行政复议机关申请交通行政复议。

二、交通行政复议的受理

交通行政复议机关收到交通行政复议申请后，应当在 5 日内进行审查。对符合《中华人民共和国行政复议法》规定的行政复议申请，应当决定予以受理。对不符合《中华人民共和国行政复议法》规定的行政复议申请，决定不予受理，并书面告知申请人。对符合《中华人民共和国行政复议法》规定，但是不属于本机关受理的行政复议申请，应当告知申请人向有关行政复议机关提出。

交通行政复议机关认为申请人的申请材料不齐全或者表述不清楚的，可以通知申请人限期补正，申请人无正当理由逾期不补正的，视为放弃举证。公民、法人或者其他组织依法提出交通行政复议申请，交通行政复议机关无正当理由或不予受理的，上级交通行政机关应当责令其受理，必要时上级交通行政机关可以直接受理。

交通行政复议申请提出之后，具有执行力的被申请交通行政行为原则上不因行政复议而停止执行。但有下列情况之一的，可以停止执行：①被申请人认为需要停止执行的；②行政复议机关认为需要停止执行的；③申请人、第三人申请停止执行，行政复议机关认为其要求合理，决定停止执行；④法律、法规、规章规定停止执行的其他情形。

三、交通行政复议的审查

交通行政复议机关设置的法制工作机构是交通行政复议机构，具体办理交通行政复议事项，依法履行交通行政复议机关的法定职责，但不得以自己的名义对外行使交通行政复议权。

交通行政复议原则上采取书面审查的办法，但申请人提出要求，或者交通行政复议机关设置的法制工作机构认为有必要的，可以向有关组织和个人调查情况，听取申请人、被申请人和第三人的意见。通过申请人与被申请人之间当面对质，交通行政复议机构可以更加全面地查清案件事实，听取意见可以采取听证的方式。

一般而言，交通行政复议机构审理行政复议案件，应当由 2 名以上行政复议人员参加。交通行政复议人员向有关组织和人员调查取证时，可以查阅、复制、调取有关文件和资料，向有关人员进行询问。调查取证时，交通行政复议人员不得少于 2 人，并应当向当事人或者有关人员出示证件。被调查单位和人员应当配合行政复议人员的工作，不得拒绝或者阻挠。需要现场勘验的，现场勘验所用时间不计入交通行政复议审理期限。交通行政复议期间涉及专门事项需要鉴定的，当事人可以自行委托鉴定机构进行鉴定，也可以申请行政复议机构委托鉴定机构进行鉴定。鉴定费用由当事人承担。鉴定所用时间不计入行政复议审理期限。

交通行政复议应重视繁简分流，针对符合条件的案件提供迅速解决纠纷的通道。例如，"广东省专门制定了《行政复议快速立案工作规程》，实行案件轻重缓急分离、简繁分流、快慢分道，专人办专案，简化程序批量办理、快办快结，同类案件模式化审理、模板化结案，提高审理效率。""佛山市南海区探索建立与交警联合推行简易交通处罚案件现场受理、当场办结机制，每次联合审结案件几十件，每年处理交警处罚类案件超过 400 件。"[1]

交通行政复议机关办理行政复议案件，可以进行调解。调解应当遵循合法原则、自愿原则，不得损害国家利益、社会公共利益和他人合法权益，不得违反法律、法规的强制性规定。从行政救济和实质性化解行政纠纷的角度看，交通行政复议并不排斥调解。但交通行政复议机关不能为了调解而放弃查明事实、监督行政的职权。

在一并提出审查行政规定请求的交通行政复议中，交通行政复议机关依法有权审查该行政规定的，应当在 30 日内依法做出处理决定。若无权做出行政处理决定的，应当在 7 日内按照法定程序转送有权处理的行政机关做出处理决定，该有权处理的行政机关应当在 60 日内依法做出处理决定。若依法应当由非行政机关做出处理，应当依照上述程序移送有关机关处理，处理期间复议机关中止对交通行政行为的审查。

四、交通行政复议的决定

（1）维持决定。维持决定是指交通行政复议机关做出维持被申请交通行政行为的决定。根据 2017 年修正的《中华人民共和国行政复议法》第 28 条第 1 款第 1 项规定，具体的交通行政行为认定事实清楚，证据确凿，适用依据正确，程序合法，内容适当的，交通行政复议机关应当决定维持。

例如，在一起出租车司机涉嫌拒载案[2]中，两名乘客表示需前往东莞厚街金山村，但出租车司机周某说不知道地方，于是乘客未乘坐，周某被市交通局认定为拒载并被处罚。复议机关认为，司机虽然没有明确表示拒

---

〔1〕　曹鎏：《中国特色行政复议制度的嬗变与演进》，法律出版社 2020 年版，第 57 页。

〔2〕　中国法学会行政法学研究会、中国政法大学法治政府研究院编：《行政复议法实施二十周年研究报告》，中国法制出版社 2019 年版，第 199 页。

绝载客，但乘客先后四次询问目的地东莞厚街，周某均表示"不清楚"，导致乘客放弃乘坐，根据规定，出租车司机在机场候客处于待租状态，乘客表明目的地后，司机应当积极配合，所以复议机关决定维持市交通局的处罚决定。

（2）履行决定。履行决定是指交通行政复议机关责令被申请人在一定期限内履行法定职责的决定。根据《中华人民共和国行政复议法》第 28 条第 1 款第 2 项规定，被申请人不履行法定职责的，交通行政复议机关应当决定其在一定期限内履行法定职责。

（3）撤销、变更和确认违法决定。经审查被申请复议的交通行政行为有下列情况之一的，交通行政复议机关可以依法做出撤销、变更或者确认该具体的交通行政行为违法的决定，必要时可以附带责令被申请人在一定期限内重新做出交通行政行为：主要事实不清、证据不足的；适用依据错误的；违反法定程序的；超越或者滥用职权的；具体行政行为明显不当的。

如在事实认定上，交通执法机关应在查证事实、证据充分的情况下作出决定。

在钱某对某市交通运输委员会行政处罚行为的行政复议案[1]中，"钱某驾驶出租汽车运载赵某等 2 名乘客从某机场到某商业区。在营运过程中，钱某提出打表估计需要 100 多元，如果乘客允许路上再搭载其他客人可以只支付 80 元。乘客拒绝了该提议，要求其打表计费。其间，乘客质疑计价器计费有问题，钱某认为没有问题并提出可以让乘客换乘其他车辆。乘客立刻说'那你把我们放下来'，钱某遂靠边停车，同时未收取乘客下车前产生的服务费。乘客下车后向某市交通运输委员会投诉。由于乘客并未提供发票，亦未对计价器金额拍照，某市交通运输委员会接到投诉后，通知钱某将涉案车辆开过来接受检查，但未发现计价器有问题。某市交通运输委员会依据钱某未运载赵某到达目的地的事实、双方的笔录、现场录音，认定钱某存在无正当理由中断服务的行为，并依据《某市客运出租汽车管理条例》对其做出责令改正并罚款 1000 元的行政处罚决定。钱某不服，提

---

[1] 佚名：《钱某对某市交通运输委员会行政处罚行为的行政复议案》，https：//www. mot. gov. cn/ 2021zhengcejd/xingzhengcffy_q/index. html，访问日期：2022 年 8 月 17 日。

出行政复议申请。"

复议机关经审理认为："某市交通运输委员会对主要事实认定不清楚，证据不充分，根据《行政复议法》第二十八条第（三）项的规定，撤销该行政处罚决定。""本案钱某无正当理由中断服务的行为是否成立。根据《某市客运出租汽车管理条例》的规定，驾驶员在营运过程中无正当理由不得中断服务。复议机关认为，'正当理由'应包括出租汽车在营运过程中发生车辆故障不能正常行驶、乘客主动拒绝驾驶员继续服务、经乘客同意终止服务等情形，而对驾驶员而言，其不得擅自单方、强行中断服务。在本案中，出租汽车的车载视频资料证实，乘客赵某质疑钱某驾驶的出租汽车计价器数字跳动过快，钱某认为没有问题并提出可以让乘客换乘其他车辆，乘客立即做出了'那你把我们放下来'的意思表示，钱某没有收取乘客下车前产生的服务费用。判定是否'无正当理由解除合同'，应当结合终止服务的原因和乘客意愿综合分析，不能仅以'终止服务是否由驾驶员主动提出'作为判断依据。结合本案事实，乘客提出'那你把我们放下来'应理解为乘客同意驾驶员终止服务。尽管钱某主动做出让乘客换乘其他车辆的意思表示，但乘客没有做出要求钱某继续为其服务的意思表示，双方在'终止服务'上达成了一致，钱某为避免继续服务产生更大的矛盾而终止服务的行为具有合理性，符合对'正当理由终止服务'的解释，故认定钱某'无正当理由终止服务'的结论不能成立。"

在适用法律上，同样要求对交通行政机关对各种类型的构成要件进行准确认定。

在一起拼车违规行政处罚争议案[1]中，申请人张某某与相邻小区业主为上下班方便拼车出行并分摊部分出行成本的行为，被某市交通局以非法营运为名进行处罚，申请人不服向某市政府申请行政复议。复议机关在充分调查的基础上，将该行为定性为不以营利为目的的民间互助共享出行方式，而该出行方式符合国务院有关顺风车的文件的精神，不属于违法行为，因此对相关行政处罚做出了撤销决定。

---

[1] 中国法学会行政法学研究会、中国政法大学法治政府研究院编：《行政复议法实施二十周年研究报告》，中国法制出版社 2019 年版，第 199 页。

其中，撤销决定是指，当交通行为违法时，交通行政复议机关否定其效力的复议决定。变更决定是指交通行政复议机关经过审理，全部或者部分改变交通行政行为的决定，如畸重畸轻的交通行政处罚。确认决定是指交通行政机关经审理认为交通行政行为违法，但不适用撤销、变更或者责令其履行职责的情况，确认交通行政行为违法的决定，通常是针对不需要撤销或者违法撤销的情况。

（4）驳回决定。对有下列情形之一的，交通行政复议机关应当决定驳回行政复议申请：申请人认为行政机关不履行法定职责申请行政复议，行政复议机关受理后，发现该行政机关没有相应法定职责或者在受理前已经履行法定职责的；受理行政复议申请后，发现该行政复议申请不符合《中华人民共和国行政复议法》和《中华人民共和国行政复议法实施条例》规定的行政复议受理条件的。

　　例如，在单某与国家铁路局复议决定上诉案[1]中，单某认为国家铁路局未依法履行法定职责，于2017年5月12日申请行政复议。经审查，国家铁路局认为，国家铁路局在收到单某的投诉申请后，将单某反映的情况转交给中国铁路总公司进行核实，启动了处理程序，且于当日告知了单某，符合《中华人民共和国消费者权益保护法》的相关规定。且目前国家铁路局正在调查核实、履行相关职责中，单某认为国家铁路局未履行法定职责的复议请求没有事实依据。依据《中华人民共和国行政复议法实施条例》的规定，国家铁路局决定驳回单某的行政复议申请。单某不服提起行政诉讼，请求撤销国家铁路局做出的被诉复议决定。法院认定行政复议申请不符合《中华人民共和国行政复议法实施条例》规定的行政复议受理条件，国家铁路局驳回单某的行政复议申请并无不当，裁定驳回了单某的诉讼请求。

---

[1] 北京市高级人民法院行政判决书（2017）京行终5496号。

第九章

交通行政诉讼

第一节　交通行政诉讼概述

一、交通行政诉讼的历史发展

行政诉讼是国家通过司法机关对行政机关及其他行政主体行使行政权力的活动进行审查监督，纠正违法活动，并对其给公民、法人、其他组织合法权益造成的损害给予相应补救的法律制度。1989 年 4 月 4 日，全国人民代表大会通过的《中华人民共和国行政诉讼法》初步确立了我国的行政诉讼制度，行政诉讼制度直接关系到公民、法人和其他组织的合法权益能否得到更充分的保障，关系到能否严格监督和促进行政机关依法行政。在交通运输领域，交通行政诉讼同样是维护行政相对人合法权益、监督行政机关依法行使职权的重要手段。甚至在《中华人民共和国行政诉讼法》出台之前，交通运输领域就率先在 1983 年颁布的《中华人民共和国海上交通安全法》中规定了可以依法提出行政诉讼，实践中出现了大量的交通行政诉讼案件也在事实上推动了《中华人民共和国行政诉讼法》的出台和行政诉讼制度的建构。

早在 1989 年《中华人民共和国行政诉讼法》出台之前，就有一批法律零星地规定了行政诉讼，法院根据这些法律以及 1982 年制定的《中华人民共和国民事诉讼法（试行）》受理了一批行政诉讼案件，这也是共和国行政诉讼制度的早期实践。其中，《中华人民共和国海上交通安全法》的立法过程中还围绕"行政诉讼"展开了一场争论，这场争论也促进了《中华人民共和国行政诉讼法》的起草和出台。[1]

"1983 年 3 月 2 日，《海上交通安全法（草案）》由国务院提请第五届全国人民代表大会常务委员会第二十六次会议审议，时任交通运输部原副部长钱永昌对草案做说明。草案中规定，当事人对主管机关给予的罚款、吊销职务证书的行政处罚不服的，可以向上一级主管机关申请复议。这一条没有规定当事人可以向法院起诉。在审议过程中，不少常务委员对草案的这一条规定提出意见，建议修改为当事人不服行政处罚的，可以向法院起诉。几位常务委员和法律专家一致认为，应当规定当事人有权向法院起诉，草案否定当事人向法院起诉的权利，不符合通行做法。交通运输部坚持草案中的规定，认为实施行政处罚的是中华人民共和国港务监督部门，它是代表国家行使职权的，不应成为被告。"

1983 年 3 月 3 日上午，"全国人民代表大会常务委员会召开座谈会，再次就这个问题进行商议。有 5 位副委员长和交通运输部部长、副部长参加会议。在这样一个高层会议上，交通部仍然坚持草案中的规定。这次会议还是没有达成共识。"

会后，全国人民代表大会常务委员会有关同志立即布置人大常委会法制工作委员会研究室查美国、日本的有关法律规定。经查阅，日本的《海难审判法》，以及美国的"海商法案例"第 283 例《1974 年美国联邦法院判决大卫·苏利亚诺控告美国海岸警卫队队长案》都明确了一点：当事人对海事当局做出的行政处罚不服的，有权向法院起诉。

《海上交通安全法（草案）》经过半年进一步研究修改，"由第六届全国人民代表大会常务委员会第二十九次会议于 1983 年 9 月 2 日通过。其第四十五条规定：'当事人对主管机关给予的罚款、吊销职务证书处罚不服的，可以在接到处罚通知之日起十五天内，向人民法院起诉；期满不起诉又不履行的，由主管机关申请人民法院强制执行。'"

"经过《海上交通安全法》有关行政诉讼的争论后，法治理念有进步，在以后制定具体法律规定由人民法院审理的行政案件阻力小了。"据第十一届全

---

[1] 以下内容参见王萌、彭训：《四位专家讲述改革与立法的故事》，《人民日报·海外版》2018 年 12 月 24 日第 5 版。

国人民代表大会法律委员会原主任委员胡康生的回忆，到 1988 年全国人民代表大会常务委员会审议行政诉讼法草案时，已有 130 多部法律和行政法规规定对行政案件可以向法院起诉。《中华人民共和国行政诉讼法》于 1989 年 4 月通过，1990 年 10 月 1 日起施行。

二、交通行政诉讼的基本概念

交通行政诉讼，是指交通行政相对人认为交通行政主体做出的行政行为侵犯其合法权益，依法向法院提起诉讼，法院依照法定诉讼程序对被诉的行政行为进行合法性审查，并做出裁判的一种诉讼活动。交通行政诉讼是针对交通行政争议、发生在交通行政管理领域的行政诉讼活动，既受行政诉讼法一般规则的约束，也带有交通行政的特征，对解决该领域的行政争议、保护交通行政相对人的合法权益、监督交通行政主体依法行使职权有重要意义。

对交通行政诉讼的基本概念，可以从以下 3 个方面理解：

第一，交通行政诉讼是解决交通行政争议的一种诉讼活动。针对交通行政争议，行政相对人请求人民法院按照司法程序解决与行政主体之间在行政法上的争议。既然交通行政诉讼是以诉讼方式解决交通行政争议的活动，就有必要从"诉讼程序"和"交通行政争议"两个层面去认识交通行政诉讼制度。

第二，交通行政诉讼的原告只能是交通行政相对人，即认为交通行政机关的行政行为侵犯了自己合法权益的公民、法人或者其他组织。根据《中华人民共和国行政诉讼法》第 2 条第 1 款的规定，行政相对人认为自己的合法权益受到行政行为的侵害即可提起行政诉讼，行政相对人在行政诉讼中作为原告具有恒定性。但仍有两种特殊情况需要注意：①行政机关如果处于交通行政管理关系的相对人地位，也可以以原告身份提起交通行政诉讼。②根据《中华人民共和国行政诉讼法》第 25 条第 4 款的规定，检察机关某些情况下可以提起行政公益诉讼。虽然目前检察机关提起行政公益诉讼还集中在生态环境和资源保护、食品药品安全、国有财产保护、国有土地使用权出让等领域，但在交通行政管理领域负有监督管理职责的行政机关违法行使职权或者不作为，致使国家利益或社会公共利益受到侵害的情况下，检察机关也已有提起交通行政公益诉讼的尝试。[1]

第三，交通行政诉讼的被告只能是做出交通行政行为的行政主体，包括各级行政机关和法律、法规和规章授权的组织。做出交通行政行为的行政主体在诉讼中恒为被告，因其在实施行政行为时处于行政主体地位，代表国家意志，无须通过原告提起诉讼的方式来实现行政行为。

三、交通行政诉讼制度的功能

交通行政诉讼制度的功能是多方面、多层次的，并最终与行政诉讼制度的目的相联系。而诉讼制度以何种目的运行不仅关系到制度如何架构，还会与如何在个案中适当地解释法律息息相关。根据《中华人民共和国行政诉讼法》第1条规定，纠纷解决、权利保障与适法性控制作为行政诉讼的主要目的，交通行政诉讼制度的运行也主要从这3个方面增进其功能的发挥。

首先，交通行政诉讼制度为交通行政争议的解决提供了渠道。目前，针对交通行政争议存在包括复议、申诉、信访等制度在内的多元化纠纷解决机制，而交通行政诉讼作为一种外部的、独立的纠纷解决方式具有权威性、最终性和不可替代性。在交通行政争议中，行使行政权的交通行政主体处于强势的地位，对因行政权行使而产生的争议解纷动力不足，而行政申诉、行政复议等内部监督机制在独立性和公正性等方面都难以与行政诉讼相比，交通行政诉讼成为解决交通行政争议的最后一道防线。

其次，交通行政诉讼制度为交通行政相对人提供救济途径，能够起到权利保障的功能。进入行政国家阶段后，行政疆域扩张，国家干预的力量和程度不断加强，交通行政的发展也体现了这一趋势。从交通管理成为行政任务到交通行政复杂化、多元化，交通行政机关行使权力的场域、手段都迅速扩张，影响甚至侵犯公民、法人或者其他组织合法权益的可能性也随之增加。同时，公民权利意识的强化也要求制度上的回应和保障，无救济则无权利。交通行政诉讼致力于为公民、法人或者其他组织提供一套有实效、无漏洞的权利保障机制。

再次，交通行政诉讼制度具有弥补法律漏洞、发展相关法律的功能。在传

---

[1] 佚名：《铁路安全生产领域公益诉讼典型案例》，https://www.spp.gov.cn/spp/xwfbh/wsfbt/202012/t20201224_492720.shtml#2，访问日期：2021年10月24日。

统的分权理论中，立法机关主导了法律的创制，行政机关仅作为法律的"传送带"，司法机关作为正义的"自动贩卖机"。随着行政国家的发展，行政在法律发展上的功能得到普遍承认，大量的行政法规和规章填充了法律体系的具体内容。但法律不是由立法、行政创制的静止条文而是多方参与的规范体系，行政诉讼制度在推动法律发展上的功能也应该得到承认。[1]

例如，在最高人民法院发布的 90 号指导案例贝某丰与海宁市公安局交通警察大队道路交通管理行政处罚行政纠纷上诉案[2]中，贝某丰驾驶案涉车辆沿海宁市西山路行驶，遇行人正在通过人行横道，未停车让行。海宁市公安局交通警察大队执法交警当场适用简易程序对其做出行政处罚。依据《中华人民共和国道路交通安全法》第 47 条第 1 款，"机动车行经人行横道时，应当减速行驶；遇行人正在通过人行横道，应当停车让行。"贝某丰主张行人已经停在了人行横道上，故不属于"正在通过人行横道"，不应该被处罚。针对这一主张，法院维持了行政处罚，并在判决中指出"机动车作为一种快速交通运输工具，在道路上行驶具有高度的危险性，与行人相比处于强势地位，因此必须对机动车在道路上行驶时给予一定的权利限制以保护行人。""机动车和行人穿过没有设置红绿灯的道路路口属于一个互动的过程，任何一方都无法事先准确判断对方是否会停止让行，因此处于强势地位的机动车在行经人行横道遇行人通过时应当主动停车让行，而不应利用自己的强势迫使行人停步让行，这既是法律的明确规定，也是保障作为弱势一方的行人安全通过马路、减少交通事故、保障生命安全的现代文明社会的内在要求。"

最后，交通行政诉讼制度具有督促交通行政机关依法行政，纠正行政违法，提高行政执法水平的功能。与解决行政争议、保障相对人权利等功能相比，交通行政诉讼监督行政执法的功能具有附属性，在整个监督行政的体系中仅作为一个环节，但它仍然是不可或缺的，并且还会反过来促进交通执法方式的改善。这种适法性控制功能直接体现为诉讼中法院对被诉行政行为进行合法性审查，并做出相应判决，通过个案裁判监督交通行政机关依法行使职权。在个案之外，

---

〔1〕 何海波：《通过判决发展法律——评田永案件中行政法原则的运用》，载罗豪才主编：《行政法论丛（第 3 卷）》，法律出版社 2000 年版，第 437—471 页；余凌云：《法院是如何发展行政法的?》，《中国社会科学》2008 年第 1 期，第 87—99 页。

〔2〕 浙江省嘉兴市中级人民法院行政判决书（2015）浙嘉行终字第 52 号。

交通行政诉讼还能起到示范作用或带来潜在监督，改进交通行政机关的工作方式甚至促进法律的完善和发展。

例如，2005 年的杜某良诉北京市西城区交通支队西单队行政处罚案中，当事人每日驾驶机动车在同一地点违反禁行规定被电子监控装置抓拍，累计 105 次，公安交通部门一次性"累积式告知"对其罚款 10 500 元，杜某良遂向北京市西城区人民法院提起行政诉讼，并引起了广泛关注。[1]

虽然，最后本案以杜某良主动撤诉终结，但在其提起诉讼后，北京市交管部门向社会公布了包括规范执法告知制度、规范交通标志设施、规范固定违法检测设备设置等内容的规范执法行为的具体措施，并通过内部执法监督的方式纠正了具体的执法行为。2021 年修订的《中华人民共和国行政处罚法》通过其第 41 条对非现场执法中当事人的程序性权利给予更加严格的保护，也体现了执法方式的不断改进。这与一系列交通行政诉讼的推动密不可分。

四、交通行政诉讼的基本原则

交通行政诉讼的基本原则是行政诉讼法基本原则在交通行政诉讼领域的体现，能够反映交通行政诉讼基本特点和一般规律，贯穿于交通行政诉讼整个过程中，并指导交通行政诉讼法律关系主体的诉讼行为。这些原则规定在《中华人民共和国行政诉讼法》总则部分，有的是宪法确立的、基本的诉讼原则在行政诉讼领域的体现，有的是行政诉讼的特有原则。根据《中华人民共和国行政诉讼法》第 4—11 条的规定，交通行政诉讼的基本原则有如下 8 项。

1. 独立行使审判权原则

《中华人民共和国行政诉讼法》第 4 条第 1 款规定："人民法院依法对行政案件独立行使审判权，不受行政机关、社会团体和个人的干涉。"人民法院独立行使审判权不仅是民事、刑事与行政诉讼共有的诉讼原则，也是重要的宪法原则。这一原则的贯彻实施不仅关系到国家权力相互制约与监督功能的发挥，更决定了国家审判机关是否具备真正的权威公正、独立地审理行政案件。

2. 以事实为根据、以法律为准绳

《中华人民共和国行政诉讼法》第 5 条规定："人民法院审理行政案件，以

---

〔1〕 王化争、靳江好：《服务型政府的执行力分析与研究：从"杜宝良事件"说起》，《中国行政管理》2005 年第 11 期，第 34 页。

事实为根据，以法律为准绳。"这一原则也是我国三大诉讼法均明确规定的诉讼原则。为贯彻这一原则，人民法院在审理交通行政案件的过程中应在查清事实的基础上进行裁判，坚持对证据进行质证，坚持直接言词原则；同时对交通行政行为进行合法性审查，以法律、行政法规、地方性法规、自治条例和单行条例为依据，并参照规章，提高法官对法律、法规的内容以及立法目的和效力层级的理解，提高法律适用水平。

3. 合法性审查原则

《中华人民共和国行政诉讼法》第 6 条规定："人民法院审理行政案件，对行政行为是否合法进行审查。"这一诉讼原则是行政诉讼有别于民事诉讼、刑事诉讼所特有的原则。这一原则体现在交通行政诉讼的客体限于交通行政行为，抽象行政行为不属于受案范围，但这不排除通过附带审查等形式对抽象行政行为进行一定程度的监督。除此之外，人民法院审查交通行政行为的合法性，一般情况不审查合理性。这体现了司法权与行政权的分工，人民法院对行政机关行使自由裁量权的行为要给予一定程度的尊重。

4. 合议、回避、公开审判和两审终审原则

《中华人民共和国行政诉讼法》第 7 条规定："人民法院审理行政案件，依法实行合议、回避、公开审判和两审终审制度。"这一原则同样是贯穿三大诉讼制度的基本诉讼原则。合议原则指的是人民法院审理交通行政案件，由审判员或审判员和陪审员依法定人数或组织形式组成的合议庭进行。合议庭应是审判的主体，以少数服从多数的方式决定案件的裁判结果。交通行政审判实行合议制是一个基本原则，但也有例外情况。对一些事实清楚、权利义务关系明确、争议不大的特殊案件，以及当事人各方同意适用简易程序的案件，可以适用简易程序审理，适用简易程序审理的案件由审判员一人独任审理，不实行合议制。

在交通行政诉讼中贯彻回避原则，是公正程序的基本要求。回避原则是指承办交通行政案件的审判人员或其他有关人员遇到法律规定应当回避的情形，应当经过法定程序退出交通行政诉讼活动的原则。当事人认为审判人员、书记员、翻译人员、鉴定人或勘验人与本案有利害关系可能影响公正审判时，有权要求其回避；审判人员认为自己与本案有利害关系应主动申请回避。

人民法院审理交通行政案件，除涉及国家秘密、个人隐私和法律另有规定者外，一律公开进行。公开审判原则适用于包括法庭调查、法庭辩论和宣判在

内的交通行政诉讼的各个环节。

人民法院审理交通行政案件实行两审终审制度。

5. 法律地位平等原则

《中华人民共和国行政诉讼法》第 8 条规定："当事人在行政诉讼中的法律地位平等。"交通行政诉讼中当事人的法律地位平等，表现为当事人享有平等的诉讼权利和承担平等的诉讼义务。但这种平等不等于诉讼权利、义务的对等，双方的诉讼权利、义务并不对等，如做出行政行为的行政机关只能做被告；原告享有起诉权，作为被告的行政机关没有反诉权；作为被告的行政机关在诉讼中负有举证责任。以上这些规定体现了行政诉讼的特点且并不违反法律地位平等原则，由于作为被告的行政机关行使行政权，在事实上处于强势地位，行政诉讼法需要对原告一方在诉讼权利、义务上予以倾斜性保护，使双方实现实质上的平等。

6. 使用本民族语言、文字原则

《中华人民共和国行政诉讼法》第 9 条第 1 款规定："各民族公民都有用本民族语言、文字进行行政诉讼的权利。"这同样是三大诉讼法均规定的基本原则，也是《中华人民共和国宪法》第 139 条确定的基本诉讼原则。在少数民族聚居或者多民族共同居住的地区，人民法院应当用当地民族通用的语言、文字进行审理和发布法律文书。人民法院应当对不通晓当地民族通用的语言、文字的诉讼参与人提供翻译。

7. 辩论原则

《中华人民共和国行政诉讼法》第 10 条规定："当事人在行政诉讼中有权进行辩论。"辩论的内容范围广泛，涉及法律问题和事实问题、实体问题和程序问题；辩论权的行使贯穿整个交通行政诉讼程序，不仅限于法庭辩论阶段，在行政诉讼的第一审程序、第二审程序和审判监督程序中都要保障当事人对辩论权的充分行使；辩论的形式既有口头形式也有书面形式。

8. 法律监督原则

《中华人民共和国行政诉讼法》第 11 条规定："人民检察院有权对行政诉讼实行法律监督。"人民检察院作为国家的法律监督机关，对交通行政诉讼实行法律监督，主要通过以下几种形式：提出抗诉；提出检察建议；对行政诉讼立案环节进行监督；对行政诉讼判决、裁定的执行实行法律监督；追究贪污受贿、徇私舞弊、枉法裁判的审判人员的刑事责任。具体的程序规则参见《人民检察院行政诉讼监督规则》。

第二节 交通行政诉讼的主体

一、人民法院及管辖

（一）人民法院

《中华人民共和国宪法》第 131 条和《中华人民共和国人民法院组织法》第 4 条规定："人民法院依照法律规定独立行使审判权，不受行政机关、社会团体和个人的干涉。"《中华人民共和国行政诉讼法》第 4 条第 1 款规定："人民法院依法对行政案件独立行使审判权，不受行政机关、社会团体和个人的干涉。"

交通行政案件的审判权由人民法院统一行使。审判权是国家权力的重要组成部分，具有统一性和完整性。行政审判权的行使，对外而言，是行使国家主权，任何国家无权干涉；对内而言，根据国家机关职权的分工原则和诉讼法上的原则，虽然其他国家机关也有解决行政争议的权力，但法定范围内的行政案件的审判权只能由人民法院行使，其他任何机关、社会团体和个人都无权干涉。

人民法院行使审判权要通过一定的组织机构和组织形式实现，在行政审判组织上，根据《中华人民共和国行政诉讼法》第 4 条第 2 款的规定："人民法院设行政审判庭，审理行政案件"，我国实行的是普通法院行政庭的体制。这种体制既有别于法国、德国等大陆法系国家的行政法院体制，也不同于英美法系国家的普通法院体制——行政案件由普通法院管辖、行政庭审理，没有设立专门的行政法院。

同时，我国的法院体系由最高人民法院、地方各级人民法院和专门人民法院组成。其中，专门人民法院包括军事法院、海事法院、铁路运输法院、知识产权法院等。根据《最高人民法院关于适用〈中华人民共和国行政诉讼法〉的解释》（法释〔2018〕1 号）第 3 条第 2 款的规定："专门人民法院、人民法庭不审理行政案件，也不审查和执行行政机关申请执行其行政行为的案件。铁路运输法院等专门人民法院审理行政案件，应当执行行政诉讼法第十八条第二款的规定。"一般情况下，专门人民法院不审理行政案件，即普通法院行政庭体制排除了专门人民法院对行政案件的管辖权。早在《中华人民共和国行政诉讼法》制定前，最高人民法院就曾规定铁路运输法院不受理治安行政案件。[1]

但也存在例外情况。事实上，部分专门人民法院在审理行政案件问题上存在争议和反复变化。例如，海事法院和铁路运输法院都曾受理大量相关领域的交通行政案件，对这些专门人民法院是否应该受理相应的行政案件在实践中常有争议。

随着我国司法体制的改革，有了将铁路运输法院改造成跨行政区划法院的设想和实践。[2]铁路运输法院初建于1954年3月，到1956年初，铁路运输法院的各级机构普遍建立。该专门人民法院主要受理涉及铁路运输、铁路安全、铁路财产的民事诉讼和刑事诉讼。新中国成立之初，铁路被视为"国民经济命脉和重要军事设施"，铁路运输法院也被视为准军事机关，肩负着惩处"破坏铁路""贪污、盗窃铁路资材"犯罪的重任。[3]2009年7月8日，中央下发《关于铁路公检法管理体制改革和核定政法专项编制的通知》（中央编办〔2009〕15号），要求铁路公检法整体纳入国家司法体系，铁路运输法院整体移交驻在地省（直辖市、自治区）党委、高级人民法院管理。截至2012年6月底，全国铁路运输法院完成管理体制改革，整体纳入国家司法体系。2014年，中国共产党第十八届中央委员会第四次全体会议做出的《中共中央关于全面推进依法治国若干重大问题的决定》首次明确提出"探索设立跨行政区划人民法院和人民检察院"。最高人民法院2015年发布的《最高人民法院关于全面深化人民法院改革的意见——人民法院第四个五年改革纲要（2014—2018）》指出，根据中央司法改革精神，铁路运输法院将改造为跨行政区划法院，即以科学、精简、高效和有利于实现司法公正为原则，探索设立跨行政区划法院，构建普

〔1〕《最高人民法院关于铁路运输法院是否受理治安行政案件的批复》（法〔研〕复〔1987〕34号），已失效。批复要求："铁路运输法院不受理治安行政案件，凡是铁路公安机关裁决的治安行政案件，当事人不服上一级公安机关裁决的，可向最先做出裁决的公安机关所在地的基层人民法院提起诉讼，当事人不服一审裁定的，可向该基层人民法院的上一级人民法院申请复核。"
〔2〕史明武、王立安、李钢、杨玉荣：《铁路法院向跨行政区划法院改造的路径探析——兼论沈阳铁路两级法院改造的具体建议，《中国应用法学》2017年第1期，第84—97页。
〔3〕万鄂湘主编：《专门法院改革的路径与成效》，人民法院出版社2013年版，第13—29页。

通类型案件在行政区划法院受理、特殊类型案件在跨行政区划法院受理的诉讼格局，将铁路运输法院改造为跨行政区划法院，主要审理跨行政区划案件、重大行政案件、环境资源保护、企业破产、食品药品安全等易受地方因素影响的案件、跨行政区划人民检察院提起公诉的案件和原铁路运输法院受理的刑事及民事案件。

海事法院对行政案件管辖权的争议

1984 年全国人民代表大会常务委员会通过《全国人民代表大会常务委员会关于在沿海港口城市设立海事法院的决定》在沿海港口城市设立海事法院，在决定（草案）的说明中指出海事法院的立案管辖范围包括海事行政案件。[1] 1989 年《中华人民共和国行政诉讼法》出台后，最高人民法院于 1991 年做出的《关于贯彻执行〈中华人民共和国行政诉讼法〉若干问题的意见（试行）》中规定："专门人民法院不设行政审判庭，不受理行政案件"。自此，海事法院对行政案件的管辖权反复调整。

根据《关于贯彻执行〈中华人民共和国行政诉讼法〉若干问题的意见（试行）》，海事法院作为专门法院不受理行政案件。但 2001 年实施的《最高人民法院关于海事法院受理案件范围的若干规定》中明确指出海事法院受理海事行政案件、海事行政赔偿案件以及海洋、通海水域行政主管机关依法申请强制执行的案件，突破了《关于贯彻执行〈中华人民共和国行政诉讼法〉若干问题的意见（试行）》的规定。这种冲突性规定在司法实践中引发了很多争议。例如，高某诉邳州市地方海事处、京杭运河江苏省邳州航道管理站不履行打捞沉船法定职责案中，双方当事人就管辖权问题产生了不同意见，邳州市人民法院经逐级报送，向最高人民法院请示。[2] 2003 年《最高人民法院办公厅关于海事行政案件管辖问题的通知》（法办〔2003〕253 号），规定行政案件、行政赔偿案件

---

〔1〕　根据时任最高人民法院院长的郑天翔 1984 年 11 月 10 日在第六届全国人民代表大会常务委员会第八次会议上所作《关于在沿海港口城市设立海事法院的决定（草案）的说明》："海事法院收案范围暂定为：国内企业、组织、公民之间，中国企业、组织、公民同外国企业、组织、个人之间，外国企业、组织、个人之间的依法应当由我国管辖的下列海事案件和海商案件：……16. 因违反有关海事的法律、条例受主管行政机关处罚，当事人不服，在法律规定的期限内起诉的案件；或者在期限内不起诉，期满又不履行，主管行政机关申请强制执行的案件……"

〔2〕　朱大海、冯遵亚：《由一起沉船案谈海事行政案件的管辖》，http：//www.chinacourt.org/article/detail/2004/01/id/102229.shtml，访问日期：2022 年 1 月 6 日。

和审查行政机关申请执行其具体行政行为的案件仍由各级人民法院行政审判庭审理。海事法院等专门人民法院不审理行政案件、行政赔偿案件，亦不审查和执行行政机关申请执行其具体行政行为的案件。该通知同时指出："本通知下发之前，海事法院已经受理的海事行政案件、行政赔偿案件，继续由海事法院审理；海事法院已做出的生效行政判决或者行政裁定的法律效力不受影响。"此后，海事法院不再受理海事行政案件，海事行政案件主要由所在地方人民法院管辖，但一直存在应由海事法院受理行政案件的倡导、呼吁。[1]

2006 年颁布的《最高人民法院关于海事审判工作发展的若干意见》提出要进一步研究海事行政案件的管辖问题，逐步理顺海事行政案件的管辖。此后，辽宁省、山东省、浙江省、广东省、海南省高级人民法院陆续指定有关的海事行政案件由海事法院管辖。[2] 2016 年颁布的《最高人民法院关于海事法院受理案件范围的规定》再次规定海事法院受理的 7 种海事行政类案件。目前，根据2016 年的该司法解释和《最高人民法院关于适用〈中华人民共和国行政诉讼法〉的解释》（法释〔2018〕1 号），海事法院审理第一审海事行政案件，海事法院所在地的高级人民法院审理海事行政上诉案件。

（二）行政审判组织

人民法院审理交通行政案件是通过一定的组织机构或组织形式实现。行政审判组织是指具体行使国家行政审判权的审判机构与组织的总称。我国行政审判组织主要是指行政审判庭、合议庭和审判委员会。

1. 行政审判庭

《中华人民共和国行政诉讼法》第 4 条第 2 款规定："人民法院设行政审判庭，审理行政案件。"这是设立行政审判庭的法律依据。行政审判庭室设置于人民法院内部，是组织领导审理交通行政诉讼案件的机构。设立专门的行政审判庭，有利于行政审判工作的专门化，有利于提高审判水平和审判质量。

2. 合议庭

人民法院的审判活动，是通过一定的组织形式来实现的。在我国审理包括

---

〔1〕 吴南伟、熊绍辉、彭林：《海理法院受理海事行政案件必要性问题研究》，《法律适用》2007 年第 12 期，第 58—61 页。

〔2〕 许俊强：《海事行政案件管辖之反思——在实然与应然之间》，《海峡法学》2014 年第 4 期，第 85—86 页。

交通行政案件在内的行政诉讼案件的具体组织形式是合议庭。与独任制相对，合议制是指集体审判案件制度，是人民法院正确处理交通行政案件的重要保障。《中华人民共和国行政诉讼法》第68条规定："人民法院审理行政案件，由审判员组成合议庭，或者由审判员、陪审员组成合议庭，合议庭的成员，应当是三人以上的单数。"

人民法院审判第一审交通行政案件，由3人或3人以上的单数审判员组成合议庭或者由审判员、陪审员组成3人或3人以上单数的合议庭。此外，合议庭配备1名书记员，合议庭必须有1名审判员担任审判长，主持合议庭的审判工作，指挥合议庭的审判活动。审判长由院长或庭长指定，院长或庭长参加审判时自己担任审判长。

合议庭评议交通行政案件，实行少数服从多数原则。评议应当制作笔录，不同意见如实记入评议笔录，并由合议庭全体人员签名，以便二审法院或再审法院审查。人民法院审判第二审交通行政案件，由审判员组成合议庭。

2017年修正的《中华人民共和国行政诉讼法》第83条规定："适用简易程序审理的行政案件，由审判员一人独任审理，并应当在立案之日起四十五日内审结。"在适用简易程序的交通行政案件中，实行独任制。

法庭审理，是交通行政审判中全部审理活动的中心环节，是贯彻公开审判原则的最主要形式。为了保证庭审的合法、公正和庭审效果，必须确立庭审在审判活动中的中心地位，强化庭审功能。

3. 审判委员会

审判委员会是人民法院内部对审判工作实行集体领导的一种组织形式。审判委员会的任务是总结审判经验，讨论重大、疑难案件和其他有关审判工作的问题。对具体的交通行政案件审判委员会有权作出决定。《中华人民共和国人民法院组织法》规定，各级人民法院设立审判委员会，审判委员会由院长、副院长、庭长、副庭长和部分有经验的审判员组成，凡是疑难和影响大的行政案件，均由人民法院院长提交审判委员会讨论决定。这就使得审判委员会在交通行政审判中发挥着特别重要的作用。

在交通行政诉讼中，合议庭与审判委员会的关系表现在：一方面，对重大疑难交通行政案件的处理，由院长提交审判委员会讨论决定；合议庭已经审结的交通行政案件，如果发现裁判确有错误，由院长提请审判委员会决定再审。

审判委员会对审判问题所做的决定，合议庭必须遵照执行。另一方面，审判委员会也应当尊重合议庭的职权，保证合议庭发挥作用。审判委员会讨论交通行政案件时，应吸收办案的合议庭审判人员列席，听取他们对案件的介绍和案情的分析，认真考虑他们提出的处理意见，但在审判委员会对交通行政案件做处理决议时，不是审判委员会委员的合议庭成员无表决权。

（三）管辖

交通行政诉讼的管辖，是指人民法院之间受理第一审交通行政案件的分工和权限。管辖主要分为级别管辖，地域管辖和裁定管辖 3 种，其功能在于确定某个具体的交通行政案件由哪级法院、哪个法院受理并裁判。级别管辖解决法院管辖的纵向分工；地域管辖解决法院管辖的横向分工；裁定管辖是相对法定管辖的另一种分类，主要包括移送管辖、指定管辖和移转管辖。

1. 级别管辖

级别管辖是指人民法院上下级之间受理第一审交通行政案件的分工和权限。我国人民法院的设置分为 4 级，即基层人民法院、中级人民法院、高级人民法院、最高人民法院。每一级人民法院均设立了行政审判庭来审理交通行政案件。《中华人民共和国行政诉讼法》第 14—17 条和最高人民法院的相关司法解释对级别管辖做了较为明确、具体的规定。

《中华人民共和国行政诉讼法》第 14 条规定："基层人民法院管辖第一审行政案件。"基层人民法院管辖中级、高级和最高人民法院所管辖交通行政案件之外所有的交通行政案件。也就是说，除非属于法律明确划归其他级别法院管辖的，都由基层人民法院管辖。之所以如此规定，是因为基层人民法院辖区通常既是原告、被告的所在地，又是行政行为和行政争议的发生地，由基层法院管辖第一审交通行政案件既有利于当事人进行诉讼，也有利于节省开支，还有利于法院调查、取证和审理以及裁判的执行。

《中华人民共和国行政诉讼法》第 15 条规定："中级人民法院管辖下列第一审行政案件：（一）对国务院部门或者县级以上地方人民政府所作的行政行为提起诉讼的案件；（二）海关处理的案件；（三）本辖区内重大、复杂的案件；（四）其他法律规定由中级人民法院管辖的案件。"

《中华人民共和国行政诉讼法》第 16 条规定："高级人民法院管辖本辖区内重大、复杂的第一审行政案件。"法律没有明确应当由高级人民法院管辖的重大、复杂的行政案件的标准和范围，一般考虑如下 4 个因素：①如标的金额较大；②社会影响较大；③案件类型较新的、需要统一裁判尺度；④在高级法院辖区内具有普遍法律适用意义等涉及面较广的一审行政案件。

《中华人民共和国行政诉讼法》第 17 条规定："最高人民法院管辖全国范围内重大、复杂的第一审行政案件。"

2. 地域管辖

地域管辖是指同级法院之间在各自辖区内受理第一审案件的分工和权限。一个具体的交通行政案件首先应确定级别管辖，然后进一步确定地域管辖。级别管辖是地域管辖的前提，只有在明确级别管辖后，才能通过地域管辖进一步落实具体受理交通行政案件的法院，最终解决案件管辖问题。

《中华人民共和国行政诉讼法》第 18 条规定了一般地域管辖和法院跨行政区域管辖。一般地域管辖也称普通地域管辖，以"原告就被告"为原则，即交通行政案件由最初做出交通行政行为的交通行政机关所在地人民法院管辖。之所以如此规定，主要是便于原告、被告参加诉讼，也便于人民法院调查、取证，及时做出判决与裁定。

特殊地域管辖主要有两种情况：第一种情况指限制人身自由的交通行政案件由被告所在地或者原告所在地人民法院管辖；第二种情况指因不动产提起的交通行政诉讼由不动产所在地人民法院管辖。针对第一种情况，如为维护道路交通秩序，预防和减少交通事故，保护人身财产安全，公安机关交通管理部门有权依法对人身自由、财产采取强制措施。[1]对此类限制人身自由的交通行政强制措施案件，被限制人身自由的公民不服，既可以向被告所在地人民法院提请交通行政诉讼，也可以向原告所在地人民法院提起交通行政诉讼。针对第二种情况，由不动产引起的交通行政诉讼，通常与建筑物、构筑物的拆迁有关。例如，《公路安全保护条例》第 56 条规定："违反本条例的规定，有下列情形之一的，由公路管理机构责令限期拆除，可以处 5 万元以下的罚款。逾期不拆

[1] 《中华人民共和国道路交通安全法》第 91 条第 1、2 款规定："饮酒后驾驶机动车的，处暂扣六个月机动车驾驶证，并处一千元以上二千元以下罚款。因饮酒后驾驶机动车被处罚，再次饮酒后驾驶机动车的，处十日以下拘留，并处一千元以上二千元以下罚款，吊销机动车驾驶证。醉酒驾驶机动车的，由公安机关交通管理部门约束至酒醒，吊销机动车驾驶证，依法追究刑事责任；五年内不得重新取得机动车驾驶证。"

除的，由公路管理机构拆除，有关费用由违法行为人承担：（一）在公路建筑控制区内修建、扩建建筑物、地面构筑物或者未经许可埋设管道、电缆等设施的；（二）在公路建筑控制区外修建的建筑物、地面构筑物以及其他设施遮挡公路标志或者妨碍安全视距的。"在此情况下，相对人对行政行为不服提起诉讼，由不动产所在地人民法院管辖。

3. 裁定管辖

裁定管辖与法定管辖相对，属于管辖的另一种分类。上述级别管辖与地域管辖都是由法律直接规定诉讼管辖法院，统称为法定管辖。不是根据法律直接规定，而是由法院直接做出裁定和决定确定诉讼管辖的，称作裁定管辖，包括移送管辖、指定管辖和移转管辖。

交通行政诉讼中的移送管辖，是指某个人民法院把已经受理的交通行政案件移送给有管辖权的人民法院。根据《中华人民共和国行政诉讼法》第22条的规定，人民法院发现受理的案件不属于自身管辖的，应当移送有管辖权的人民法院，受移送的人民法院应当受理。受移送的人民法院认为受移送的案件依照规定不属于自身管辖的，应当报请上级人民法院指定管辖，不得再自行移送。移送管辖的实质是案件移送，发挥着纠正管辖错误的作用，其不是管辖权的移送，因此移送管辖一般只在同级人民法院之间进行，也不须经上级法院批准。

交通行政诉讼中的指定管辖，是指由于特殊原因，或两个人民法院对同一交通行政案件的管辖权发生争议，由上级人民法院以裁定方式决定交通行政案件由哪个人民法院管辖的制度。指定管辖有两种适用情形：①有管辖权的法院由于特殊原因不能行使管辖权的，报请上级法院指定管辖；②两个以上法院对管辖权发生争议时协商不成的，报请共同的上级法院指定管辖。

交通行政诉讼中的移转管辖，又称管辖权的转移，是指经上级法院决定或同意，第一审交通行政案件的管辖权，可由下级人民法院移转给上级人民法院，或者由上级人民法院移交给下级人民法院。移转管辖与移送管辖的区别在于以下两点：①移送管辖一般是在同级人民法院之间进行，它是地域管辖的一种补充措施，其目的是将行政案件从没有管辖权的人民法院移送到有权管辖的人民法院。移转管辖适用于有隶属关系的上下级法院之间，它是级别管辖的一种变通措施，其目的是在级别管辖方面调整具体案件的管辖权。②移送管辖的人民法院本身没有管辖权；移转管辖是有权的人民法院经上级人民法院决定或同意，将其受理的行政案件移送无权管辖的人民法院。

二、交通行政诉讼中的原告

（一）行政相对人与利害关系人

交通行政诉讼中的原告，是指对具体交通行政行为不服，依照《中华人民共和国行政诉讼法》向人民法院提起交通行政诉讼的公民、法人或者其他组织，包括交通行政行为的相对人以及其他利害关系人。取得原告资格的基本条件是与交通行政行为有利害关系，即认为交通行政行为侵犯其合法权益。所谓"认为"，指法院在决定受理案件的时候并不需要进行实质审查，以确定合法权益受到侵害，只需要当事人有理由认为权益受侵害即可。所谓"合法权益"，主要指公民、法人或者其他组织的人身权和财产权，但并不局限于人身权与财产权。例如，在政府信息公开诉讼中，当事人根据《中华人民共和国政府信息公开条例》主张公民知情权，公民知情权属于受《中华人民共和国行政诉讼法》保障的"合法权益"。实践中也出现了大量涉及政府信息公开的交通行政诉讼，不仅保护公民在交通行政领域的知情权，也完善了政府信息公开诉讼制度。

例如，最高人民法院公布的指导案例 26 号"李某雄诉广东省交通运输厅政府信息公开案"[1]就是交通领域的政府信息公开诉讼，在此案中原告通过网络系统向省交通运输厅申请信息公开，省交通运输厅没有在法定期限内答复及提供所申请的政府信息，最高人民法院在裁判要点中明确公民、法人或者其他组织通过政府公众网络系统向行政机关提交政府信息公开申请的，如该网络系统未作例外说明，则系统确认申请提交成功的日期应当视为行政机关收到政府信息公开申请之日。行政机关对于该申请的内部处理流程，不能成为行政机关延期处理的理由，逾期作出答复的，应当确认为违法。

在最高人民法院公布的指导案例 101 号罗某昌诉重庆市彭水苗族土家族自治县地方海事处政府信息公开案[2]中，裁判要旨明确指出在政府信息公开案件中，被告以政府信息不存在为由答复原告的，人民法院应审查被

---

[1] 广东省广州市越秀区人民法院行政判决书（2011）穗越法行初字第 252 号。
[2] 重庆市第四中级人民法院行政判决书（2015）渝四中法行终字第 00050 号。

告是否已经尽到充分合理的查找、检索义务。

（二）检察机关提起行政公益诉讼的情况

根据《中华人民共和国行政诉讼法》第25条第4款的规定，检察机关在某些情况下可以提起行政公益诉讼。虽然立法列举集中于生态环境和资源保护、食品药品安全、国有财产保护、国有土地使用权出让等领域，但实践中已经突破了立法中列举的4个领域。在交通行政管理领域负有监督管理职责的行政机关违法行使职权或者不作为，致使国家利益或社会公共利益受到侵害的情况下，检察机关也可以提起交通行政公益诉讼。目前，实践中已有这方面的探索和尝试，2020年12月最高人民检察院、国家铁路集团联合发布铁路安全生产领域公益诉讼典型案例，[1]涉及多起危害铁路运行安全的行政公益诉讼案件。检察机关通过提起行政公益诉讼监督相关部门依法履行职责。在2021年发布的检例第113号中，检察机关对高铁运营安全存在的重大安全隐患而行政机关未依法履职的情况提起行政公益诉讼。[2]目前，《中华人民共和国行政诉讼法》在检察机关之外，还不允许公民或其他组织提起行政公益诉讼，但未来随着行政公益诉讼实践的不断成熟，不排除通过扩张原告资格发展行政公益诉讼的可能性。

（三）原告资格转移与认定

《中华人民共和国行政诉讼法》第25条第2、第3款还规定了原告资格转移的情形，包括自然人原告资格转移，以及法人或者其他组织原告资格转移两种情形。有权提起诉讼的公民死亡，其近亲属可以提起诉讼；有权提起诉讼的法人或者其他组织终止，承受其权利的法人或者其他组织可以提起诉讼。所谓"近亲属"，包括配偶、父母、子女、兄弟姐妹、祖父母、外祖父母、孙子女、外孙子女和其他具有抚养、赡养关系的亲属。法人或者其他组织的终止有两种情况：一是法人或者其他组织消灭，如破产、被撤销；二是法人或者其他组织变更，即以新的法人或者其他组织的形式出现，这又包括分立和合并两种形式。

在交通行政诉讼原告资格确认问题上，行政相对人较为容易判断，而利害

---

〔1〕 佚名：《最高检、国铁集团联合发布铁路安全生产领域公益诉讼典型案例》，https://www.spp.gov.cn/spp/xwfbh/wsfbt/202012/t20201224_492720.shtml#1，访问日期：2021年10月24日。

〔2〕 佚名：《河南省人民检察院郑州铁路运输分院督促整治违建塘坝危害高铁运营安全行政公益诉讼案》，https://www.spp.gov.cn/xwfbh/wsfbt/202109/t20210902_528214.shtml#2，访问日期：2021年10月24日。

关系人至少应当包括以下 4 种情况：①被诉的交通行政行为涉及其相邻权或者公平竞争权的；②与被诉的行政复议决定有利害关系，或者在复议程序中被追加为第三人的；③要求交通行政机关依法追究加害人法律责任；④与撤销或者变更的交通行政行为有利害关系的。

在吉某仁等诉盐城市人民政府会议纪要案[1]中，吉某仁等人作为交通部门批准的道路交通运输经营户，其营运的线路与被诉《会议纪要》中明确免交交通规费的公交公司的营运线路重叠，因此认为《会议纪要》的规定侵犯其公平竞争权。尽管吉某仁等人并不是交通行政行为的相对人，但作为公平竞争权人，其原告资格得到确认。

三、交通行政诉讼中的被告

交通行政诉讼中的被告，是指被原告诉称做出了侵犯其合法权益的交通行政行为，经人民法院通知应诉的行政机关或被授权的组织。适格的被告应具备以下 3 项条件：①必须是具有诉讼权利能力的行政机关或被授权的组织；②必须是交通行政法律关系中做出交通行政行为的行政机关或被授权组织；③必须由人民法院通知其应诉。

交通行政诉讼的被告，与交通行政主体有着密切联系。交通行政主体包括交通运输部、国家铁路局、中国民用航空局、管道行政主管部门等。例如，《中华人民共和国民用航空法》第 3 条规定："国务院民用航空主管部门对全国民用航空活动实施统一监督管理；根据法律和国务院的决定，在本部门的权限内，发布有关民用航空活动的规定、决定。国务院民用航空主管部门设立的地区民用航空管理机构依照国务院民用航空主管部门的授权，监督管理各该地区的民用航空活动。"《中华人民共和国铁路法》第 3 条第 1 款规定了国务院铁路主管部门主管全国铁路工作。

同时，在交通运输领域较为突出的现象是被授权组织作为交通行政诉讼被告的情况。特别是我国交通运输领域曾长期存在"政企合一"的公用企事业单位，其本身既是民事主体同时又根据法律法规的授权享有相应行业的行政管理

---

[1] 《吉某仁等诉盐城市人民政府行政决定案》，《中华人民共和国最高人民法院公报》2003 年第 4 期，第 33—36 页。

权，例如，1990 年颁布的《中华人民共和国铁路法》第 3 条第 2 款规定："国家铁路运输企业行使法律、行政法规授予的行政管理职能。"甚至很多时候，即便没有法律的明确授权，交通领域的公用企事业单位依然长期行使某些社会公权力。在这种情况下，此类公用企事业单位同样可以作为交通行政诉讼的被告。

如在杨某哲诉中国铁路济南局集团有限公司、中国国家铁路集团有限公司案[1]中，原告因进站时携带了 5 个打火机入站被阻，认为阻止起诉人进站乘车的行为侵犯了起诉人携带合法物品乘车的权利，其所依据的规范性文件也应当受到司法监督。一审法院以中国铁路济南局集团有限公司、中国国家铁路集团有限公司的查询信息显示为有限责任公司，不属于行政诉讼主体为由，裁定不予立案。二审法院认为："《中华人民共和国铁路法》第三条第二款规定：'国家铁路运输企业行使法律、行政法规授予的行政管理职能。'第四十八条第二款规定：'禁止旅客携带危险品进站上车。铁路公安人员和国务院铁路主管部门规定的铁路职工，有权对旅客携带的物品进行运输安全检查。实施运输安全检查的铁路职工应当佩戴执勤标志。'《铁路安全管理条例》第五十六条规定：'铁路运输企业应当依照法律、行政法规和国务院铁路行业监督管理部门的规定，制定铁路运输安全管理制度，完善相关作业程序，保障铁路旅客和货物运输安全。'"可见"为维护铁路运输秩序，保障铁路运营安全，法律授权铁路运输企业行使旅客进站乘车安全检查方面的行政管理职能，有权在旅客进站乘车管理活动中对进站乘客进行安全检查。"铁路运输企业禁止其进站的行为属于法律、法规授权的组织做出的行政行为范畴，中国铁路济南局集团有限公司在本案中属于适格的行政诉讼主体，二审法院据此撤销了一审裁定。

此外，在政府信息公开领域，《中华人民共和国政府信息公开条例》第 55 条第 1 款前段规定："教育、卫生健康、供水、供电、供气、供热、环境保护、公共交通等与人民群众利益密切相关的公共企事业单位，公开在提供社会公共服务过程中制作、获取的信息，依照相关法律、法规和国务院有关主管部门或者机构的规定执行。"也就是说，除了交通行政机关之外，相关的公共企事业单位也依法承担信息公开义务，实践中出现了以邮政、铁路、机场、港口公司

---

[1] 山东省济南市中级人民法院行政裁定书（2020）鲁 01 行终 7 号。

为被告的政府信息公开诉讼。[1]

在 2017 年的温州港集团有限公司等诉颜某童信息公开法定职责案[2]中，被告温州港集团在性质上虽然不属于行政机关，但法院认定"其经营范围包括港口经营和水路运输，是于港口及水路运输等方面提供社会公共服务的公共企事业单位，自然与人民群众利益密切相关，是《中华人民共和国政府信息公开条例》第三十七条规定的信息公开的适格主体。"

为保护行政相对人的合法权益，更好地监督和促进行政机关依法行政，《中华人民共和国行政诉讼法》还特别规定了被告资格转移的情况。《中华人民共和国行政诉讼法》第 26 条第 6 款规定，行政机关被撤销或者职权变更的，继续行使其职权的行政机关是被告。我国交通行政的机构调整和职能转变一直在进行中，有的行政机关被撤销合并，有的部门职权发生调整，原来行使的交通行政管理职权由别的部门行使。在此情况下，行政相对人对原交通行政机关做出的行政行为不服提起的诉讼，由继续行使其职权的行政机关作为被告。

确认交通行政诉讼的被告，根据《中华人民共和国行政诉讼法》以及《最高人民法院关于适用〈中华人民共和国行政诉讼法〉的解释》（法释〔2018〕1 号）的有关规定，以下 13 种情况需要注意：①未经行政复议直接起诉的，做出交通行政行为的行政机关为被告；②复议决定维持原交通行政行为的，做出原交通行政行为的行政机关和复议机关是共同被告；③经复议改变了原交通行政行为的，复议机关为被告；④复议机关在法定期间内不做复议决定，当事人对原交通行政行为不服提起诉讼的，应当以做出原交通行政行为的行政机关为被告；⑤当事人对复议机关不作为不服提起诉讼的，应当以复议机关为被告；⑥2 个以上的行政机关做出同一交通行政行为的，共同做出交通行政行为的行政机关是共同被告；⑦由被授权的组织做出行政行为的，该组织为被告；⑧行政机关的内设机构或者派出机构，在没有授权的情况下，以自己的名义做出交通行政行为，当事人不服提起诉讼的，应当以该行政机关为被告；⑨法律、法规或者规章授权行使交通行政管理职权的行政机关内设机构、派出机构或者其他组织，超出法定授权范围实施交通行政行为，当事人不服提起诉讼的，应当

〔1〕　梁艺：《公共企事业单位信息公开的适用检视与修正——对〈政府信息公开条例〉参照条款及其修订的评价》，《河北法学》2020 年第 9 期，第 143—146 页。
〔2〕　浙江省温州市中级人民法院行政判决书（2017）浙 03 行终 2 号。

以实施该行为的机构或者组织为被告;⑩行政机关在没有法律法规或者规章规定的情况下,授权其内设机构、派出机构或者其他组织行使行政职权的,应当视为委托,当事人不服提起诉讼的,应当以该行政机关为被告;⑪由行政机关委托的组织做出行政行为的,委托的行政机关为被告;⑫如果行政机关被撤销,继续行使其职权的行政机关是被告;⑬当事人不服经过上级行政机关批准的交通行政行为,向人民法院提起诉讼的,应当以在对外发生法律效力的文书上署名的机关为被告。

交通行政诉讼中的被告应当是依法成立、具有行政主体资格、并对外做出交通行政行为的机构,它是名义、职权和责任的统一。例如,2004年颁布施行的《中华人民共和国道路运输条例》第7条第2、第3款规定:"县级以上地方人民政府交通主管部门负责组织领导本行政区域的道路运输管理工作。县级以上道路运输管理机构负责具体实施道路运输管理工作。"其中,"县级以上道路运输管理机构"就属于法规授权情况,相应的机构依授权获得行政主体资格,在诉讼中作为被告。实践中行使该职权的机构还要根据各地、各领域的具体情况进行判断。需要注意的是,2023年修订的《中华人民共和国道路运输条例》第7条去掉了"道路运输管理机构"的表述。

在陈某诉济南市城市公共客运管理服务中心行政处罚案[1]中,济南客运管理中心作为自收自支事业单位,负责城市公共客运行业营运指导和技术服务,协助有关部门制定公共交通、客运出租服务标准,并承担监督检查职责,根据《山东省道路运输条例》行使职权,并在诉讼中作为被告。

在济南明生物流有限公司与济南市交通运输监察支队行政处罚案[2]中,济南市交通运输监察支队根据《山东省道路运输条例》第6条规定,"县级以上人民政府交通运输主管部门负责组织领导本行政区域内的道路运输管理工作;其所属的道路运输管理机构、交通运输监察机构按照规定的职责具体实施道路运输管理工作",行使道路运输管理职权,并在诉讼中作被告。

---

[1] 《陈超诉济南市城市公共客运管理服务中心客运管理行政处罚案》,《最高人民法院公报》2018年第2期,http://gongbao.court.gov.cn/Details/d4571e7df9a37baabdd092afae274d.html,访问日期:2023年1月23日。

[2] 山东省济南市中级人民法院行政判决书(2018)鲁01行终790号。

第三节 交通行政诉讼的客体

一、概述

交通行政诉讼的客体，通常是指法院依法行使审判权所针对的行政机关的交通行政行为。它决定了法院审查的对象，即具备何种性质的交通行政行为构成可诉的行为，法院可以对其进行审查。《中华人民共和国行政诉讼法》第 6 条规定，人民法院审理行政案件，对行政行为是否合法进行审查。根据这一条的规定，交通行政诉讼的客体是交通行政行为。

对交通行政行为的判断决定了交通行政诉讼的受案范围，这既触及公民受司法保护的范围，也触及司法权与行政权的关系。"无救济则无权利"，公民权利受到行政行为的侵害应得到司法救济，让尽可能多的行政纠纷，通过司法方式获得解决，符合依法治国原则，也符合人权保障的需要。与此同时，并非所有纠纷都适宜通过司法途径解决，不同时空下的诉讼制度总会以某种形式将适合于审判的纠纷和不适合审判的纠纷相区别，法院只能审理在法律意义上构成"案件"的纠纷。除此之外，有的纠纷有很强的政策属性，有的事项需要专业判断，有的领域需要便宜行事，司法对行政的干预也应有限度。交通行政诉讼范围的确定，需要平衡公民权利的保护以及司法权与行政权的分工。

根据国家和时代的具体情况，有不同方式确定行政诉讼范围，整体上可以分为概括式和列举式。在早期产生行政诉讼时，[1]立法比较倾向于采取列举式确定受案范围。这种方式的优点是具体、明确、容易把握，但是往往过于狭隘，不利于保障公民权利、监督行政权行使。目前，《中华人民共和国行政诉讼法》

---

[1] 1982 年 3 月，第五届全国人民代表大会常务委员会第二十二次会议通过了《中华人民共和国民事诉讼法（试行）》。该法第 3 条第 2 款规定："法律规定由人民法院审理的行政案件，适用本法规定。"这项规定标志着中国行政诉讼制度进入了司法实验阶段。1980 年至 1986 年的法律、法规规定由人民法院审理的行政案件主要有相对人不服食品卫生监督机构行政处罚或卫生行政部门损害赔偿处理决定、相对人不服土地管理机关经济制裁决定、相对人不服林业主管部门罚款决定、相对人不服工商行政管理部门罚款决定或责令赔偿决定等八类。姜明安：《行政诉讼法（第四版）》，法律出版社 2021 年版，第 4—5 页。

对受案范围的规定采取了概括加列举式，第 2 条、第 6 条进行概括式规定，第 12 条进行肯定式列举规定，第 13 条进行否定式列举规定，分别列举了应当受理和不应当受理的案件类型。列举式规定优点在于便于当事人和法院判断案件的可诉性，减少分歧；缺点在于难免挂一漏万，在逻辑上也不具有一致性。故而下文对交通行政诉讼受案范围的讨论，不再复述《中华人民共和国行政诉讼法》第 12 条的具体列举。

二、交通行政诉讼的受案范围

交通行政诉讼的受案范围同样要根据《中华人民共和国行政诉讼法》相关条款进行判断，在实践中不同领域的侧重点亦有所不同。例如，在海事行政诉讼中，责令停产停业的行为、侵犯经营自主权的行为，没有依法发给抚恤金的行为等较少在海事管理机关执行法定的职能时出现。[1]从整体上看，交通行政诉讼的受案范围是由多种因素决定的，无论主张扩张还是限缩行政诉讼受案范围都要从这些因素着手。下文将讨论决定交通行政诉讼受案范围的若干因素。

（一）交通行政权能的存在

从主体上看，可诉的交通行政行为是由具有交通行政权能的组织所做出的，既包括行政机关，也包括被授权组织。例如，根据《中华人民共和国公路法》第 8 条第 4 款的规定，公路管理机构经县级以上地方人民政府交通主管部门决定，可以行使交通行政主管部门行使的公路行政管理职责。当公路管理机构根据《中华人民共和国公路法》第 8 条、第 74 条、第 75 条、第 82 条的规定行使由交通主管部门行使的行政处罚权和行政措施时，公路管理机构作为被授权组织具备主体资格，其行为属于交通行政行为的受案范围。

（二）行使交通行政职权

从内容上看，可诉的交通行政行为与行使交通行政职权有关，这一因素排除了民事行为与个人行为。交通行政机关实施的民事行为与行政职权无关，不属于行政诉讼受案范围，行政管理相对人的权益受到这类行为的侵犯，可以通过民事诉讼获得救济。个人行为是相对于职务行为而言的。个人行为责任自负，职务行为的责任则由机关承担。

---

[1] 郑中义、李国平编著：《海事行政法》，大连海事大学出版社 2007 年版，第 285 页。

除了典型的交通行政机关实施民事行为的情况以外，在交通领域，对于公共设施的管理是否应纳入行政诉讼受案范围尚存在争议。目前，公共设施因设置和管理不善致害的赔偿责任，比较通行的观点认为不属于行政赔偿范围，适用民法规定，承担民事责任。[1]

在有"全国高速公路第一案"之称的江宁县东山镇副业公司诉南京机场高速公路管理处损害赔偿案[2]中，法院否定了上诉人高速公路管理处提出的"上诉人向被上诉人收取车辆通行费，双方由此形成行政关系"的主张，认为高速公路管理处收取车辆通行费属于营业性收费，而不是行政事业性收费，与交费人之间形成民事权利义务关系，而不是行政管理关系。

在成某军诉南京市六合区公路管理站等因未尽管理养护职责引发交通事故损害赔偿纠纷案[3]中，法院同样认定公路管理部门未尽管理养护职责，对造成的损害应承担民事赔偿责任。但对公路管理机构不履行清障职责的情况，也有少数观点认为这属于违法不履行政职责，造成损失应承担行政赔偿责任。[4]

（三）对相对人的权利义务产生实际影响

交通行政行为要具备法效性，所谓的法效性指行政行为对相对人的权利义务产生了实际影响。行政机关的行为只有在对相对人产生实际影响时才具备可诉性，这是判断某个行为是否属于交通行政诉讼受案范围的核心。同时，交通行政诉讼应特别重视对公民交通权的保障，类似交通权、路权等概念在传统消极自由[5]的概念下并不能纳入人身权、财产权的框架，因此很多时候对其限制

---

[1] 1994 年颁布的《中华人民共和国国家赔偿法》分别在 2010 年和 2012 年做过两次修改。"无论是《国家赔偿法》制定之初，还是后面的两次修改均未将公有公共设施致害纳入国家赔偿的范围。"相关赔偿问题仍接受民法调整。吕宁：《论公有公共设施致害的国家赔偿》，《政治与法律》2014 年第 7 期，第 79 页。

[2] 《江宁县东山镇副业公司诉江苏省南京机场高速公路管理处损害赔偿纠纷上诉案》，《最高人民法院公报》2000 年第 1 期，第 27—28 页。

[3] 江苏省南京市中级人民法院民事判决书（2014）宁民终字第 847 号。

[4] 张振良：《对公路主管部门不履行清障职责的法律思考》，《山东审判》2005 年第 4 期，第 113—114 页。

[5] "所谓自由权即可以主张不因行政权侵犯其自由的权利，只要不违背公共利益，行政相对人可以享受居住、言论、集会、结社、宗教信仰、学术研究及财产享有等权利，故又称为消极性公权，基于该权利，行政相对人可以请求排除违法或者不当的行政行为等行政活动。"罗豪才、湛中乐主编：《行政法学（第四版）》，北京大学出版社 2016 年版，第 111 页。

不被认为对相对人的权利义务产生实际影响，相对人无法获得救济。

例如，在 2005 年被称为"中国路权第一案"的邢某诉成都机场高速公司案中，邢某因通往成都机场的辅道（免费通行）被拦断，起诉机场高速公司要求恢复通行，法院受理案件但认为机场高速公司封闭道路的依据是成都市交通管理局为了防止有人偷逃高速费而封闭该道路的行政决定，因此驳回其诉讼请求。[1]

根据这一特征，交通行政诉讼的受案范围可以排除以下 6 种情况。

（1）过程性行为，交通行政行为的内容尚未最后确定，起诉时机尚未成熟，包括行政决定做出前的告知、通知等程序事项。根据《行政诉讼法》司法解释，[2]行政机关为做出行政行为而实施的准备、论证、研究、层报、咨询等过程性行为不属于行政诉讼的受案范围。

在雷某诉上海市公安局交通警察总队机动支队违法停车行政决定纠纷案[3]中，被告上海市公安局交通警察总队机动支队的执勤民警对原告违法停车的行为做出行政决定，即依据《中华人民共和国道路交通安全法》第56 条规定，开具了违法停车告知单并粘贴于原告车辆上。原告对被告出具违法停车告知单的行为提起诉讼，法院经审理认为被告的违法停车告知单仅是告知当事人前去接受处理，尚未对原告实施处罚，对其权利义务并没有产生实际影响。因此，原告起诉要求撤销违法停车告知单，不属于人民法院行政诉讼的受案范围。

（2）交通行政调解行为以及法律规定的仲裁行为。调解行为以双方当事人同意为前提，调解协议的内容主要是当事人意思表示达成一致，双方对调解行为或内容持有异议的，可以就双方的原争议内容提起民事诉讼，没有进行行政诉讼的必要。法律规定的仲裁行为，其中"法律"是指狭义上的法律，即由全国人民代表大会及其常务委员会所制定的法律，而"仲裁"也是严格意义上的

---

[1] 李蕊：《路权的证成与规范建构》，《行政法学研究》2021 年第 5 期，第 124 页。
[2] 《最高人民法院关于执行〈中华人民共和国行政诉讼法〉若干问题的解释》（法释〔2000〕8号）（失效）第 1 条第 2 款第 6 项规定"对公民、法人或者其他组织权利义务不产生实际影响的行为"；《最高人民法院关于适用〈中华人民共和国行政诉讼法〉的解释》（法释〔2018〕1号）第 1 条第 2 款第 6 项规定"行政机关为做出行政行为而实施的准备、论证、研究、层报、咨询等过程性行为"。
[3] 上海市徐汇区人民法院行政裁定书（2010）徐行初字第 88 号。

仲裁。将法律规定的仲裁行为排除出行政诉讼受案范围，是因为仲裁机构具有相对于行政机关的独立性，仲裁行为体现了当事人的意思自治，仲裁裁决具有终局性。

（3）交通行政指导行为。行政指导行为具有建议或引导的性质，对相对人没有强制力，相对人不必受其约束。行政指导是一种柔性的行动活动，不具有当事人必须履行的法律效果，当事人可以按照行政指导去做，也可以不按照其指导去做，违反行政指导行为不会给相对人带来不利的法律后果。如果交通行政机关以行政指导的形式做出了命令性质的意思表示，或者在事实上影响了行政相对人的合法权益，就不再属于行政指导行为。

（4）重复处置行为。重复处置行为是指接受申诉的交通行政机关经审查对申诉人给予维持原决定的答复行为，这类行为没有给当事人设定新的权利义务，没有形成变更或消灭行政法律关系，当事人仍然受原来行为的拘束，没有提起行政诉讼的必要。如果交通行政机关经过审查改变了原有的行政行为，形成新的行政法律关系，就不再属于重复处置行为。

（5）信访办理行为。交通行政机关针对信访事件做出的登记、受理、交办、转送、复查、复核意见等行为，不属于交通行政诉讼的受案范围。信访办理行为不是行政机关行使"首次判断权"的行为，根据2022年5月1日施行的《信访工作条例》第14条第1款前段的规定，各级党委和政府信访部门是开展信访工作的专门机构。信访工作机构依据《信访工作条例》做出的登记、受理、交办、转送、承办、协调处理、督促检查、指导信访事件等行为，对信访人不具有强制力，因此不具有可诉性。

在赵某平诉国家铁路局一案[1]中，原告因沈阳铁路局的铁路项目动迁了其居住的房屋，向国家铁路局反映情况，遭到拒绝，遂提起诉讼。法院认为所诉事项属于信访事项，信访事项不属于法院受案范围，故裁定驳回起诉。

（6）其他对当事人权利义务不产生实际影响的行为。例如，交通行政机关的鉴定行为，即交通行政机关利用其专业知识、设备和技能，对特定事实问题进行鉴别和判断的行为。最典型的是道路交通事故责任认定，对这类行为的可

---

[1] 北京市第一中级人民法院行政裁定书（2016）京01行初904号。

诉性在实践中一度存在争议。2002 年在罗某富不服四川省泸州市公安局交通警察支队三大队交通事故责任认定案中曾一度承认交通事故责任认定的可诉性,[1]但随着 2004 年《中华人民共和国道路交通安全法》的修改,这一判决已被推翻。2003 年颁布的《中华人民共和国道路交通安全法》第 73 条规定"公安机关交通管理部门应当根据交通事故现场勘验、检查、调查情况和有关的检验、鉴定结论,及时制作交通事故认定书,作为处理交通事故的证据。交通事故认定书应当载明交通事故的基本事实、成因和当事人的责任,并送达当事人。"交通事故认定书在民事诉讼中作为证据,对法院不具有约束力,在性质上不属于行政行为,也不属于行政诉讼的受案范围。2005 年《全国人民代表大会常务委员会法制工作委员会关于交通事故责任认定行为是否属于具体行政行为,可否纳入行政诉讼受案范围的意见》重申这一立场。

(四) 被法律明确排除出行政诉讼受案范围

交通行政诉讼的受案范围受到法律法规特别规定的影响。法律可以对受案范围进行限制,即使行为具备以上特征,如果法律特别规定不得提起行政诉讼的也不属于行政诉讼受案范围。例如,《中华人民共和国行政诉讼法》第 13 条就规定了对国家行为、抽象行为、内部行为、终局决定行为的排除。下一节将对此进行详细介绍。

三、交通行政诉讼受案范围的排除规定

根据《中华人民共和国行政诉讼法》第 13 条的规定,以下 3 类行为不属于交通行政诉讼的受案范围。

(一) 抽象交通行政行为

抽象交通行政行为是指交通行政主体制定、发布的具有普遍约束力的决定和命令。《中华人民共和国行政诉讼法》第 13 条第 2 项规定,行政法规、规章或者行政机关制定、发布的具有普遍约束力的决定、命令不属于行政诉讼的受案范围。对抽象交通行政行为的判断,核心在于明确什么是"具有普遍约束力的决定、命令",这在行政审判实践中往往容易发生争议。一般而言,"具有普遍约束力的决定、命令"是指行政机关针对不确定的多数人而发布的、可以反

---

[1] 四川省泸州市中级人民法院行政判决书(2001)泸行终字第 29 号。

复适用且不能直接进入强制执行过程的行政规范性文件，对象的不确定和反复适用是其两大特征。以"通知""文件"形式做出，但不具有对象的不确定和反复适用特征的决定和命令同样不属于抽象行政行为。

如著名的乔某祥与中华人民共和国铁道部铁路旅客票价管理纠纷上诉案[1]。该案起因于 2000 年 12 月铁道部做出的《关于 2001 年春运期间部分旅客列车票价上浮的通知》，《通知》决定 2001 年春运期间部分列车的票价上浮 20%～30%。虽然北京市高级法院最终判决驳回了乔某祥的诉讼请求，但肯定了铁道部的《通知》"是铁路行政主管部门对铁路旅客票价实行政府指导价所作的具体行政行为"，因此，原告起诉符合《行政诉讼法》规定的受案范围。在此案审理过程中，国家发展计划委员会制定了《政府价格决策听证暂行办法》，并公布了价格听证目录，规定居民用电、铁路和民航客票、电信四大类商品和服务在制定和调整价格时将由国家计委主持价格听证。

部分交通行政机关具有行政立法和制定规范性文件的权力和职责，但对于所谓的"立法不作为"，公民一般不能提起行政诉讼。例如，1995 年颁布的《中华人民共和国民用航空法》第 128 条第 1 款规定："国内航空运输承运人的赔偿责任限额由国务院民用航空主管部门制定，报国务院批准后公布执行。"但是近 10 年过去了，民用航空总局仍然没有制定相应的赔偿标准。而依照 1993 年修订的《国内航空运输旅客身体损害赔偿暂行规定》第 6 条，"承运人按照本规定应当承担赔偿责任的，对每名旅客的最高赔偿金额为人民币七万元"。2005 年有空难事件罹难者家属针对民用航空总局没有依法制定航空运输承运人赔偿责任限额的行政诉讼，被北京市高级法院裁定驳回。[2]

抽象交通行政行为不属于行政诉讼的受案范围不等于其不接受人民法院审查。为了解决规范性文件的违法问题，又不与《中华人民共和国宪法》《中华人民共和国地方各级人民代表大会和地方各级人民政府组织法》的规定相冲突，《中华人民共和国行政诉讼法》明确法院可以对规范性文件进行附带性审查。《中华人民共和国行政诉讼法》第 53 条第 1 款规定，公民、法人或者其他

〔1〕 北京市高级人民法院行政判决书（2001）高行终字第 39 号。
〔2〕 王亦君：《状告民航总局立法不作为，包头空难罹难者家属上诉被驳回》，《中国青年报》2005 年 11 月 26 日第 3 版。

组织认为行政行为所依据的国务院部门和地方人民政府及其部门制定的规范性文件不合法，在对行政行为提起诉讼时，可以一并请求对该规范性文件进行审查。同法第64条规定，人民法院在审理行政案件时，经审查认为本法第53条规定的规范性文件不合法的，不作为认定行政行为合法的依据，并向制定机关提出处理建议。换言之，对交通行政规范性文件，法院可以在交通行政诉讼中进行附带性审查，经审查认为该规范性文件不合法的，不能自行撤销，可以通过司法建议的形式，建议制定机关修改或废止。对交通规范性文件的附带审查不包括规章。当然，如果规章存在违背上位法的情况，根据《中华人民共和国行政诉讼法》第63条第3款的规定，"人民法院审理行政案件，参照规章"。一般认为"参照"这一术语，表明立法赋予人民法院对规章的选择适用权。[1]

（二）交通行政机关对工作人员的奖惩、任免决定

内部行为，不属于交通行政诉讼的受案范围。根据《中华人民共和国行政诉讼法》第13条第3项的规定，对行政机关人员的奖惩、任免等决定不属于行政诉讼的受案范围。这里排除的是所有的内部人事管理行为，包括工资的升降、福利待遇、住房分配等。交通行政机关内部人事管理行为对政府机关外部的公民、法人或其他组织不产生权利义务关系，属于机关自身建设问题。人民法院不宜对行政机关的组织建设事务通过审判程序加以干预。我国行政系统内部对这类行为也提供了救济机制。

在薛某川诉中国民用航空局交通运输行政管理案[2]中，最高人民法院的再审裁定书中明确指出，上级行政机关基于内部层级监督关系对下级行政机关做出的听取报告、执法检查、督促履责等行为不属于人民法院行政诉讼的受案范围，并把民航局对内部工作人员的纪律处分排除在受案范围之外。

传统大陆法系将行政机关内部的公务员关系视作特别权力关系，以区别公民与行政机关之间的一般行政法律关系。内部行政关系排除法律保留原则的适用，公务员也不得就相应的处分行为提起行政诉讼。将内部行为排除出交通行政诉讼受案范围即受此影响。随着依法治国理论的发展，特别权力关系理论逐

---

[1] 何海波：《行政诉讼法（第3版）》，法律出版社2022年版，第100页。
[2] 最高人民法院行政裁定书（2020）最高法行申13313号。

渐受到质疑，[1]并在此基础上区分基础关系与管理关系。所谓基础关系，是指与设定、变更、终结特别权力关系有关联的法律关系，而管理关系指单纯的管理措施，不涉及相对人的法律地位。主流观点认为涉及基础关系的部分，应当纳入行政诉讼受案范围。[2]

（三）法律规定由行政机关最终裁决的交通行政行为

根据《中华人民共和国行政诉讼法》第 13 条第 4 项的规定，法律规定由行政机关最终裁决的行政行为不属于行政诉讼的受案范围。这里的"法律"，仅指狭义上的法律，即全国人民代表大会及其常务委员会制定通过的规范性文件。目前，我国仅有极少数的法律对行政终局行为做出了规定，从保护相对人权利、监督依法行政的角度而言，行政终局行为应该受到严格的限制。

第四节　交通行政诉讼的程序

一、交通行政诉讼的起诉和受理

根据《中华人民共和国行政诉讼法》第 25 条的规定，行政行为的相对人以及其他与行政行为有利害关系的公民、法人或者其他组织，有权作为原告提起诉讼。有权提起诉讼的公民死亡，其近亲属可以提起诉讼。有权提起诉讼的法人或者其他组织终止，承受其权利的法人或者其他组织可以提起诉讼。人民检察院在履行职责中发现生态环境和资源保护、食品药品安全、国有财产保护、国有土地使用权出让等领域负有监督管理职责的行政机关违法行使职权或者不作为，致使国家利益或者社会公共利益受到侵害的，应当向行政机关提出检察建议，督促其依法履行职责。行政机关不依法履行职责的，人民检察院依法向人民法院提起诉讼。

根据《中华人民共和国行政诉讼法》第 49 条的规定，公民、法人或者其

---

[1]　李洪雷：《行政法释义学：行政法学理论的更新》，中国人民大学出版社 2014 年版，第 61—62 页。

[2]　陈新民：《中国行政法学原理》，中国政法大学出版社 2002 年版，第 66—67 页。

他组织向人民法院提起交通行政诉讼必须具备以下条件：①原告必须是认为交通行政行为侵犯其合法权益的公民、法人或者其他组织。②必须有明确的被告。根据《最高人民法院关于适用〈中华人民共和国行政诉讼法〉的解释》第67条的规定，原告提供被告的名称等信息足以使被告与其他行政机关相区别的，可以认定为"有明确的被告"。起诉状列写被告信息不足以认定明确的被告的，人民法院可以告知原告补正，原告补正后仍不能确定明确被告的，人民法院裁定不予立案。③必须有具体的诉讼请求和事实根据。根据《最高人民法院关于适用〈中华人民共和国行政诉讼法〉的解释》的规定，若行政机关做出行政行为时不制作、不送达决定书，当事人对行政行为不服，向人民法院起诉时，只要能证实行政行为存在并符合其他起诉条件，人民法院即应受理。④起诉的案件属于人民法院受案范围和受诉人民法院管辖。

起诉状是原告向人民法院提出诉讼请求的书面依据，也是人民法院对案件进行初步审理的书面依据，起诉状应当列明下列事项：①原告和被告的基本情况；②诉讼请求以及所依据的事实和理由；③证据和证据来源。人民法院应当在接到起诉状时当场予以登记，并出具注明日期的书面凭证。其中，符合起诉条件的，应当场登记立案；当场不能判断是否符合起诉条件的，应在接收起诉状后7日内决定是否立案；7日内仍不能做出判断的，应先予立案。

人民法院对原告的起诉进行审查，通过审查确定立案受理还是裁定不予受理。经审查后，应根据当事人起诉的不同情况，分别做出以下处理：①决定立案；②裁定不予受理；③告知原告补正。根据法律规定，当事人对于不接受起诉状，接受起诉状后不出具书面凭证，以及不一次性告知需要补正的起诉状内容的，可向上级人民法院投诉，上级人民法院应责令其改正，并对直接负责的主管人员和其他直接责任人员给予处分。

起诉和受理意味着交通行政诉讼案件成立，人民法院取得了交通行政案件的审判权，人民法院和当事人之间形成了诉讼上的法律关系，原、被告取得相应的诉讼地位，交通行政行为的效力处于待定状态，同时诉讼时效中断。

《中华人民共和国行政诉讼法》第46条第1款规定："公民、法人或者其他组织直接向人民法院提起诉讼的，应当自知道或者应当知道做出行政行为之日起六个月内提出。法律另有规定的除外。"即《中华人民共和国行政诉讼法》对未经复议的行政案件规定了6个月的起诉期限，提及"法律另有规定的除外"。这里所说的"法律"，应当是全国人民代表大会及其常务委员会制定的法律，不包括法规和规章。也就是说，法律可以规定较短的起诉期限，但法规和规章不能缩减《中华人民共和国行政诉讼法》赋予当事人的起诉期限。1986 年颁布的《中华人民共和国内河交通安全管理条例》第 50 条前段规定，当事人对行政处罚不服的，应当在接到行政处罚通知之日起 15 日内向法院起诉。该条与《中华人民共和国行政诉讼法》的规定不一致，在《中华人民共和国行政诉讼法》施行后就失去效力。

二、交通行政诉讼的一审普通程序

审理前的准备包括以下 6 项内容：①立案后向被告送达起诉状的副本，并告知被告在法定期限内提出答辩状。被告不提出答辩状的，不影响人民法院审理。②组成行政审判组织。人民法院审理交通行政案件，由审判员组成合议庭或者由审判员陪审员组成合议庭，合议庭的成员应当是 3 人以上的单数。作为例外适用简易程序时实行独任审判员制。③审查诉讼材料。④调查收集证据。⑤确认、更换和追加当事人。⑥确定开庭的地点、时间并通知当事人和其他诉讼参与人。

交通行政诉讼一般应公开审理。涉及国家机密、个人隐私和法律另有规定者则可以不公开审理。公开审理除诉讼当事人和参与人之外，应允许公众旁听，允许记者采访、报道；不公开审理则除当事人和人民法院通知了其他的诉讼参与人外，不允许其他人参加。

开庭审理是所有诉讼参与人在人民法院合议庭主持下，以法定程序对当事人之间的交通行政争议案件进行审理，查明案件事实，适用相应的法律、法规，并最终做出裁判的活动。开庭审理一般经过预备、法庭调查、法庭辩论、评议和宣判五个阶段。

三、交通行政诉讼的简易程序

简易程序是相对于普通程序而言的、基层人民法院审理简单的交通行政案件所适用的独立的一审诉讼程序。简易程序只适用于事实清楚、权利义务关系明确、争议不大的一审交通行政案件。简易程序起诉方式、受理案件的程序简便。

根据《中华人民共和国行政诉讼法》第 82、第 83、第 84 条的规定，可以适用简易程序审理的交通行政案件有以下 4 类：①被诉交通行政行为是依法当场做出的；②涉及款额 2000 元以下的；③属于政府信息公开案件的；④当事人各方同意适用简易程序的，可以适用简易程序进行审理。但是，发回重审、按照审判监督程序再审的案件不适用于简易程序。适用简易程序审理的交通行政案件，由审判员 1 人独任审理，并应当自立案之日起 45 日内审结。人民法院在审理过程中发现不适宜适用简易程序的，裁定转为普通程序。

四、交通行政诉讼的二审程序

交通行政诉讼的二审程序，又称上诉审程序，是指一审人民法院做出裁判后，诉讼当事人不服，在法定期限内，提请一审人民法院的上一级人民法院重新进行审理并做出裁判的程序。

当事人对一审人民法院的判决不服，可以自判决书送达之日起 15 日内向上一级人民法院提起上诉。当事人对一审人民法院的裁定不服，可以自裁定书送达之日起 10 日内向上一级人民法院提起上诉。提起上诉的当事人应当采用书面的上诉状方式，上诉状应载明上诉人、被上诉人的基本情况、上诉的事实和理由以及上诉的诉讼请求。

二审人民法院收到上诉状后，经审查认为诉讼主体合格、未超过法定的上诉期限，应当予以受理，并将上诉状副本送达被上诉人，被上诉人收到上诉状副本后，应当提出答辩状。一审当事人提起上诉，经二审人民法院审查认为符合法定条件而决定受理，标志二审诉讼程序的开始。一审人民法院做出实体判决后，二审人民法院认为不应该受理的，在撤销一审人民法院判决的同时可以发回重审，也可以径行驳回起诉。

人民法院对上诉交通行政案件，应当组成合议庭，开庭审理。人民法院审理上诉交通行政案件，应当对原审人民法院的判决、裁定和被诉行政行为进行全面审查。开庭审理，合议庭应当全面审查一审人民法院的判决或裁定认定的事实是否清楚，适用法律是否正确，诉讼程序是否合法，审查不受上诉人在上诉状中上诉范围和上诉内容的限制。二审人民法院开庭审理的程序与一审相同，主要适用于当事人对一审人民法院认定的事实有争议，或认为一审人民法院认定的事实不清、证据不足的情况。人民法院经过阅卷、调查和询问当事人，对

没有提出新的事实证据或者理由，合议庭认为不需要开庭审理的，也可以不开
庭审理。

五、交通行政诉讼的审判监督程序

交通行政诉讼审判监督程序，是指人民法院根据当事人的申请、检察机关
的抗诉或人民法院自己发现已经发生效力的判决、裁定确有错误，依法对案件
进行再审的程序。再审是人民法院依法为纠正已发生法律效力的判决、裁定的
错误，对案件再次审理的活动。再审分为上级人民法院的指令再审和本院审判
委员会决定的自行再审。上级人民法院对下级人民法院已发生法律效力的判决、
裁定认为确有错误的，可以由上级人民法院直接进行审理，即提审。审判监督
程序的设置，对保证案件正确裁判、保护当事人的合法权益、维护法律尊严具
有重要意义。

审判监督程序的提起有 3 种情况，分别是当事人提起、人民法院本身提起、
人民检察院抗诉。①当事人对已经发生效力的判决、裁定，认为确有错误的，
可以向上一级人民法院申请再审，但判决、裁定不停止执行。当事人申请再审
应当符合《中华人民共和国行政诉讼法》第 91 条规定的再审事由。②各级人
民法院院长对本院已经发生法律效力的判决裁定，发现有《中华人民共和国行
政诉讼法》第 91 条规定的情形之一，或者发现调解违反自愿原则或者调解书内
容违法，认为需要再审的，应当提交审判委员会讨论决定。最高人民法院对地
方各级人民法院已经发生法律效力的判决、裁定，上级人民法院对下级人民法
院已经发生法律效力的判决、裁定，发现有《中华人民共和国行政诉讼法》第
91 条规定情形之一，或者发现调解违反自愿原则或者调解书内容违法的，有权
提审或者指令下级人民法院再审。③地方各级人民检察院对同级人民法院已经
发生法律效力的判决、裁定，发现有《中华人民共和国行政诉讼法》第 91 条
规定情形之一，或者发现调解书损害国家利益、社会公共利益的，可以向同级
人民法院提出检察建议，并报上级人民检察院备案；也可以提请上级人民检察
院向同级人民法院提出抗诉。最高人民检察院对各级人民法院已经发生法律效
力的判决、裁定，上级人民检察院对下级人民法院已经发生法律效力的判决、
裁定，发现有《中华人民共和国行政诉讼法》第 91 条规定情形之一，或者发
现调解书损害国家利益、社会公共利益的，应当提出抗诉。

第十章

涉外交通行政法

一、涉外交通行政概述

具有涉外因素的交通行政，属于涉外交通行政，受法律调整的涉外交通行政关系，则为涉外交通行政法律关系。改革开放以来，涉外交通行政迅速发展。交通运输是国民经济中基础性、先导性、战略性产业和重要的服务性行业,[1] 始终处于对外开放的前沿，逐步形成多层次、多渠道、全方位的交通运输对外开放格局，为加快构建全方位开放新格局、提升国家竞争力提供了重要保障。在交通强国的战略部署中，更提出了"开放合作面向全球、互利共赢"的目标，顺应共建"一带一路"、推动构建人类命运共同体的需要，并构建互联互通、面向全球的交通网络。开放是交通运输行业发展的动力和内在要求，涉外交通的发展对高水平的涉外交通行政管理提出了要求，在依法行政的理念下，涉外交通行政同样需要行政法上的依据、规范与保障。

目前，我国互联互通、面向全球的交通运输格局正在形成。特别是在"一带一路"的契机下，我国着力打造新亚欧大陆桥、中蒙俄、中国—中亚—西亚、中国—中南半岛、中巴、孟中印缅六大国际经济合作走廊，昆明—曼谷公路全线贯通，中巴喀喇昆仑等公路顺利完工，中老、中泰铁路等一批项目稳步推进，积极参与海外港口建设和运营，"六廊六路多国多港"互联互通等架构逐步形成。涉外交通运输事业的发展要顺应促进更高水平对外开放、构建全面对外开放新格局的需要。与此相应，涉外交通行政事务也日益增多，在规则适用上也更加复杂，需要主动对接国际运输规则，同时还要积极推动国际交通运

----

[1] 国务院新闻办公室:《中国交通的可持续发展（白皮书）》,2020 年 12 月。

输规则体系创新发展。

在行政法学的一般研究中，涉外行政法实践时常游离于研究者的视域。"坚持统筹推进国内法治和涉外法治"要求行政法学整体性看待行政法作用的场域，将"人类命运共同体"建设作为行政法治的目标之一。[1]考察行政法发展，我国行政法制度变革不仅有比较法上的考量，而且有很多是履行国际法义务的直接产物。[2]在交通行政领域，涉外交通行政的内容更是非常丰富，涉及交通行政机关在涉外行政活动中的组织、权限、基本原则和执法依据，以及相关公民、法人或其他组织的权利和义务。在交通领域，涉外法律规范发展较早，如《中华人民共和国海上交通安全法》《中华人民共和国海商法》《中华人民共和国民用航空法》《中华人民共和国港口法》等都包含了相当多的涉外规范，我国还与不少国家缔结国际条约，并加入不少国际公约。这些法律和国际条约中的相当多的内容，构成了我国交通行政机关管理涉外事务的法律依据。在涉外交通行政领域，要统筹推进国内法治和涉外法治，既是推进国家治理体系和治理能力现代化的内在要求，也是维护国家主权、安全、发展利益的重大课题。

二、涉外交通行政法的基本原则

涉外交通行政法的基本原则，是指贯穿涉外交通行政法律关系，对交通行政机关和涉外行政管理相对人的活动有普遍指导作用的基本准则，包括维护国家主权原则、合法性兼合理性原则、效率原则、对等原则。

维护国家主权原则是指国家可以按照自己的意志，独立自主处理本国对内对外事务，不受外国干涉。它是国家最重要的属性，是所有国家神圣不可侵犯的权利。在涉外交通行政管理中，交通行政机关根据我国法律及有效的国际条约对涉外交通事务实施行政管理，不受外国政府和组织的干预。涉外交通行政要符合国情，通过行政管理活动维护国家主权，保障国家及社会公共利益。

合法性兼合理性原则要求涉外交通行政权力的存在与行使必须依据法律、符合法律，不得与法律相抵触；同时涉外交通行政活动的内容要客观、适度、合乎理性。合法性原则与合理性原则都是行政法上的基本原则，这一原则同样

---

[1] 刘连泰、孙悦：《改革开放以来中国行政法学的理论谱系》，《厦门大学学报（哲学社会科学版）》2021年第4期，第28页。

[2] 姚金菊：《藩篱的跨越：行政法的国际面向》，《经贸法律评论》2019年第4期，第100页。

要贯彻于涉外交通行政领域。

效率原则既是行政法上行政效能原则的一般反映，也是涉外交通行政工作特别要重视的基本原则。对外开放服务于发展对外经济技术合作、扩大交流、促进经济社会发展，对外交通行政也要服务于这一目标，使工作能有秩序地、高效地进行。

对等原则是处理涉外交通行政法律关系的基本原则，要求在处理对外交通行政事务过程中，采取国际惯例中的对等原则，即一国如果依据一项特定国际法规则对另一国提出权利主张，则该国也必须接受该规则的约束。对在我国境内的外国公民、法人或其他组织，或虽不在我国境内但与我国的交通行政管理发生关系的相对人，给予其与我国公民、法人同等的权利和义务，即国民待遇，首先不做任何限制其权利与义务的规定。如果某国政府对我国公民或法人的权利与义务加以限制，那么我国对该国的公民、法人的权利与义务也给予相应、对等的限制；如果外国政府对我国公民或法人给予优惠待遇，我国政府对该国公民或法人也给予相应、对等的优惠待遇。

三、涉外交通行政法律关系

涉外交通行政法律关系的主体包括所有涉外交通行政法律关系的参加人，一方是国家交通行政机关，另一方是国家交通行政机关行政行为相对人。其中，国家交通行政机关是涉外交通行政法律关系中不可缺少的当事人，行使涉外交通行政权，如港务监督机构审批外国籍非军用船舶进入我国的内水和港口。涉外交通行政法律关系的另一方主体是行政相对人，包括自然人、法人和其他组织，如某些外国企业在中国境内设立常驻代表机构，虽不具备法人资格，但依照中国法律规定，从事各种活动，接受国家交通行政机关的管理，从而产生涉外交通行政法律关系。

涉外交通行政法律关系的对象指的是涉外交通行政法律当事人的权利义务所指向的对象，范围极广，大致可以概括为物质财富、精神财富、行为。本书认为，物质财富指涉外交通行政法律关系主体能够控制具有一定经济价值、可以构成财产的物质材料，如各种交通运输工具。精神财富指的是一定形式的智力成果，如发明专利等。尽管精神财富可以转换成物质财富，但法律上仍是一种独立的法律关系客体。行为指的是涉外交通行政法律关系主体有目的、有意识的活动，包括作为和不作为，如船舶进出口岸由船方或其代理人依法办理进出口岸手续、交警处理涉外交通行政事故等。

涉外交通行政法律关系的内容是指涉外交通行政法律关系的主体在行政法律关系中享有的权利和承担的义务。一方在涉外交通行政法律关系中享有的权利往往对应另一方的义务，权利与义务一般都是法定的，在原则上不能相互约定权利义务，也不能自由选择权利和义务，必须根据法律规范取得权利并承担义务。

涉外交通行政法律关系是涉外交通行政法调整的对象，在判断涉外交通行政法律关系的过程中要注意以下 3 项特征。①涉外交通行政法调整的是交通行政关系，即交通行政机关及其工作人员在行使行政职权时产生的社会关系，在涉外交通领域大量的平等主体间的民事关系不在调整范围之内。②涉外交通行政法律关系强调"涉外"，指的是行政关系中的主体、客体或法律事实中有涉外成分。这也是涉外行政法律关系区别于一般行政法律关系的核心特征。③涉外交通行政关系主体间权利义务具有特殊性，涉外当事人的权利义务与国内当事人权利义务不能完全重合，且具有一定的政策性，受到各种政策因素的影响。[1]

例如，2012 年 4 月 2 日，"浙普渔 75185"船在舟山东福山两兄弟屿偏南海域与从上海洋山开往宁波的新加坡籍集装箱船"KOTA NEBULA"发生碰撞。事故造成"浙普渔 75185"船沉没、7 人死亡或失踪。事故发生后，舟山海事局海事调查人员登"KOTA NEBULA"轮调查，封存了该轮海图、航海日志、船载航行数据记录仪等证据资料；对该轮船体进行勘查；询问船长及事发时段值班的二副、值班水手有关事故情况等。"KOTA NEBULA"轮是一艘新加坡籍集装箱船，船舶所有人及经营人为 PACIFIC INTERNATIONAL LINES（PRIVATE）LIMITED。船长 HTAY WIN、二副 THEIN NAINGOO 均为缅甸籍。[2]在这个案例中，行政相对人具有涉外性。

四、涉外交通行政法调整的方法

涉外交通行政法调整的对象是涉外交通行政法律关系，对其调整的法律规

---

〔1〕　刘云甫、朱最新编著：《涉外行政法理论与实务》，华南理工大学出版社 2010 年版，第 45 页。

〔2〕　林谦科、马延辉：《国内首例涉外海上交通肇事案件成功移交解析》，《中国海事》2013 年第 8 期，第 32—33 页。

范非常广泛，不仅包括国内立法，还包括我国加入或者缔结的国际条约，调整的方法主要有直接和间接两种形式。[1]

所谓直接调整，是指涉外交通行政法律规范直接规定当事人的权利和义务。例如，《中华人民共和国海商法》第 5 条规定："船舶经依法登记取得中华人民共和国国籍，有权悬挂中华人民共和国国旗航行。船舶非法悬挂中华人民共和国国旗航行的，由有关机关予以制止，处以罚款。"《中华人民共和国海上交通安全法》第 46 条第 2 款规定："外国籍船舶临时进入非对外开放水域，应当依照国务院关于船舶进出口岸的规定取得许可。"在这些交通法律中直接设定了当事人的权利或义务，这种调整方式是直接调整。

所谓间接调整，是指涉外交通行政法律规范并未直接规定有关当事人的权利和义务，而仅规定应使用哪一种法律规范，这种多见于程序法之中。例如，《中华人民共和国行政诉讼法》第 98 条规定："外国人、无国籍人、外国组织在中华人民共和国进行行政诉讼，适用本法。法律另有规定的除外。"

五、涉外交通行政诉讼

在涉外交通行政法中，实体法部分有赖于各个领域交通法律法规的具体规定，程序法部分最主要的就是涉外交通行政诉讼。涉外交通行政诉讼是指各级人民法院审理的，原告或第三人为外国人、无国籍人、外国组织，依法向我国人民法院提起诉讼，人民法院依法定程序审查交通行政主体的交通行政行为的合法性，判断外国人、无国籍人、外国组织作为相对人的主张是否适当，并做出裁判的活动。[2]

（一）涉外交通行政诉讼的主体

根据《中华人民共和国行政诉讼法》的规定，外国人、无国籍人、外国组织认为我国行政机关的行政行为侵犯了其合法权益时，有权依法向有管辖权的人民法院提起诉讼。这里外国人、无国籍人、外国组织可以是单独的原告，也可以与中国公民和组织共同作为原告。涉外交通行政诉讼第三人的情形主要是

---

[1] 范颖慧、李捷云、钟元茂编著：《涉外行政法概论》，中山大学出版社 1993 年版，第 16 页。
[2] 姜明安主编：《行政法与行政诉讼法（第七版）》，北京大学出版社、高等教育出版社 2019 年版，第 542 页。

指外国人、无国籍人、外国组织在某一交通行政诉讼案件审理过程中因与被诉交通行政行为有法律上的利害关系而主动申请或经人民法院通知参与诉讼，这种情形即使原告一方是中国公民或组织，也属于涉外交通行政诉讼。

中国香港、中国澳门、中国台湾地区居民或组织提起或参加的交通行政诉讼不属于涉外交通行政诉讼。不过，这3个地区的制度长期以来与大陆存在着质的区别，在法律体系和渊源上也与内地存有巨大差异，因而人民法院在审理此类案件时，可以参照适用外国人、无国籍人、外国组织的涉外交通行政诉讼的规范进行审理和裁判。[1]

例如，1994年3月，一艘外籍船舶"汉诺沃"轮在通过黄埔港泥洲水道时，因舵机失灵而搁浅，并将附近的防波堤坝撞坏，形成一个长约20米、宽约12米的呈倒梯形的缺口。该轮船长佛克未向广州港监报告便擅自驾船离港。广州港监经过调查后以该轮碰撞了堤坝和船长佛克不报告为由对"汉诺沃"轮及其船长分别做出罚款2000元和警告的行政处罚。1995年1月27日，该轮船东以原告的身份，并代表船长向当地中级人民法院起诉，请求撤销行政处罚。该中级人民法院以原告的起诉超过诉讼时效为由驳回原告的起诉。原告上诉至广东省高级人民法院，二审法院以原裁定认定事实不清为由，撤销原裁定，发回重审。同时，被撞堤坝的所有人东莞市沙田镇泥洲管理区向广州海事法院起诉，请求赔偿损失。广州海事法院认定该轮碰撞堤坝的事实证据确凿。后原告得到赔偿后撤诉结案。[2]

(二) 涉外交通行政诉讼的法律渊源

涉外交通行政诉讼必须依照中国法律进行。外国人、无国籍人、外国组织提起或参加交通行政诉讼活动，必须以《中华人民共和国行政诉讼法》或其他有关法律规范作为依据。我国人民法院审理涉外交通行政案件既要严格按照《中华人民共和国行政诉讼法》所规定的程序进行，还要根据我国其他具体法律规范来审查交通行政行为，同时还要遵守有关国际条约规定。由于涉外交通行政诉讼主体的特殊性，在诉讼活动过程中，除了适用我国行政诉讼的一般性

---

[1] 姜明安主编：《行政法与行政诉讼法（第七版）》，北京大学出版社、高等教育出版社2019年版，第542页。

[2] 刘年夫主编：《中国海事审判（2010）》，广东人民出版社2010年版，第90页。

原则和制度外，还要遵循一些在原则和制度上的特殊要求，如"对等原则"以及期间、送达等方面的特殊规定等。

涉外交通行政诉讼除了适用一般行政诉讼的法律规范，相较于一般的交通行政诉讼，更多地适用国际条约和惯例。国际条约是指国家和其他国际法主体之间缔结的、以国际法为准则并确定相互之间权利义务关系的一种书面协议。一个国际条约如果是合法的，就对缔约国产生效力，缔约国必须认真履行。我国涉外交通行政诉讼活动中所应遵循的国际条约必须是我国缔结或加入的国际条约，并且这些条约的内容涉及调整涉外交通行政诉讼的关系与活动。如果我国对某一国际条约的部分条款声明保留，则条约的这一部分内容我国政府将不予接受，当然也就不对我国产生约束力。

涉外交通行政诉讼活动中，遇有一些国际条约和国内法都没有规定的特殊情况时，可以参照适用某些国际惯例。国际惯例是指在国际交往中逐渐形成的不成文的规则，是国际法最原始的渊源。我国人民法院在审理涉外交通行政案件过程中，可以在下列前提下参照适用有关国际惯例：①情况特殊，没有国际条约和国内法可以遵循的；②有相应的国际惯例存在，而且我国与涉外交通行政诉讼主体所属的国家也都在事实上承认和遵守这种惯例；③人民法院适用这种国际惯例并不会损害国家主权和尊严，而是有利于涉外交通行政诉讼的顺利进行。

涉外交通行政诉讼，一般来说应遵循下列原则。首先，条约优先。这也是国际社会通用的原则之一。国际条约优先原则的适用有以下4项条件：①我国和在我国进行交通行政诉讼的外国公民、组织所属国家之间签订了有关的双边国际条约，或者双方共同缔结或加入了有关的多边国家条约；②有关国际条约与我国交通行政法律规范的相应规定不相抵触；③双方发生冲突的事项不属于我国声明保留的条款范围；④适用国际条约的范围仅限于冲突事项，其余的诉讼活动仍适用我国的法律规定。其次，特别法优于一般法。如果在交通行政诉讼法律规范中有对涉外行政诉讼专门做了特别规定的，应在涉外交通行政诉讼活动中优先适用这些特别规定；如果没有特别规定，则可以适用一般的交通行政诉讼法律规范。